乡土课程的理论与实践探索

——以房山乡土课程开发与实施为例

主编 郭冬红

吉林大学出版社
·长春·

图书在版编目(CIP)数据

乡土课程的理论与实践探索：以房山乡土课程开发与实施为例 / 郭冬红主编 .— 长春：吉林大学出版社，2022.7
　　ISBN 978-7-5768-0149-1

Ⅰ. ①乡… Ⅱ. ①郭… Ⅲ. ①乡土教育－教学研究－高中 Ⅳ. ① G633.592

中国版本图书馆 CIP 数据核字（2022）第 141010 号

书　　名：乡土课程的理论与实践探索：以房山乡土课程开发与实施为例
　　　　　XIANGTU KECHENG DE LILUN YU SHIJIAN TANSUO：YI FANGSHAN
　　　　　XIANGTU KECHENG KAIFA YU SHISHI WEI LI

作　　者：郭冬红　主编
策划编辑：邵宇彤
责任编辑：高珊珊
责任校对：陶　冉
装帧设计：优盛文化
出版发行：吉林大学出版社
社　　址：长春市人民大街 4059 号
邮政编码：130021
发行电话：0431-89580028/29/21
网　　址：http://www.jlup.com.cn
电子邮箱：jldxcbs@sina.com
印　　刷：定州启航印刷有限公司
成品尺寸：185mm×260mm　　16 开
印　　张：14.5
字　　数：292 千字
版　　次：2023 年 1 月第 1 版
印　　次：2023 年 1 月第 1 次
书　　号：ISBN 978-7-5768-0149-1
定　　价：88.00 元

版权所有　　翻印必究

编委会

顾　问　覃遵君

主　编　郭冬红

副主编　王徜祥　周长凤

编　者　（按姓氏笔画为序）

　　　　王徜祥　付娟娟　宁惠兰　朱秀荣

　　　　苏万青　李淑丽　张付文　周长凤

　　　　郭冬红　常　鑫　覃遵君

目　　录

绪　　论 1

第一章　乡土课程概述 15
　　第一节　国内外乡土课程开发历程 17
　　第二节　乡土课程相关概念界定 26
　　第三节　乡土课程开发与实施的价值和意义 31

第二章　乡土课程开发与实施 45
　　第一节　乡土课程开发与实施的理念和原则 47
　　第二节　乡土课程开发的目标设计与内容选择 57
　　第三节　乡土课程开发与实施的主要途径 72
　　第四节　乡土课程开发与实施的评价和管理 91

第三章　房山乡土课程专题研究 107
　　第一节　房山乡土课程开发与实施专题研究 109
　　第二节　房山乡土课程开发与实施相关专著 171

第四章　房山乡土课程典型案例 183
　　第一节　房山乡土课程开发与实施相关教材 185
　　第二节　房山乡土课程开发与实施相关资源 203

参考文献 223
后　　记 226

绪 论

国际社会乡土课程的历史演进 ◇

我国乡土课程开发与实施的基本现状 ◇

乡土课程开发与实施的重要政策依据 ◇

房山乡土课程开发与实施的目标定位 ◇

绪论提要

◯ 国际社会乡土课程的历史演进

本部分从乡土课程的源起入手,介绍了最具特色的美国乡土教育,世界各国兴起的乡土课程,最后简要概括了各国乡土课程的共同特点。

◯ 我国乡土课程开发与实施的基本现状

本部分回顾了我国乡土课程和乡土教材开发的源起,介绍了我国港台地区乡土课程教学的发展,简明扼要地概述了我国三级课程管理推动乡土课程发展的现状,大篇幅介绍了我国各地乡土课程不断发展和完善的相关情况。

◯ 乡土课程开发与实施的重要政策依据

本部分介绍了21世纪以来党和国家发布的关于基础教育改革、课程教材改革的相关文件,重点介绍了新时代党和国家关于深化教育教学全面改革的重要文件精神,阐释了乡土资源成为新课改活动型课程实施重要场所的基本事实。

◯ 房山乡土课程开发与实施的目标定位

本部分从六个方面对房山乡土课程开发与实施进行了定位:一是落实立德树人根本任务,培育学生的家国情怀;二是全面深化课程改革,形成区域课程特色;三是立足乡土课程开发实践,构建特色鲜明的乡土课程体系;四是鼓励教师开发和实施乡土课程,促进教师专业化发展;五是调动学校建构课程的积极性,推动学校办学特色的形成;六是挖掘乡土资源的社会价值,促进本地经济社会发展。

绪　论

　　乡土课程是利用本乡本土的地理、历史、经济、政治、文化、社会、民族、生态等资源进行开发和实施的课程。乡土课程资源的开发和利用不仅贯穿整个中外课程发展的历史，还对当今深化课程改革具有重大意义和重要价值。

一、国际社会乡土课程的历史演进

（一）乡土课程的缘起

　　在国外，对乡土课程的研究与开发是从乡土地理、乡土历史开始的。欧洲国家的一些学者从不同视角对"乡土地理"这一概念进行了探究，并进行了详细分类。课程资源呈现出多样化、个性化、生活化等特点。17世纪，西方近代教育理论的奠基者夸美纽斯亲自讲授乡土地理课程。他认为，儿童认识世界、了解世界应该从身边的乡土地理开始。德国柏林大学的赫特纳也提出："地理课程必须从乡土地理开始。"[1]

　　英国伦敦大学教育研究所的詹姆斯认为，给小学生上历史课，最好从他们身边熟悉的事物（如一座年代久远的房子或一棵古老的树）讲起，这样可以激发他们对历史的浓厚兴趣。[2]出于这种理念，在西欧国家以及澳大利亚等国家，各类学校的历史教师都十分注重让学生进行乡土史方面的收集和编写工作，以亲身参与的形式，激发他们的学习兴趣，培养他们收集和处理历史资料的能力。[3]为了给青少年学习历史提供便利的条件，法国政府规定每年9月的第三个周末为"历史文化遗产日"。在这一天，全国11 518处古迹、历史建筑和国家行政机构免费对外开放。这一举措深受青少年欢迎，欧洲一些国家也纷纷仿效这一做法。[4]

（二）最具特色的美国乡土教育

　　在乡土史教育中最具特色的是美国。美国进步主义教育运动的首席代言人杜威认为，传统课程最明显的弊端就是与儿童的个人生活和经验相分离，若要激发儿童学习知识的兴趣，就必须解决他们的实际生活与课程之间存在的脱节问题。在他创办的芝加哥实验学校中，历史教育就是从乡土历史开始的。[5]这种符合儿童认知心理的做法得到了很多人的认可。20世纪以来，虽然美国几次修改历史课程设置的模式，但都遵循了这种由近及远的原则。更为突出的是，20世纪60年代中期，美国有30个州的法律明文规定，学校必须开设本州的历史课程。自 20 世纪末有关历史学科的国家课程标准颁布以来，美国各州相继出台了各自的课程标准。得克萨斯州和新墨西哥州规定，每个中学生至少要用一个学期学习该州的历史（乡土史）。对历史学科国家课程标准产生重大影响力的全国性学术团体布拉德利委员会所设计的《中学社会学科课程》规定，七年级历史学科课程内容设置模式主要有三类：一是学习内容主要是乡土史；二是学习内容包括地区和附近区域的历史和地理；三是学习内容为社会学科选修课——地区史。[6]

（三）多国兴起的乡土课程

20 世纪以后，发达国家和地区对乡土课程尤为重视。

在亚洲，日本的乡土史教育也开展得非常广泛。1998 年后的历史领域充实了有关乡土历史和生活方面的学习内容，通过展现日本人的生活画面使学生了解政治及社会变迁的各种条件。对日本的历史，从学生的兴趣出发，开展主题研究，通过对地区历史的调查活动，增强学生对地区的热爱之情，从而有助于他们理解国家的历史。在学习过程中，要求学生既要联系家乡的历史，又要利用民俗学成果，参观博物馆、乡土资料馆，做到能够具体地开展生活文化的学习。[7]

随着教育事业的发展，各国对乡土教育给予了更多关注，为了让学生学习到更多的乡土知识，充分了解自己的故乡和国家，在早期乡土教育思想的基础上，逐渐开发出适合自己国家和地区的乡土教材。德国是开发乡土教材最早的国家；美国把乡土教育融入各科教学，以生活实用为中心，在当时颇具影响力；澳大利亚的乡土教材开发与实施成为一项盛行于中小学的活动；日本教育改革正式将乡土教育纳入学科教育中，并开始安排有关乡土社会与乡土自然两方面的学习，让儿童能够在正式教材中学习乡土知识；英、法和加拿大等国家都有着悠久的乡土教育历史和优秀的乡土教材开发成果。

可见，乡土教材受到了各国的高度重视，虽然不同国家的政治、经济、文化和语言等方面存在差异，乡土教材的具体内容有所不同，但也呈现出一些共同点。比如，在内容上，主要以乡土地理、历史、自然和社会生活实践等为主；在实施对象上，以中小学学生为主；在实施过程中，把乡土知识与实际生活相结合，注重培养学生参与社会实践的能力，把乡土知识融入地理、历史、生活和社会学科中；在教育目标上，旨在让学生了解本土的自然地理、历史和社会现状等知识，培养学生的爱乡、爱国情感和社会实践能力。

二、我国乡土课程开发与实施的基本现状

（一）我国乡土课程和乡土教材开发的缘起

1958 年 8 月，中共中央、国务院发布《关于教育事业管理权限下放问题的规定》，

指出:"各地方根据因地制宜、因校制宜的原则,可以对教育部和教育主管部门颁发的各级各类学校指导性教学计划、教学大纲和通用的教材、教科书,领导学校进行修订补充,也可以自编教材和教科书。"此后,地方教育部门和学校都相继开展了编写自己的中小学教材和教学参考书的工作。这是中华人民共和国成立以来,中小学课程教材制定和编写权限的第一次下放,也是课程从国家完全统一到局部多样化的第一次尝试。以上就是我国乡土课程和乡土教材开发的缘起。

1959年5月17日,中共中央转发了中华人民共和国教育部(以下简称"教育部")党组《关于编写普通中小学和师范学校教材的意见》(以下简称《意见》)。《意见》指出,普通中小学教材应保证全国必要的统一性和应有水平,由教育部负责制定中小学和师范学校的指导性教学大纲,编写通用教材供各地使用,地方可因地制宜进行适当变动,编写补充教材和乡土教材。

目前,乡土史的教育教学价值在国内的历史教育界是公认的。家乡辉煌的过去、灿烂的文化、名人的事迹是每一个家乡人引以为豪的,理应成为激发和培养学生热爱家乡、热爱祖国的思想情感的生动教材。同时,乡土历史与祖国历史血肉相连,对学生理解历史课本知识、形成历史学科能力起着众多辅导材料无法替代的作用。

(二)我国港台地区乡土教学的发展

自20世纪90年代以来,我国港台地区也加强了乡土史教学的规范。香港地区中学阶段开设的历史课分为历史科(世界历史)与中史科,(中国历史)两种。1997年香港课程发展议会颁布《中国历史课程纲要(中一至中三)》,在该文件中,历史科以本地史(香港史)为中心,中史科以乡土史为中心。对于历史科《中国历史课程纲要(中一至中三)》建议,在提高和培养学生对社会历史的兴趣的同时,要求教师加强学生对社区及本土文化与世界其他主要文化的认识;对于中史科,则希望教师在中国历史教学过程中,让学生认识本土历史,以此提高学生对本科的学习兴趣并建立乡土感情和民族认同感,学生通过了解地方史事,可以更好地学习中国历史。[8]

(三)三级课程管理推动乡土课程发展

从21世纪初开始,实行国家、地方、校本三级课程管理的精神已在全国贯彻落实。一些经济发达和文化渊源深厚的地区,有着长期开发乡土课程和教材的经验,因此以乡土课程、乡土教材为载体的地方课程迅速发展起来。

(四)我国乡土课程不断发展完善

我国很多地区都编写了适合中小学生学习的乡土历史、乡土地理、乡土文化等乡土教材,乡土课程的开发与实施,既推动了课程结构的进一步完善,又促进了学生家国情怀的培养,产生了积极的社会影响。

北京市为在国家课程的框架下做好市级地方课程的统筹规划，根据首都的社会发展战略、北京市区域课程资源特点及学生的实际发展需要，提出了市级地方课程建设的规划框架。市级地方课程体系由人文北京、科技北京、绿色北京三个大类构成，包括历史、文化、科技、生态、农业、金融、商贸、生命教育、美育等课程，从而形成了比较完善的乡土课程体系。[9]

人文北京：北京是一座有着3000多年历史的文化名城，是全世界拥有世界文化遗产最多的城市，注册博物馆150余座、文物古迹7300余处。北方的游牧文化、中原的农耕文化、沿海的渔猎文化不断在北京地区碰撞、交融、共生，形成了鲜明的文化特色。其内容包括建城历史沿革、皇家园林建筑、名胜古迹、名人故居、风俗习惯、衣食住行、娱乐场所与文化设施等。

科技北京：北京市作为全国的科技创新中心、全国最大的技术交易中心，拥有重点实验室118个、高新技术企业近6400家、科技研发机构240余家、技术先进型服务企业百余家、高新技术成果转化项目数百项、科普基地211家。驻京高校近90所，民办高校近百所。北京市每年举办国内外学术交流活动2000多次，交流学术论文万余篇。每年举办科普展览300多个，科普讲座2000多场。其内容包括北京科技简史、院士群、中关村科技园区、奥运科技、航天科技等。

绿色北京：《北京城市总体规划》确立了建设城市绿化隔离地区、平原地区、山区三道绿色生态屏障的生态建设规划，全面弘扬绿色消费模式和生活方式，将北京初步建设为生产清洁化、消费友好化、环境优美化、资源高效化的绿色现代化世界城市。其内容包括环境与可持续发展教育、安全应急与人防等专题，具体涉及绿色生产、绿色消费、生态环境三大类，含地理、气候、水文、山区生态、城市生态、绿色产业等内容。

房山区根据北京市地方（乡土）课程规划的发展方向，开发了《房山区地理》《房山文化》《房山——我为你骄傲》等乡土课程和教材，随之转化为北京市地方教材，并在全区中小学全面投入使用，在全区乃至全市产生了良好反响。

从全国的情况来看，上海、广州、江苏、浙江、山东、陕西、湖北、湖南、辽宁、河南等地区，或者经济发达，或者文化渊源深厚，乡土课程开发起步时间早，资源积累多，经验比较丰富，且高素质开发人员较多，正因为有着乡土课程开发与实施的良好基础，这些地区的地方课程开发行动快、规模大、涉面广、水平高，在全国范围内发挥着示范引领作用。

2001年，湖北省教育厅颁布了《湖北省义务教育地方课程开发与管理的实施意见（试行）》，明确提出了地方（乡土）课程的目标、结构、管理、实施、评价等方面的要求。湖北省自主开发的地方（乡土）课程主要包括社会适应教育、心理素质教育、湖北文化、环境教育、综合阅读、新科技、职业指导等方面的内容。[10]

2002年，山东省教育厅印发了《山东省义务教育地方课程和学校课程实施纲要（试行）》，2005年正式颁发《山东省义务教育地方课程和学校课程实施纲要》，用于规范和指导全省的地方（乡土）课程开发与实施。[11]山东省地方（乡土）课程的设置主要涉及以下四个领域。

一是民族文化领域。通过诵读和研习代表民族文化精粹的诗词、散文、政论等，了解和研究中华民族历史上的杰出人物和重大历史事件等，汲取中华民族深厚的文化底蕴，培养学生热爱祖国和家乡的情感，增强学生传承优秀传统文化、建设祖国伟业的责任感，弘扬和培育民族精神。

二是生命教育领域。从生理、心理和伦理等方面对学生进行全面、系统、科学的生命教育，指导学生关注生命与健康、生命与安全、生命与成长、生命与价值、生命与关怀，建立生命与自我、生命与自然、生命与社会的和谐关系，引导学生科学理解生理、心理发展的规律，正确认识生命现象和生命的意义，学会欣赏、热爱自己的生命和对他人生命的尊重、关怀和欣赏，进而培养学生尊重生命、爱惜生命的态度和安全、健康、快乐成长的生命意识，学习并掌握必要的生存技能，提高生命质量，完善健康人格，树立科学的生命观和积极的人生观。

三是自然探究领域。结合人与自然关系的现实问题，引导学生对地理生态、动物植物、宇宙空间、资源环境、科学创造等问题进行有选择的探究；结合国家"绿色证书"制度的实行，增加劳动技能方面的教育内容；结合青少年科技创新教育，增加创造与发明、技术与设计（创意）、制作与操作等方面的内容。让学生感受丰富多彩的自然现象，了解自然生态的发展规律，明确人与自然的关系，增强与生活的联系，理解环境保护和可持续发展的意义，形成初步的科学精神、创新思维习惯，掌握初步的科学研究方法，培养创新精神和实践能力。

四是社会探究领域。结合现实生活中的社会问题以及这些问题对社会发展的影响，引导学生对经济、政治、法律、家庭、社区、社会、民族、国家、国际等社会问题进行有选择的探究，帮助学生掌握社会调查和社会探究的方法，培养学生的人文精神和社会责任感，为适应未来社会生活奠定基础。民族文化是民族精神归属和国家意识认同的基础，生命教育是实现人的全面发展的基础，自然探究和社会探究是认识和探索世界的方法。在传承民族文化、弘扬民族精神的基础上，着眼于探索生命和探索世界的内在统一，注重人与自然、人与社会的和谐发展，从而形成全面、协调、可持续发展的科学发展观。

2002年10月，河南省教育厅印发了《河南省义务教育地方课程设置方案（试行）》，对地方（乡土）课程目标、基本原则、内容设置、管理要求、实施与评价等方面进行了明确的规定，并决定从 2003 年秋季开学后在国家和省基础教育课程改革实验区开始试行。[12]

2004 年 6 月，江苏省教育厅颁发了《江苏省中小学地方课程建设指导意见》，对地方（乡土）课程建设的指导思想、课程内容、开发、实施与管理等方面都做出了明确的规定。在指导思想上，一是坚持以学生发展为本，增进学生对自然、社会、文化的理解能力和实践、创新能力，增进对地方经济文化的了解，加强正确价值观的引导，促进学生全面发展；二是努力促进地方（乡土）课程与国家课程、学校课程形成相互协调的关系，增强课程的地方适应性，建设有江苏特色的中小学课程体系；三是遵循课程开发与建设的规律，体现课程改革的新理念，规范地方（乡土）课程的开发、实施和管理工作，切实减轻中小学生的学习负担。在课程内容上主要包括三大类：①新兴课程。新兴课程力求反映当代社会科技与人文科学的最新发展；②技术与实践性课程。技术与实践性课程主要包括信息技术教育、劳动与技术教育，能够体现地方乡土特色；③地方文化课程。地方文化课程以较大的区域范围文化为基础，如吴文化、楚汉文化等，不限于现有的行政区划。[13]

2005 年 9 月，浙江省教育厅制定并印发了《浙江省地方课程标准》。浙江省地方课程设置了"通用课程"和"专题课程"两类。其中，专题课程是反映本省特点的有关课程，如浙江资源、浙江历史与社会等，具有明显的乡土课程特征。[14]

2008 年，湖南省教育厅对 2003 年印发的《湖南省义务教育地方课程设置方案（试行）》进行了修订。[15] 2009 年 5 月，安徽省教育厅基教处发布《关于编写安徽地方教材的建议》。[16] 2015 年 4 月，广东省教育厅颁发了《广东省教育厅关于广东省中小学地方课程教材审定的管理办法》。[17] 这些文件进一步规范了地方（乡土）课程的开发与实施工作。

《上海市普通中小学课程方案》中强调，实行国家、地方、学校三级课程管理，赋予学校合理的课程自主权，鼓励学校在遵循课程基本设计思想的前提下，结合实际，制订有特色的学校课程计划。

2016 年 12 月，辽宁省教育厅印发《辽宁省义务教育地方课程实施意见》，从地方（乡土）课程的性质与目标、指导思想和基本原则、内容设置与课时安排、管理制度与评价机制等方面作出了规定。2017 年，辽宁省教育厅正式颁布《辽宁省义务教育地方课程指导纲要》，并从 2017 年 9 月 1 日开始实施。[18]

陕西省地方课程开发与实施力度加大，地方（乡土）课程设置门类多，覆盖小学、初中、高中各学段[19]，如表 0-1 所示。

表0-1 陕西省乡土（地方）课程

学 段	乡土（地方）课程（部分）
小学 （1~6年级）	《省情教育》《可爱的榆林》《美丽宝鸡》《魅力渭南》《秦巴明珠　生态安康》《中小学公共安全教育》《教育文化读本》《九年义务教育六年制小学书法教材》
初中 （7~9年级）	《省情教育》《可爱的榆林》《美丽宝鸡》《中小学素质教育文化读本》《初级中学书法教材》《农村绿色证书教育》《中小学公共安全教育》《健康成长教育》《魅力渭南》《秦巴明珠　生态安康》
普通高中	《省情教育》《可爱的榆林》《美丽宝鸡》《魅力渭南》《秦巴明珠　生态安康》《中华文化基础》《科技教育》《安全教育》《心理健康教育》《陕西地方戏》

重庆市乡土课程和地方课程开发起步稍晚一些，从2012年秋季开始，重庆的山、重庆的水、重庆的桥、重庆的味道、重庆的非物质文化遗产，这些具有重庆特色的乡土课程进入中小学课堂，使课堂教学变得更加多元、开放和包容。[20]

内蒙古自治区开发和实施了各种富有乡土特色的课程，主要有内蒙古历史、内蒙古地理、科技制作与实验能力培养、内蒙古历史与文化、内蒙古生态与环境、民族团结与法制教育等。[21]

西藏自治区是以西藏非物质文化遗产为主要内容进行的乡土（地方）课程开发，是地方课程开发与实施中非常有意义的实践探索。[22]

三、乡土课程开发与实施的重要政策依据

（一）21世纪课程改革推动了乡土课程建设

进入21世纪以来，为适应时代的要求和发展的需要，我国基础教育改革和课程教材改革的号角再度奏响。党中央、国务院和教育部发布了一系列关于基础教育改革、课程教材改革的相关文件，为我们开发和实施地方课程、校本课程提供了依据。

2001年，国务院颁发的《国务院关于基础教育改革与发展的决定》中指出："实行国家、地方、学校三级课程管理。国家制定中小学课程发展总体规划，确定国家课程门类和课时，制定国家课程标准，宏观指导中小学课程实施。在保证实施国家课程的基础上，鼓励地方开发适应本地区的地方课程，学校可开发或选用适合本校特点的课程。"[23]

2010年4月27日，教育部印发的《关于深化基础教育课程改革进一步推进素质教育的意见》中指出："在达到国家规定的基础教育基本质量要求的前提下，有条件的地区和学校可逐步提高地方课程和学校课程的设置比例。各地要因地制宜地做好地方课程和学校课程的规范管理和分类指导。"[24]

《北京市中长期教育改革和发展规划纲要（2010—2020年）》中明确提出："深化基

础教育课程教材改革。根据不同阶段学生的成长规律和教育规律，构建符合现代教育理念、具有北京特色的基础教育课程体系。加强教材及教学资源建设，完善校本（园本）教研制度，加快教研网络建设，构建教学支持服务体系。"[25]

（二）乡土资源成为新课改活动型课程实施的重要场所

2017年，教育部制定的《普通高中课程方案》（2020年修订）中明确提出："完善国家、地方和学校三级课程管理制度，切实加强对普通高中课程实施的领导和管理。注重发挥课程在推动普通高中多样化发展中的作用。学校要统筹各方力量，创设课程实施条件和环境，开发课程实施所需的资源，为学生提供丰富、便利的实践体验机会。课程资源可以由学校独立或联合开发，提倡共建共享。学校要系统规划校内外课程资源的使用，提高课程资源的有效性和利用率。"[26]

2017年，教育部制定的《普通高中思想政治课程标准》（2020年修订）中明确提出："学科内容的教学与社会实践活动相结合，是活动型学科课程的显著特点。""开展社会实践活动，要从学生的成长需要出发，注重通过乡土资源的开发与利用，丰富教学内容，加深学生对社会的认识与理解。""地方各级教育行政部门、教研机构及学校要确保社会实践活动的开展。要鼓励和支持教师采取灵活多样的活动方式，充分结合当地环境条件、社会生活等实际特点，选择学生感兴趣的主题，开展深入的活动探究。""学校要发挥教师课程资源建设的主体作用，鼓励和支持教师根据当地实际，充分挖掘并有效利用一切可以利用的课程资源，为学生学习和教师教学的有效实施创造有利条件。"[27]

2019年6月11日，国务院办公厅印发的《关于新时代推进普通高中育人方式改革的指导意见》中明确指出，"拓宽综合实践渠道。健全社会教育资源有效开发配置的政策体系，因地制宜打造学生社会实践大课堂，建设一批稳定的学生社会实践基地。充分发挥爱国主义、优秀传统文化、军事国防等教育基地，以及高等学校、科研机构、现代企业、美丽乡村、国家公园等方面资源的重要育人作用，按规定免费或优惠向学生开放图书馆、博物馆、科技馆、文化馆、纪念馆、展览馆、运动场等公共设施。定期组织学生深入社区、医院、福利院、社会救助机构等开展志愿服务，走进军营、深入农村开展体验活动。"[28]

2019年6月23日，中共中央、国务院印发的《中共中央 国务院关于深化教育教学改革全面提高义务教育质量的意见》中明确提出："深化课程育人、文化育人、活动育人、实践育人、管理育人、协同育人。""打造中小学生社会实践大课堂，充分发挥爱国主义、优秀传统文化等教育基地和各类公共文化设施与自然资源的重要育人作用。"[29]

四、房山乡土课程开发与实施的目标定位

北京市房山区开发与实施乡土课程和乡土教材已有 30 多年的历史，在新课程改革之前，进入课堂教学的乡土教材主要有《房山区地理》(1989 年房山区教师进修学校编)。新课程改革以后，以地方课程、校本课程为载体的乡土课程、乡土教材得以开发与实施。

（一）落实立德树人根本任务，培育学生的家国情怀

乡土文化是民族历史发展过程中创造的物质财富和精神财富总和的具体体现，是民族传统文化和区域文化的重要载体，是培育学生故乡情和中国心的重要途径，是落实"立德树人"这一根本任务的有效渠道。乡土课程是以乡土文化为课程资源，让学生走向乡土、走向社会、走向中国文化的深层，在真实的生产生活情境中亲身体验，从中汲取养分，滋养心灵，追根寻源，研究地域文明的发展轨迹，寻找中华民族的"根"，激发其强烈的情感体验，增强其对乡土的文化认同感和精神归属感。

（二）全面深化课程改革，形成区域课程特色

充分利用乡土资源开发和实施乡土课程，有助于培育学生的家国情怀、丰富学生真实的生活经历、拓展和活化国家课程、促进课程标准的深度达成，从而更好地实现立德树人的终极目标，这正是全面深化课程改革的重要内容。

在教育聚焦立德树人的新时代，每个区域的课程改革在实践中都会逐步形成自己的特色，而这种特色的形成，很大程度上依赖不同区域富有不同乡土特色的课程资源，因此主动开发和充分利用乡土资源，能够有效推进区域特色课程建设。

（三）立足乡土课程开发实践，构建特色鲜明的乡土课程体系

乡土课程的开发与实施，有助于克服国家课程趋同划一的诸多弊端，对国家课程起到拓展延伸和有益补充的作用，有助于优化课程管理权限、重新配置课程资源，顺应世界课程管理发展趋势，推动构建具有中国特色的基础教育课程管理模式。

在新课程改革实施三级课程管理之后，区域课程建构有了一定的自主空间，在原有乡土课程、乡土教材的基础上，经过不断优化和完善，相继完成了《房山——我为你骄傲》(小学)、《房山文化》(初中版)、《房山文化》(高中版)、《房山区地理》(初高中合用)等具有浓厚乡土特色的地方课程和地方教材[30]，同时不少学校自主开发了一些乡土课程，在十几年的改革实践中，充分开发与利用乡土资源，发挥了乡土课程、校本课程、地方课程的育人价值。

随着新课程改革的全面深化、考试改革方案的逐步形成以及房山在首都区域功能新定位的落地，原有的乡土课程、乡土教材缺乏统筹安排，相对比较零散，课程整合不够，操作性与实用性不强，部分教材品质有待提升。因此，迫切需要统筹和优化现有乡土课

程，构建体系完善、内容合理、特色突出的乡土课程体系。

（四）鼓励教师开发和实施乡土课程，促进教师专业化发展

乡土课程的开发与实施，关键在教师。乡土课程的开发过程，是教师学习、研究和实践的过程，这个过程伴随着教师的有意义学习，是基于问题解决、不断反思和主动改进的学习，可以有效促进教师个性化专业素质的养成与教师自身的专业发展。

（五）调动学校建构课程的积极性，推动学校办学特色的形成

根据学校的区位条件，充分开发和利用乡土资源，丰富和拓展课程内容，特别是把乡土文化纳入学校课程整体规划。其既可以作为独立设置的乡土文化课程，也可以融入国家课程、地方课程校本化转化过程，对提升学校课程体系构建能力、形成自身办学特色有着不可低估的作用。

（六）挖掘乡土资源的社会价值，促进本地经济社会发展

开发和实施乡土课程，必然会涉及当地经济、政治、文化、社会、生态等，这些乡土资源是乡土课程和乡土教材的直接来源，因此通过乡土教材推介、传承乡土文化具有不可替代的特殊作用，在一定程度上有利于促进本地经济发展和社会进步，推进"五位一体"建设。

注释

[1]胡广婵,张建国.国内外乡土地理课程资源开发利用的研究进展综述[J].考试周刊,2015(25): 151-152.

[2][3][4] 冯一下.海外中小学历史教育片谈[J].中学历史教学参考,1998(Z2):13-15.

[5]杨光富.杜威《民主主义与教育》中的课程观[J].新课程学习（中）,2014(11):1-3.

[6]茅志明.浅谈乡土历史文化资源在初中历史教学中的运用[J].科技风,2014(15):186-187.

[7][8]陈玉荣.从国外乡土史教育看我国乡土史教育的缺失[EB/OL].(2020-06-22)[2021-05-23].https://wenku.baidu.com/view/e1c0f6957e1cfad6195f312b3169a4517723e5dd.html.

[9][10][11][12][13][14][15][16][17][18][19][20][21][22]覃遵君.地方课程概论——兼谈《房山文化》开发与实施[M].北京：首都师范大学出版社，2018:205-213.

[23]国务院.国务院关于基础教育改革与发展的决定[EB/OL].（2001-05-29）[2021-10-12].http://www.gov.cn/gongbao/content/2001/content_60920.htm.

[24]中华人民共和国教育部.教育部关于深化基础教育课程改革 进一步推进素质教育的意见[EB/OL].（2010-04-27）[2021-10-12]. http://www.moe.gov.cn/srcsite/ A26/s7054/201006/t20100601_92800.html.

[25]国家中长期教育改革和发展规划纲要工作小组办公室.国家中长期教育改革和发展规划纲要（2010—2020年）[EB/OL].（2010-07-29）[2021-10-12]. http://www. moe.gov.cn/ srcsite/A01/s7048/201007/t20100729_171904.html.

[26]中华人民共和国教育部.普通高中课程方案（2017年版2020年修订）[M]. 北京:人民教育出版社, 2020.

[27]中华人民共和国教育部.普通高中思想政治课程标准（2017年版2020年修订）[M]. 北京:人民教育出版社, 2020.

[28]国务院办公厅.国务院办公厅关于新时代推进普通高中育人方式改革的指导意见[EB/OL]. (2019-06-11)[2021-10-15]. http://www.gov.cn/zhengce/content/2019-06-19/content_5401568.htm.

[29]中共中央、国务院. 中共中央 国务院关于深化教育教学改革全面提高义务教育质量的意见[EB/OL]. (2019-07-08)[2021-10-15]. http://www.gov.cn/zhengce/2019-07-08/content_5407361.htm.

[30]房山区教师进修学校.房山——我为你骄傲[M].北京:首都师范大学出版社, 2010;覃遵君.房山文化（初中全一册）[M]. 北京:首都师范大学出版社, 2015;覃遵君.房山文化（高中全一册）[M]. 北京:首都师范大学出版社, 2015;石桂梅.房山区地理[M]. 北京:中国地图出版社, 2010.

第一章
乡土课程概述

第一节
国内外乡土课程开发历程

第二节
乡土课程相关概念界定

第三节
乡土课程开发与实施的价值和意义

第一章　章节提要

◇ 第一节　国内外乡土课程开发历程

本节首先介绍了以德国、美国、澳大利亚等为代表的分权制国家乡土教育和乡土教材开发的历史与现状，然后介绍了以日本为代表的集权制国家的乡土课程开发的历史与现状，最后重点介绍了我国乡土教材开发、研究与实施的历史沿革和发展现状。

◇ 第二节　乡土课程相关概念界定

本节主要对乡土课程开发与实施的相关概念，即乡土、乡土教育、乡土教材、乡土课程、乡土课程开发、乡土课程实施等进行了界定，为理解和探究乡土课程开发与实施奠定了基础。

◇ 第三节　乡土课程开发与实施的价值和意义

本节首先从理论与实践两个视角探讨了开发与实施乡土课程的价值；然后从学生发展、教师发展、学校发展、传承乡土文化四个角度阐释了乡土课程开发与实施的重要意义；最后，提供了乡土课程开发与实施的主要研究方法，重点介绍了文献研究法、实地考察法、问卷调查法、案例分析法和行动研究法。

第一章 乡土课程概述

第一节 国内外乡土课程开发历程

乡土教育起源于18世纪的欧洲,当时提出乡土教育的学者,一般都是从狭义的视角出发,认为乡土教育是地理和历史教学的基础。法国教育家卢梭在其著作《爱弥儿》中论述,通过幼儿时期爱弥儿在乡间的自然教育和实践生活的情况,主张实物教学,提出儿童在学习地理时,要深入乡土环境,感受乡土教育。瑞士教育家裴斯泰洛齐在1774年成立了"贫儿之家",让孩子们亲近乡土,自己进行农耕和纺织,把乡土教育与实践生活相结合,从直观的角度,提出儿童在地理教学中接受乡土教育的重要性。同一时期的德国学者撒耳士曼强调,乡土是历史教学的出发点,儿童把乡土知识与实物联系起来,形成基础历史观念,为以后的历史学习做准备。[1]

到了19世纪,乡土教育的内涵逐渐扩大。一方面,乡土教育不仅是地理和历史教学的基础,还是乡土自然、乡土文学和乡土社会等自然学科教学的一部分。例如,1844年德国教育家芬格在其编写的《乡土教学指引》中,把地理、历史和自然学科的乡土内容综合起来;另一方面,教育运动成为19世纪欧洲国家的潮流,乡土教育逐渐与德育及民族教育结合起来,如1893年德国教育家柏格曼在其著作《乡土科的社会伦理问题》中提出,乡土教学应以社会伦理教育为主要目的,培养儿童爱乡土、爱国的情感。

综上所述,国外乡土教育经历了从狭义到广义的发展历程。乡土教育以直观教学和实物教学为指导,使教学理论联系实践,增强了学生的乡土意识,让学生在实际生活中学到乡土知识。这个时期的教育家丰富的乡土教育思想为后来乡土教材的出现奠定了理论基础。

一、分权制国家乡土课程开发历史与现状

(一)德国是实施乡土教育最早的国家

1872年,由德国教育部所制定的《关于小学校及教员养成的一般规程》中明确提出:"地理之教授,应以乡土教授为开始。"

德国是开发乡土教材最早的国家之一。1872年,德国教育部规定小学各科教学应遵从

"由近及远"的原则,地理学科开设了十几课时关于乡土的内容。1902年2月28日,德国教育部公布小学国语读本应纳入乡土教材范畴,以讨论本乡历史、风俗和习惯等为主旨。同年6月30日,德国教育部规定基础学校四年级的课程都以乡土研究为中心。1923年1月11日,德国教育部又规定乡土研究应与国语混合讲授,每周共10~11个小时,而乡土研究所占的时间为每周3个小时左右,由此可见德国基础教育对乡土教材的重视程度很高。[2]

(二)美国教材完全以乡土教材为中心

美国课程管理体制属于地方分权制,课程中虽未设置乡土学科,但对乡土教材非常重视,如设计教学的教材,完全以乡土教材为中心,普通小学课程标准规定各科必须依照"由近及远"的原则,以家庭、学校、田野及其他周围常见的事物为内容设计的出发点。美国乡土教育的实施方式是将其融入各科教学,以学生为中心,实用于生活。1916年,美国全国教育协会中等教育改造委员会公布的社会学科报告中,确立了美国中小学社会课程以历史、地理与公民的课程为架构。[3]20世纪60年代中期,美国有30个州的法律规定学校必须开设本州的历史课程,这一举措对乡土研究具有深刻意义。[4]美国有大约30%的学校采用分块时间表,教学时间是每天4节课,一节课80~120分钟,学科内容也是分块专题讲授,在单元时间内完成授课,每学科大概60课时。[5]

(三)澳大利亚调整和开发适宜的乡土教材

澳大利亚的课程管理也属于地方分权机制。20世纪50年代以来,乡土教育逐渐兴盛,虽然各州情况不同,但乡土教材的开发与实施成为中小学一项盛行的活动。1972年,新南威尔士州教育部发布文件,要求学校评估学生需求,调整和开发适宜的乡土教材。1989年,《全国学校教育目标》公布,学校负责制定教育目标,提高教育质量,同时开发反映地方乡土特色的乡土教材。澳大利亚的乡土课程是按专题组织内容的,如学校、邻居和家乡等。[6]

除上述国家外,英国、法国和加拿大等国家都有着悠久的乡土教育历史和优秀的乡土教材开发成果。但是,目前大多数国家没有专门设置乡土学科,而是把乡土知识渗入相关学科中。在课程安排上,这些学科没有和主科受到同等重视,这些还有待于在将来的教育改革中进一步完善。

二、集权制国家乡土课程开发历史与现状

在集权制国家中,日本的乡土教育具有典型意义,乡土教育发展较为突出。日本在战后的教育改革中强调尊重学生个性和文化传统,重视教育与学生生活的联系。日本早期没有关于设置乡土学科的规定,但采用的教材有"乡土化"的内容,即把本国历史资料作为具体的研究对象,与乡土地理相辅相成,让儿童了解本地实际生活状况。日本乡

土教育的典型性充分体现在日本的乡土课程和乡土教育发展历程与现状中。

（一）日本把乡土教育正式纳入学科教学中

1947年，日本正式把乡土教育纳入学科教学中，开始安排有关乡土社会与乡土自然两方面的教学，让儿童能够在正式教材中学习乡土知识。

（二）日本在小学和初中开始实施乡土教育

1992年，日本开始在小学低年级和初中实施乡土教育。小学的乡土内容是融合在生活学科中的，初中的乡土教育是融入社会学科与理科中的。[7]日本某市四十七中学的"综合研究"是门选修课，涉及的范围非常广，有饮食文化、儿童文化和社会文化等乡土知识，课程设置时间约为35个小时。[8]

（三）日本教育改革重视乡土教育

1998年，日本颁布了《幼儿园教育要领》《小学学习指导要领》及《初中学习指导要领》，1999年颁布了《高中学习指导要领》和《盲学校、聋学校、养护学校学习指导要领》，开始了日本新一轮基础教育的课程改革。新课改中确立要培养具有丰富人性和社会性的、能够自立国际社会的日本人，重视培养学生的爱乡之心、爱国之情。提倡各地区、学校发挥主动性和创造性，创办特色学校，创设综合学习型课程，丰富选修课程。

（四）日本重视乡土教育的研究

目前，日本对乡土教育的研究主要有对过去乡土教育的发展和实践以及乡土教育运动的分析，如安藤雅之所作的《社会科创设期乡土教育的开展和意义》、白井克尚的《"新乡土教育"实践史研究的任务和方法》等。日本对乡土教育的发展现状及实践方法的探究主要有筱原清昭所作的《从教师的认识角度看乡土教育的实际情况及任务》、竹内裕一和加贺美雅弘所编的《调查生活周围的地域》等。日本关于乡土教育的这些研究，对世界各国开发与实施乡土教育具有一定的借鉴意义。

三、中国乡土课程开发的进程与现状

（一）中国乡土教材历史沿革

我国乡土教材在百余年的发展历史中，一直承担着继承和发扬我国优秀传统文化的重任，在培养下一代的过程中发挥着文化传递与文化创造功能。在有关学者的研究基础上，我国乡土教材的发展大致上可以划分为四个时期。

第一个时期（1840—1910年）：这一时期，清政府为了挽救统治危机，进行了一系列改革，其中洋务运动和改良派活动对中国的课程改革起到了重要作用。在洋务派创办的新式学校中，引进了西方课程，乡土教育思想也随之进入中国。乡土教科书与当时作为课堂教学用书的乡土志是清末时期经典的乡土教材，1904年的《奏定学堂章程》和

1905年的《乡土志例目》是乡土教材兴起的标志。其中,《奏定初等小学堂章程》与小学乡土教学内容密切相关,其规定历史和地理学科要以乡土内容为主。《乡土志例目》是乡土教材编撰的官方指导纲要,主导思想是要求各地参照原有地方志书,就近编写用于儿童启蒙与小学乡土教育的乡土教材,由此在全国范围内掀起了乡土教材建设的热潮。[9]

最早以"乡土教科书"为称谓的应该是国学保存会刘师培等人编撰的乡土教材,其不同于《乡土志例目》规定的编排方式,而是按照学部章程所定的课时,以教科书课目体的形式编排。清末乡土教材包括乡土志书和乡土教科书,两者共同作为当时初等小学的乡土教材,主要目的是培养学生热爱家乡、热爱祖国的情感。

第二个时期(1911—1948年):这一时期是中国的动荡时期,经历了五四运动、土地革命、抗日战争和解放战争。民初乡土教材的编撰依然延续了清末的传统。1922年新学制颁布后,乡土教材主要以社会科和常识科为主,包括乡土历史、乡土地理以及一些综合性的乡土教材,文体依然是文言文。

抗日战争时期,国家鼓励地方学校自己开发乡土教材,其中最重要的文件是1932年教育部颁布的《小学课程总纲》,其规定体育、社会、自然、美术和音乐等科目中都要有乡土内容。[10]这段时期的乡土教材以救国教育、国防教育和民族教育为主要内容,旨在培养儿童的爱乡、爱国情感。解放战争时期,虽然乡土教材加入了政治、经济和英雄故事等内容,但还是突出了爱国的主题思想。

第三个时期(1949—1977年):中华人民共和国成立初期,教育部开始了大规模的教育改革,其中包括教材建设,乡土教材又迎来了新的生机。最重要的文件是1958年颁布的《教育部关于编写中小学、师范学校乡土教材的通知》,其中指出:中小学的地理、历史和语文等科目都要有乡土教材。"文化大革命"时期,教育受到极大冲击,乡土教材的开发、研究与实施受到重大影响。

第四个时期(1978年—至今):1978年党的十一届三中全会以后,我国进入改革开放时期,教育迎来了快速发展,开始重新确定和编写中小学教材。1987年6月,国家教委召开了全国乡土教材工作会议,会议确定了乡土教材编写的方针和范围等问题,此后我国乡土教材得到了大力发展。2001年,教育部颁布的《基础教育课程改革纲要(试行)》中明确规定了"实行国家、地方和学校三级课程管理",把乡土教材推向了新的高峰,全国各地纷纷编写地方教材和乡土教材,乡土教材的范围越来越广,内容越来越丰富,并在目标上注重学生的素质教育,把乡土教育与学生的生活实践紧密结合,以更好地发挥立德树人的育人功能。

综上所述,乡土教材在百年的历史进程中,随着时代的变迁和社会发展的需要,也在不断地发展和变化。在范围上,由单一的乡土志扩展到乡土志书再到现代意义上的乡土教材；在内容上，早期以乡土历史和地理为主，逐渐扩展到政治、经济、自然和社会等丰富的乡土知识；在教育目标上，早期是统治者为了挽救国家危机，中期大多是为政治服务，改革开放以来的乡土教育是为了推进素质教育，培养学生的家国情怀和人文素养，促进学生全面发展。

（二）乡土教材开发与实施研究现状

我国乡土教材开发与实施的研究已有百年之久，比较有代表性的理论著作有祁伯文的《乡土教育概论》、曹凤南主编的《小学乡土教育的理论和实际》、李素梅与滕星主编的《中国百年乡土教材演变述评》。研究主要集中在乡土教材发展历史、结构体系、功效价值等方面。

1.以地理和历史知识为内容的乡土教材

乡土地理教材主要由地方志演变而来，其是融合了"地理志"和"地方志"的观点与方法而设计编撰的，涉及的内容十分广泛，好比一本百科全书。全国不少地方以省、市、县，甚至以学校作为编写单位，出版了充满当地乡土特色的地理教材，其中最具代表性的是王静爱主编、以北京师范大学为首联合全国 34 个省、直辖市、自治区编著的《中国省市区地理》丛书，这一系列丛书是乡土地理的宝贵资源，也是我国课改的重大成果。[11]首都师范大学周顺心的《我国地理乡土课程资源的开发研究》，通过乡土地理教科书和两种网络平台来研究乡土地理课程的开发问题，提出了在两种不同环境下开发乡土地理课程资源的可行性方案。

对乡土史教材的研究，已有文献主要集中在乡土史教材的作用、乡土史教材的发展历程、乡土史教材在历史教学中的运用、乡土史教材的编写原则等方面。

随着基础教育改革的全面深化，越来越多的人认识到乡土史教学的重要性，开始对编写中学乡土史教材给予更多关注。东北师范大学林海霞的《全球化背景下中学历史教学对民族精神的培养》，通过阐述中华民族精神的基本概念和内涵，探讨在中学历史教学中运用乡土历史教材培养学生的民族精神。用本土历史充实教材内容，可以拉近学生与历史的距离，帮助学生理解和掌握国家统编教材的内容。扬州大学的黄晓菊在《清末民初江苏乡土史地教科书研究》一文中，阐述了 19 世纪末 20 世纪初的乡土教材所承载的政治、经济、文化等信息，分析了这一时期江苏乡土史地教科书的基本特色及观念意识，对近代早期的乡土史地教材做了较为系统、全面的研究。

2.以音乐、体育和美术知识为内容的乡土教材

罗源县实验小学林敏芳的《挖掘乡土教材 弘扬民族音乐——畲族音乐进课堂的探索》，阐述了在推进素质教育的大背景下民族音乐进入课堂的必要性，并对民族音乐的课堂教学方式进行了初步探究。福建师范大学李红梅的《福建省中学民俗体育课程资源

现状与开发研究》，以福建省中学生和体育骨干教师为研究对象，因地制宜地把民俗体育纳入学校体育课中，与篮球、足球等相结合，极大地丰富了体育教学内容，这不仅是对学校体育的补充和发展，还能提高学生对体育锻炼的兴趣，培养学生"终身教育"的意识和树立"健康第一"的观念。[12]山东师范大学曲波在《新课程理念下农村美术教师课堂教学研究》一文中提到，美术不是局限于教室里的科目，农村比城市更接近大自然，更接近生活。俗话说"艺术源于生活"，当地美术教师可以敏锐地发现大自然和当地文化遗产中与教材有关的重要资源，并对这些乡土资料进行收集和整理，再根据本地、学校和自身条件，对这些资源进行整合和处理，最终有选择地运用到具体课堂教学中，以便不断提升农村美术课堂教学质量。[13]

3. 以语文和英语知识为内容的乡土教材研究

广西师范大学龙明州的《广西河池市中学语文乡土课程资源的开发利用研究》，以广西河池市中学语文乡土课程资源的开发和利用为个案，把本地民俗民风、民族语言、民族服饰和本地山歌等资源都加入语文乡土课程。语文乡土课程的开发主体与所在地区的社会风俗、人文地理、民族习惯和风土人情等融为一体。[14]苏州大学的蒋萍在《在培养英语口语能力中校本教材应用的研究》中介绍，熟练地掌握英语已经成为21世纪对学生的基本要求，而中小学英语教学的实质就是交际。[15]该论文认为结合本地的历史、地理等乡土资源，开发出适合学生英语口语交际和参与训练的乡土教材，对提高学生的英语口语应用能力有很大帮助。

4. 以乡土志为内容的乡土教材

复旦大学的王兴亮在《"爱国之道，始自一乡"——清末民初乡土志书的编纂与乡土教育》一文中介绍，乡土志是中国早期小学乡土教材的一种类型，是小学史地教材的材料。[16]清末民初，西方新式教育的传入使晚清政府意识到教育改革的重要性，其教育民众"尊君、爱国"并编纂了《乡土志例目》。虽然当时的"尊君、爱国"与现在的意义不同，但也生动地体现了当时的编纂宗旨。中央民族大学金清苗在《"裕固族乡土教材"开发研究》一文中，结合班克斯的多元文化课程理论，对裕固族乡土教材开发和实施过程进行了研究。[17]大部分教师认为，目前学生的民族传统文化知识贫乏，民族观念不强，所以通过开发民族乡土教材，使学生了解和学习本民族的优秀传统文化是很有必要的。乡土教材开发在少数民族基础教育中起着十分重要的作用，更是民族地区多元文化教育的重要体现。中央民族大学张爱琴的《民族地区乡土教材的开发模式与功能》，以宁夏回族自治区为个案，对宁夏乡土教材进行搜集、调查和文本分析，研究了乡土教材的发展模式并提出了民族地区乡土教材开发的功能和意义。[18]

此外，中央民族大学李素梅的《中国乡土教材的百年嬗变及其文化功能考察》，以时间为主线,阐述了我国乡土教材的百年嬗变过程及其文化功能。文中做了大量的材料收集和调查研究工作,从中可以看出乡土教材对我国百年教育的影响。[19]中央民族大学刘卓雯的《地方性知识视野中的乡土教材开发——扎龙中心学校的教育人类学个案研究》,以齐齐哈尔市扎龙中心学校开发的《仙鹤飞起的地方》为个案,运用"地方性知识"的理论视角分析乡土教材,总结乡土教材给学校教育带来的各种影响,研究乡土知识如何与主流文化更好地结合并对湿地地区乡村学校教育的课程改革和乡土教材开发提出了自己的看法。[20]

综上所述,乡土教材是基础教育教材中的一个重要组成部分,弥补了国家统一教材的不足,消除了学生与书本知识之间的距离感,引导学生学以致用,符合学生身心发展规律。乡土教材能够增强学生的民族自豪感,培养学生的爱乡、爱国情感,提高学生的社会实践能力,实现教育的可持续发展。乡土教材研究已经取得了一定成绩,但大多局限于某一学校、某一学科的个案研究,主要以地理、历史、音乐、体育、美术、乡土志和教育习俗等内容为主。在开发与实施过程中存在收集乡土资源难度大、资金短缺、教师缺乏乡土文化知识和专业开发能力等问题,在将来的发展中还有待改善。

(三)乡土课程资源的开发利用

国内关于课程资源的研究始于2001年教育部颁发的《基础教育课程改革纲要(试行)》,之后课程资源问题逐渐成为人们关注的热点。目前的研究主要集中在以下几点:关于课程资源概念的研究;关于课程资源种类的研究;关于课程资源的开发与利用问题的研究,包括开发与利用的原则及课程资源的开发途径、利用方式与筛选机制等。例如,范兆雄的《课程资源概论》,把课程资源开发与利用作为重要章节加以研究。又如,朱慕菊主编的《走进新课程——与课程实施者对话》中第七章"课程资源"和钟启泉等主编的《为了中华民族的复兴 为了每个学生的发展——〈基础教育课程改革纲要(试行)〉解读》中第六部分"课程管理与课程资源"等。研究论文方面的成果有很多,比较有影响力的主要有吴刚平的《课程资源的开发和利用》、季永峥的《课程资源的开发利用》、徐继存的《论课程资源及其开发与利用》、褚慧玲的《重视课程资源的开发和利用》、段兆兵的《课程资源的内涵与有效开发》等。

各地方学校就如何开发与利用乡土资源各抒己见,有的学校将其视为学校课程和地方课程的组成部分,有的学校利用它开展综合实践学习活动等,系统的乡土课程资源框架还没有完全形成。概括起来,目前乡土课程资源开发方面存在的普遍问题如下:在开发与研究数量上,课程数量普遍较多,但内容、体系不够完整;在研究方向上,乡土课程资源的开发利用多指向单一学科,整体开发、综合利用较少;在开发角度上,传统乡土课程资源较多,创新性课程较少;在开发维度上,从理论层面探讨乡土课程资源开发问题的较多，具体组织、深入开发与有效利用乡土资源的较少。

（四）乡土课程研究情况

1.乡土课程概念的提出

乡土教材是一个规范的学术名词。20世纪80年代以前，几乎不用"课程"这个词。2001年，教育部颁布了《基础教育课程改革纲要（试行）》，三级课程管理体制的建立，使地方、学校有了课程开发的责任，乡土课程应运而生；2014年，教育部印发了《关于全面深化课程改革 落实立德树人根本任务的意见》，明确提出了"全面传承中华优秀传统文化，弘扬社会主义法治精神，充分体现民族特点"[21]等课程改革要求，使有关传统文化传承、学生家国情怀、真实情境中的探究能力培育等具有特殊功能的乡土课程备受重视。

如今，乡土教材演进为乡土课程提供了肥沃的土壤。乡土教科书比较适合乡土知识学习，而新的课程改革强调的是在真实生活、生产、生态中的体验学习，它并不特别关注知识体系的完整性，很多探究体验活动甚至不需要教科书，但需要设计活动方案，并且很多活动方案是高度开放的。这一新的变化和需求，需要我们有目的、有计划地对相关活动方案进行课程化编制和设计。以往的乡土教科书通常具有鲜明的学科特征，如乡土地理、乡土历史等，而当前更需要有主题、跨学科的乡土综合实践活动，这些内容较难编制为传统的教科书，而课程可以包容这些形式。正因为有了课程设计，具体的活动无论如何开放和变化，其课程总是变而不乱的。以乡土知识学习见长的乡土教材依然是必需的，但应根据课程建设进行规范。总之，乡土课程的出现是对当前课程改革全面深化的一种积极响应。

乡土课程是一个新生的教育学术名词，除乡土教材之外，鲜有学者提及乡土课程并对其理论和学理基础做深层次的研究。虽然对乡土课程概念的界定有待进一步验证，但从其初始概念看，已经形成这样一种共识：一是乡土课程是依据课程内容的乡土特征所提出的，并不是以课程的功能、性质为划分依据的。二是乡土课程不是一门单独的课程，而是一个"集"或者"群"的概念，它有一个明确的课程主题，其中包含了与主题相关的众多科目或活动方案。

2.乡土课程的研究

我国各地区对乡土课程的实践探究可谓遍地开花，做的颇有成效且产生积极影响的首推上海。上海市把乡土课程建设和实施的重点定位于拓展型或探究（研究）型课程，成立了"乡土课程研究基地"，构建了"生态崇明"特色乡土课程体系，开展了对中小学乡土课程教育功能、实施形态等的系统研究，同时形成了内容丰富、形式多样的乡土历史课程、乡土地理课程、乡土文化课程。上海市对乡土课程开发的路径探索有统整乡土课程资源、开发乡土教材、制定分段分级的课程目标、编制实践活动的指导手册等，并于 2017 年开始陆续出版了一套"乡土课程与教学丛书"，包括《学校乡土课程建设指导手册》《乡土课程与教学实践创新案例》《乡土课堂》等，向教育者呈现出乡土课程与教学理论形态和实践形态的基本样态（或者说样态之一），可以说是全国中小学课程与教学改革中的一项精品成果。

纵观国内外有关乡土教育、乡土教材和乡土课程的文献，可以看出我国对乡土课程的研究还处于起始阶段，更多的是对乡土教育和乡土教材的实践与探索。以"乡土课程"为研究内容，将会给这门课程的教学理念、教学内容和教学方式以更多的思考与改革空间，真正体现了乡土课程多维度的理论与实践价值以及独特的育人功能。

第二节 乡土课程相关概念界定

与乡土课程相关的概念有"乡土""乡土教育""乡土教材"等,为更好地了解乡土课程,开发与实施乡土课程,很有必要厘清这些概念。

一、乡土

"乡土"在《汉典》中有两层含义,一个是"家乡、故土";另一个是"地方、区域"。《现代汉语词典》中对"乡土"的解释为本乡、本土。

乡土不只是指"一定的区域",更是人"安身立命"之所。乡土有着极为丰富的内涵:第一,乡土结构应该有三个基本构成要素,即乡土区域、区域中的人、区域环境和人的关系。第二,乡土是"风土人情、风俗习惯",是文化的载体。乡土是附着在这片土地上的人事、自然和社会,是人和自然、人和社会、人和人的关系中衍生的文化。第三,乡土是"家国同构"的基础。在中国传统文化中,家和国是一个价值共同体,家是缩小的国,国是扩大的家,这一思想有着深厚的文化根基。第四,乡土是"精神家园"的归属,乡土不仅是实体的家乡和故乡,还是人们精神家园的归属,正所谓"心安之处是吾乡"。

二、乡土教育

(一)乡土教育的含义

乡土教育是对乡土民俗及生活的教育,是把乡土的社会景观、人文背景和历史文化作为教学资料进行教学,让学生体会乡土文化,产生乡土归属感与责任感,从而服务家乡,为家乡的发展做出贡献。具体来说,乡土教育是以学生生活中的一切事物为载体,以生活化、社会化及本土化为指向的一种综合性的教育。乡土教育是整合自然、社会、人文等不同学科的教育,是科技整合性的教育;乡土教育是情意教学的最佳方式,其依托乡土人文精神,使学生了解人与环境之间相互影响、相互促进的矛盾关系,培养他们热爱乡土的情感。

(二)乡土教育的价值与意义

以往的乡土教育价值目标主要有两个:一是通过乡土知识充实和丰富教学内容;二是通过乡土情感达到爱国、爱乡的教育目的。但是,随着社会的变迁和转型发展,乡土教育所承载的文化价值和人生意义日益凸显，乡土教育的价值体系需要重构。在新的社会境遇下，乡土教育的价值和意义主要体现在以下几个方面。

（1）乡土教育能够涵养民族精神。一方面，乡土教育从清末到民国、从中华人民共和国成立到进入21世纪，以爱国爱乡、家国同构为主题，利用乡土资源对学生进行爱国主义教育是乡土教育的思想传统。另一方面，乡土教育作为涵养民族精神的重要载体，其突出特点是特色鲜明、丰富多彩、贴近生活，能够成为激励人民奋进和社会进步的精神力量。

（2）乡土教育能够突出人生引领和人文关怀。在现代化、城市化、工业化的背景下，人们试图在乡土寻根中得到心灵的慰藉，在乡土文化中寻找精神的居所，在返璞归真中发现生命的意义，在传统和现代的融合中重建精神的家园。因此，乡土教育必须直面人生，为消解现代性乡愁发挥应有的作用，引领人生方向，体现人文关怀。

（3）乡土教育能够传承和重构乡土文化。乡土教育不是固守传统文化，也不是让人们沉浸在对已逝乡土社会的回忆中，而是让人们在脱离乡土社会后重建乡土价值，在现代社会中重塑乡土精神。我们今天的乡土教育是建立在"现代生活"的新乡土之上的，乡土基础发生了变化，乡土教育必须适应这一变化，重构乡土价值，传承乡土优秀的人文精神。

三、乡土教材

（一）乡土教材的含义

乡土教材是结合地方实际和乡土特点而编写的教材。例如，乡土历史、乡土地理、乡土社会、乡土文化等。乡土教材通常由学校或地方教育行政部门组织人员编写，并经省（市）级教育行政部门审查批准后才能使用。其内容主要是本乡本土的地理环境、文物史料、生产状况、文化设施、物产交通、内外贸易、发展成就等。乡土教材有利于教学紧密联系本地经济和社会的发展状况，有利于培养学生热爱家乡、建设家乡的深厚情感。

（二）乡土教材的内容

早期的乡土教材，是以本乡本土的地理、历史、政治、经济、文化和民族状况等为内容编写的教材。18世纪，法国思想家卢梭和瑞士教育家裴斯泰洛齐就曾主张向儿童教授乡土地理知识。后来，一些教育家把乡土教材逐步扩大到乡土历史、乡土社会、乡土自然、乡土文学等。让儿童学习乡土教材，不仅符合教学由近及远、由具体到抽象的原则，还有助于儿童认识乡土和培养热爱乡土的观念。有些国家曾在小学设乡土学科，并聘用教师专门从事乡土教材的教学；有些国家把乡土研究的内容分别纳入各有关学科中去教学。中国历史悠久，幅员辽阔，各地区自然条件差别很大，又有值得讲述的优秀传统文化、革命传统和文物古迹，编撰具有地方特色的乡土教材供学生学习，有助于激励他们继承革命传统、弘扬爱国主义精神、提升人文素养。

四、乡土课程

（一）乡土课程的含义

乡土课程是以乡土资源为内容、以综合性活动为形式的课程。乡土课程以增强乡土情怀为价值取向，以培育家国情怀为课程育人目标，以传承及发展优秀乡土文化为社会功能目标，以乡土资源为课程主要内容，以真实的生产、生活、生态为课程实施的重要载体。乡土课程在性质上既可以是地方课程，如《房山文化》《房山地理》《房山——我为你骄傲》等，也可以是校本课程，如《发展中的良乡》《阎村文化》等。

乡土课程与乡土教材既有区别，也有联系。乡土教材并不等于乡土课程，乡土教材只是乡土课程的一种形态，乡土综合性社会实践活动也是乡土课程的基本形态。乡土教材的突出特征在于它以教材的形式呈现，而乡土综合性实践活动往往只需要通过活动设计来呈现。因此，不能把两者相等同、相混淆。

（二）乡土课程的特征

（1）为了乡土。一是为了乡土的人，即促进学生认识家乡、了解家乡、激发乡情，增强学生建设家乡的本领和责任感。二是为了乡土的事，即对本土文化的传承与发展。比如，房山的"中幡""汉白玉雕刻""京绣"等古老的民间艺术，以课程的形式走进课堂，不仅使中小学生学到了一些基本的常识和技能，还使其传承了本土文化。

（2）基于乡土。课程资源主要来源于本土。一是自然教育资源，如地质地貌、气候、水系、物种等；二是社会文化教育资源，如乡风民俗、历史遗迹、文化名人、古今教育等；三是社会经济教育资源，如高端制造、生态农业、基金小镇等；四是人才资源状况，如本地文化专家、科技人才、民间艺人等，这些都是乡土课程的重要资源。

（3）在乡土中。乡土课程在乡土"学习情境"中实施，乡土学习情境主要包括以下方面：一是利用学生已有的生活经验激活他们的思维；二是把学生带入创设或模拟的生产生活场景中；三是让学生在真实的生产生活情境中去探究和体验，用所学知识解决实际问题。

（4）超越乡土。虽然乡土课程强调为了乡土、基于乡土和在乡土中，但又不止于乡土，而是在乡土的基础上，引导学生心怀祖国、放眼世界，走向更大意义上的乡土，用国家观念、世界眼光看待乡土，培养学生的爱国主义思想和国际主义精神。

（三）乡土课程的类型

乡土课程依据不同的划分标准，可以有不同的课程类型。

（1）按照功能分类，可以将乡土课程分为"社会发展促进类"和"学生成长促进类"。从"社会发展促进类"来看，具体包括乡土文化传承与保护类，新文化引领类，新生产理念、方式与技术传播类，等等。从"学生成长促进类"来看，具体包括乡土知识学习促进类、学习方式与思维发展促进类、文明习惯与生活方式养成类等。

（2）按照形态分类，可以将乡土课程分为"教科书类"和"活动设计类"。"教科书类"是指地方教育行政部门根据教育需要和地方资源优势，组织力量编写地方课程教科书，并提交市级课程教材部门审核，这类课程目标明确、结构编排逻辑性强、内容的科学性有较好保障。"活动设计类"课程没有教科书，主要依托场馆或真实的生产生活场景，对活动进行精心策划和设计，包括课程背景、课程目标、课程内容、课程实施、课程评价等，主题鲜明，内容集中，形式多样，这类课程对学生体验乡土、了解乡土、认识乡土有着积极的作用。

（3）按照涉及的知识范围分类，可以将乡土课程划分为"学科乡土课程"和"跨学科乡土课程"。"学科乡土课程"是指涉及的概念、内容、方法等是属于某学科的，课程的开发者和实施主体一般由学科教师担任，如乡土地理、乡土历史、乡土生物等。"跨学科乡土课程"是指所涉及的概念和方法是跨学科的。比如，《房山文化》涵盖政治、历史、地理、语文、艺术等多个学科，涉及政治、经济、文化、历史、地理、文学、宗教、建筑等多个领域，具有较强的综合性。

（4）按照学习方式和学习主体分类，可以将乡土课程划分为"知识学习类"和"实践体验类"。比如，《房山区高中地理综合实践活动设计》就属于实践体验类乡土课程，而《房山文化》（高中全一册）同时具备"知识学习类"和"实践体验类"的基本特征。

五、乡土课程开发

乡土课程开发是指依据国家课程政策，根据地方的政治、经济、文化特色，结合当地的实际需求和对人才培养的要求，运用课程开发的技术手段，形成以乡土课程资源为支撑的课程。

对应不同的乡土课程类型，常见的课程开发模式有以下几种：一是基于学科的乡土课程开发，即将学科课程中与乡土课程教学内容有机联系的因素挖掘出来，在学科课程教学计划中加以落实；二是乡土综合课程开发，即跨学科或超学科的课程开发；三是乡土基地课程开发，即依托实践基地，开发乡土课程。

六、乡土课程实施

（一）乡土课程实施的含义

乡土课程实施是指对已经开发的乡土课程付诸实践。从逻辑上看，乡土课程实施是以乡土课程开发为前提的；但从实际来看，乡土课程的实施并不绝对是发生在乡土课程开发完成之后，有时乡土课程开发与乡土课程实施是交替或同时进行的。乡土课程的生命力就是通过高质量的实施过程得以展现的。

（二）乡土课程教学活动的组织形式

乡土课程教学活动有其特殊的组织形式——"大课堂"，这里的"大课堂"是指教室内外、校园内外一体化的组织形式。"大课堂"主要有以下三种类型。

（1）以校外体验活动为主体，而活动的准备与总结在校内。比如，周口店北京人遗址基地活动主要分为三个阶段。

第一阶段，在校园内完成，我们称之为"前课"，通过教师介绍，使学生先行了解基地的概貌，并提供不同的活动专题，让学生自主选择，形成不同的活动小组，再以小组为单位，了解每个方案的大致内容与要求，组内进行角色分工，做好活动前的准备工作。

第二阶段，在基地中进行，我们称之为"中课"，主要有两类活动：一类是按照课程中的活动方案，完成学习任务单；另一类是在活动过程中，学生自己生成研究型学习的新课题。

第三阶段，在校园内进行，我们称之为"后课"，主要是把探究学习的初步结果在班内进行交流研讨，并在教师与同学的帮助下，将学习体会与成果准确、规范地表达出来，与他人共享。

（2）以课堂学习为主体，但学习的准备在课堂外。例如，先做社会调查，并把调查结果作为学习内容等；也可以把课堂知识、技能学习的结果向课外延伸，即实现课前准备、课堂教学与课后实践活动的一体化。

（3）利用各种媒体，把社会生活、生产活动搬到课堂中。这样可以较好地解决因社会实践活动场地有限、路途遥远、耗时太多、季节气候等因素无法实地体验的问题，实现跨时空的校园学习与社会生活的一体化。

第三节 乡土课程开发与实施的价值和意义

一、乡土课程开发与实施的价值

"乡土"不仅仅是一个空间上的词语，更多的是个体内在的一种意义表征和精神寄托，并由此生发出的责任感和使命感。乡土课程是对乡土自然资源和文化资源的一种延续，也是民族精神的一种传承，更是培养学生知家乡、爱家乡、建家乡的情感、态度与价值观的重要途径。

（一）理论价值

1.运用相关理论

（1）教育人类学。

①教育人类学的含义。教育人类学作为人类学与教育学交融而成的一门综合性学科，萌芽于20世纪初，成熟于20世纪70年代。在本体论意义上，教育人类学是一门应用人类学的原理、方法来探究教育影响人类发展的基本原理及特点的学科。在西方，教育人类学的独特视角、核心主题、思维方式及价值取向等日益介入教育决策、组织及课程规划中。随着"乡土教育"在我国的不断发展，教育人类学能为我们探析乡土课程的发展提供理论依据。

②教育人类学与乡土课程关系的主要表现如下。

第一，教育人类学的核心主题与乡土课程。关注社会的公正和平等，是教育人类学的核心主题之一。教育人类学考察包括城乡文化在内的多元文化教育主题，强调教育的本质在于文化传递与人性转换。20世纪二三十年代，在全国各地开展的乡村建设运动中，陶行知、梁漱溟等教育家和思想家都曾提及农村教育课程的城市化倾向造成了学生对乡土社会的不适应，引发乡土文化的断裂。关于教育公平，普遍的观点是要关注三个不同阶段，即机会公平、过程公平和结果公平。在政府提供资源保障义务教育发展的过程中，机会公平的问题已得到一定程度的解决，现阶段最为重要的是过程公平。过程公平的核心是"公平对待"，这是一种"关系正义"。简要地说，就是要平等地对待所有人，对不同的人要差别对待，对有特殊教育需求的人要特别对待。[22]从过程公平的观点来看，中小学的课程设置与内容设计只有和当地的社会实际紧密相连、与"乡土"的需要相吻合，才能体现差别对待的公正精神,才能避免乡土文化的断裂。把乡土课程作为国家课程的重要补充,尊重乡土文化、民族文化多元发展的需要,开发并实施与"乡土"相适宜的乡土课程,既是传承"地方性文化"的重要途径,也是公平正义的充分体现。

第二,教育人类学的生命价值取向与乡土课程。探析教育人类学的价值,首要的一点就是回归人的生活和教育生活,体现教育人类学的生活价值,进而发掘其生命价值。[23] 从教育人类学的立场出发,现代教育远离了部分人的真实生活,人在教育中的整体性、独特性及具体性被忽视。当下,科学主义、技术主义的教育在教育活动中占据着主导地位,而蕴含着浓郁的乡土气息的人文生活在教育中日渐式微。因而,出现了教育中的课程内容疏离生活、课堂教学脱离生活的现象。通过乡土课程可引导学生关怀和珍爱乡土,帮助学生获得本土历史和文化等方面的知识及体验,回归人的"真实世界",进而实现人性的完满和生命的丰盈。

第三,教育人类学的文化价值取向与乡土课程。教育人类学的一个重要价值取向还表现在保护文化、促进文化对话等方面。人类学家博厄斯认为,人类学家不仅要审视自身文化,还应保护和拯救濒临消逝的文化。而要保护"地方文化",发展"地方性知识",教育无疑是最重要的途径。乡土课程是文化自觉的重要体现,也是延续乡土文化的重要载体。我国实施校本课程和地方课程的目的是把"地方性知识"和乡土文化渗入课程体系和教材,着力培养学生的文化认同与文化自信。有研究者认为,乡土课程最关心以下几个主题:一是文化研究;二是自然研究;三是"真实世界"的问题解决;四是实习和创业机会;五是社区参与引导。[24] 在文化研究方面,其目的是为学生学习本土历史和文化提供机会,鼓励学生调查和研究本土生活的历史和文化轨迹。在学生探究和思考乡土历史及文化的过程中,乡土文化就会得到传递和认同。

第四,教育人类学的使命与乡土课程。有研究者通过探究教育人类学的使命,认为教育人类学的使命在于四种洞察:一是通过洞察人的生命发展状态来洞察人性;二是洞察人的生命发展的文化背景,包括文化差异、文化变迁、文化冲突与融合等;三是洞察促进生命发展的教育实践活动;四是洞察人的生命发展、文化与教育的关系。[25] 其中,关于人的生命发展的文化背景,人的生命发展、文化与教育的关系的洞察,为乡土课程的价值判断与发展理念提供了重要的学理支持。在一定意义上,乡土课程是文化变迁、文化自觉及生命、文化与教育三者的交互关系在教育行动上的一种投射。从教育人类学使命的视角理解和解释乡土课程,能够看出差异、多元、冲突及融合等词汇背后蕴含的理念,催生并促进乡土课程的产生和发展,这意味着探析乡土课程发展问题,应深入洞察中国社会的乡土性、中国广袤地域中文化的多元性及异质文化之间的冲突与交融等问题。

（2）教育心理学。关于乡土课程开发与实施的价值，教育心理学也有相关的研究和论述。

①西方学者对乡土课程的教育心理学研究。皮亚杰的认知发展理论认为，教育的真正目的并非增加儿童的知识，而是设置充满智慧刺激的环境，让儿童自行探索，主动学到知识。[26]

布鲁纳的发现学习理论认为，在教学过程中，学生是一个积极的探究者。学生学习的主要目的不是要记住教师和教科书上所讲的内容，而是要参与建立该学科的知识体系的过程。强调直觉思维认为，教师在学生的探究活动中要培养其丰富的想象力，防止过早语言化。与其教会学生如何做，不如让学生自己试着做，边做边想。要强调内在动机，学生易受好奇心的驱使，对探究未知的结果表现出极大的兴趣。[27]

奥苏贝尔的有意义学习理论认为，当学生把教学内容与自己的认知结构联系起来时，有意义学习便发生了。[28]因此，要促进新知识的学习，先要增强学生认知结构中与新知识有关的观念。

杜威的"教育即生活"理论认为，学校教育的职责在于"平衡社会生活和环境中的各种成分，保证每个人都有机会避免他所在社会群体的限制，并和更广阔的环境建立充满生机的联系。"[29]

②我国教育家对乡土课程的教育心理学解释。陶行知的"生活教育"理论认为，生活教育是给生活以教育，用生活来教育，为生活向前、向上的需要而教育。[30]从效力上说，教育要通过生活才能迸发出力量进而成为真正的教育。

心理学的相关研究理论表明，个体所处的生活环境与经历的成长过程（乡土课程资源的接受）构成了直接经验，为后续的发展提供了重要基础，而间接经验和替代经验的持续建立也必须要依靠个体的生活环境和成长过程（乡土课程资源的伴随接受）的继续支持。只有当个体对事物的意义（乡土课程资源所提供的背景）有了认识以后，才能更好地热爱它和接受它。

（3）建构主义理论。

①建构主义的含义。建构主义的核心理念认为，知识是建构的而不是接受的。[31]知识建构是指科学知识不能简单地传授，而必须通过学生自身（包括个体与群体）已有的知识、经验和信念，在作为认识主体的学生与认识客体的自然现象或科学知识之间的互动中，以积极主动的方式获得。

乡土课程开发与实施应以学生为主体，以社会调查研究、访问和野外考察为主要方式，引导学生进行探究性学习实践活动。有效的实践活动能使学生在活动中获得积极的体验，既能深切地了解自己家乡的发展变化，又能对发展中的问题有探究认识的能力；

让学生学会密切关注和获取有关家乡社会发展的各种信息，发现问题、提出问题和研究问题，树立乡土公共参与意识和乡土社会责任感。

建构主义不仅强调个体建构，还强调知识的社会建构。在建构主义看来，不仅人文、社会科学知识可进行社会建构，自然科学知识也是社会建构的结果。[32]自然科学知识绝不是所谓"客观的""价值中立的"知识，它会受到社会因素和个人因素的影响。

②建构主义是乡土课程构建的理论依据。社会建构主义认为，知识不仅仅是个体在与物理环境的相互作用中建构起来的，社会性相互作用更为重要。[33]社会建构主义强调"在对话与合作中学习"，合作学习是必要的，因为学习者需要同他人联系，以便在客观世界的建构方法上获得共识。同时，在学习过程中，只有通过集体对复杂的学习情境、个人提出的假说或学习者自己关于问题解决的可能性的个人设想进行讨论，才有助于学习者更好地对自己的思考进行建构。因此，应当把学习活动置于一个社会环境中，使学生自主地从情境和互动中获得知识。

乡土课程的实施，可以更多地组织学生展开讨论，以利于教师与学生及学生之间更好的互动，可以充分考虑乡土、社会、经济、文化、历史的特定条件，引导学生通过实践去认识社会中的各种人文和自然现象，培养学生树立对家乡社会发展的责任感，从而在实践活动中发展他们的创造能力。通过必要的实践活动，使学生掌握了解家乡、认识家乡的方法，增强创新意识和解决实际问题的能力，实现智力与非智力因素的共同发展。

例如，房山区《普通高中学科课程乡土资源的开发与利用（政史地）》在建构方面，既从宏观上考虑选取的资源能够反映房山经济社会发展状况和整体风貌，又从微观上考虑选取的资源能够为学生社会实践活动、研究性学习等提供支持，学生能够从设计的问题探究中运用自身知识、生活经验等，通过小组合作、讨论交流等达成共识，同时增强学生课程学习的实践性、综合性和创新性。

2.运用和发展课程理论

（1）布鲁纳的结构主义课程论。[34]布鲁纳的结构主义课程论有以下基本观点：第一，主张课程内容以各门学科的基本结构为中心，学科的基本结构是由科学知识的基本概念、基本原理所构成的。第二，在课程设计上，主张根据儿童智力发展阶段的特点安排学科的基本结构。第三，提倡发现法学习。布鲁纳的很多思想都具有较强的时代性，对当前学校教育仍具有一定的现实意义。这种理论片面强调内容的学术性，使教学内容过于抽象；将学生定位太高，好像要把每一个学生都培养成这门学科的专家；同时，在处理知识、技能和智力的关系上也并未取得成功。尽管如此，布鲁纳的思想仍然对今天我们进行乡土课程研究仍具有重要的借鉴意义。

（2）瓦根舍因的范例方式课程论。[35]瓦根舍因的范例方式课程论强调课程的基本性、基础性、范例性，主张教给学生基本知识、概念和基本科学规律，教学内容应适合学生智力发展水平和已有的生活经验，教材应精选具有典型性和范例性的内容。这一理论的主要特点如下：第一，从范例性的知识结构理论中取材，其内容既精练又具体，易举一反三、触类旁通；第二，范例性是理论和实际自然结合；第三，能解决实际问题的内容都是综合的，不是单一的；第四，范例教学能更典型、具体、实际地培养学生分析问题和解决问题的能力。瓦根舍因的范例方式课程论对乡土课程的开发与实施具有指导意义。比如，《房山文化》教材最初在作为乡土课程开发的过程中，根据学生智力发展水平和已有的生活经验选择课程内容，既坚持了理论和实际相结合，又突出了区域性、层次性、典范性和范例性。

（3）赞科夫的发展主义课程论。[36]赞科夫的发展主义课程论把"一般发展"作为其课程论的出发点和归宿，称为"发展主义课程论"。所谓"一般发展"，是指智力、情感、意志、性格的发展，即个性的发展。其主要观点如下：第一，课程内容应有必要的难度；第二，要重视理论知识在教材中的作用，把规律性的知识传授给学生；第三，课程教材的推进要有必要的速度；第四，教材的组织要能使学生理解学习过程，即让学生掌握知识之间的相互联系，成为自觉的学习者；第五，课程教材要面向全体学生，特别要促进后进生的发展。乡土课程也是一门发展的课程，其随着时间的推移、实践的深入和实施者的变动，始终处于动态的变化发展之中。

（4）现代智力理论。现代智力理论以多元智力、三元智力和成功智力理论等为代表。现代智力理论关于智力的分析拓宽了智力的内涵，加强了智力理论与教育的联系，为学生理解乡土课程的价值提供了有力论证。例如，多元智力理论是由美国哈佛大学教授、著名心理学家加德纳在1983年出版的《智力的结构》一书中提出的。他认为："智力是在某种社会或文化环境的价值标准下，个体用以解决自己遇到的真正难题或生产及创造出有效产品所需要的能力。"智力的基本性质是多元的——不是一种能力，而是一组能力，是由多层面和多要素组成的。[37]

这一理论认为，理想的学校应在以下两个假设的基础上设计：第一，并非所有学生都采用相同的学习方法；第二，没有人能够学会需要学会的一切东西。智力的形成往往需要通过一定的场景及与人合作和思考来实现，可能在参与某种有文化价值的活动时激发出来，为此学校要尽可能为学生选择与其智力发展相匹配的多样化课程，为学生在更广泛的社区范围内找到适合他们的学习方法和场所。乡土课程的开发与实施，可以让学生走进社区，让学生向社区的成员学习，从而探索他们在学校典型课程中没有被发现的兴趣和能力。通过学生—课程—社区之间恰当的平衡，增加学生最大限度发挥其智力潜能的可能性。

(二)实践价值

课程起源于文化传承的需要,乡土课程的重要价值之一在于传承与传播优秀乡土文化。乡土课程的提出,将乡土文化作为重要的课程建设资源,使乡土文化的传承与传播有了更多的渠道。通过乡土课程实现学校对乡土文化的传承,可以促进乡土文化的健康发展,弥补了当前学校育人功能的不足。乡土文化是学生成长过程中重要的精神力量,在乡土课程的实施中,不仅要用好乡土文化资源,还要保护和发展好优秀乡土文化。教师要引导学生用动态的眼光全面认识乡土文化,既要认识乡土文化中的精华,也要看到乡土文化中的糟粕,让学生通过学习,了解和掌握乡土文化的知识与经验,再经过批判性反思,继承和弘扬优秀的乡土文化,创造性地投入乡土文化建设之中,进而形成积极发展优秀乡土文化的责任感与使命感。

1.乡土课程开发与实施,能够帮助学生深入了解本土社情,树立建设家乡、报效祖国的志向

乡土课程的价值功能,是指以发展学生认识乡土、热爱乡土、建设乡土的认知、能力、情感为主的育人功能。在全球化与社会转型发展背景下,不关注乡土教育,就可能导致乡土文化基因丢失、民族文化灵魂被异化;缺乏对乡土真实的了解与对乡情的真切体验,对学生社会责任感与使命感的培养往往就成了空洞的说教。乡土文化中蕴含着丰富的可体验、可感悟的乡知、乡情等资源,优秀的乡土文化具有培育学生家国情怀的功能,是对学生进行爱国主义教育的重要内容。学生通过乡土课程的学习,能够切身感受到家乡山水的美丽、人民的勤劳和社会的发展,进而树立改造家乡、建设家乡的志向。在走访、调查等实践活动中,不断增强对乡土深切的归属感、强烈的依赖感和崇高的责任感,形成一种关注乡土、眷恋乡土的文化情结,有助于这些学生将来毕业后回到自己的家乡,用自己的知识建设家乡、服务家乡。家乡是学生认识祖国的一个最易懂的样本,学生从认识乡土中了解社会,从研究乡土中学会观察社会,并从中推及民族情、中国心。可见,探索与发挥乡土课程家国情怀的育人功能是新时期学校德育的一个重要实践领域。

2.乡土课程开发与实施,能够拓展课程领域,丰富课程内容,增强课程的探究性和实践性

乡土课程作为选修课,是对必修课程的必要补充、拓展和深化,能够不断丰富、完善普通高中课程体系。乡土课程开发与实施,充分依托学生成长、生活地的资源,把乡土的历史文化、风土人情、社会进步、经济发展等资源作为重要的课程内容,使课程内容更加丰富。在课程的实施方式上,注重学生在实际的生产生活中进行实践、体验,为学生在社会中进行学习创设了条件,也提高了学生的应用能力,增强了学生对学习资源和学习内容进行"问题化""结构化"处理与认识的能力。学生在搜集与探究乡土资料、

观察与调查乡土社会、参与乡土社会生产与生活实践中，要掌握研究乡土、认识乡土的方法，并从中获得观察社会的正确视角，提升研究社会、认识社会的能力，增强课程的探究性和实践性。

3.乡土课程开发与实施，能够推动乡村振兴，创建文明乡村

中华文化的根脉在乡村，而乡土文化是关于根脉的文化，这些内容孕育在乡民的生活方式中，体现了乡民的精神、文化、信仰和智慧。学校本是乡村的文化高地与希望寄托之所，通过乡土课程，带动学生对家乡文化的关注，继而学生也能带动家长把注意力重新放在乡土生活方面。通过对乡土课程的学习，学生可以充分了解优秀的传统文化，成为优秀传统文化的传承者和弘扬者，这有利于复兴乡村传统文化，重建乡村公共活动共同体，促进村民关系团结融洽，使乡村呈现出一片积极向上、邻里和睦、人与自然和谐相处的文明生态和崭新面貌。

二、乡土课程开发与实施的意义

（一）有助于促进学生自主学习，提高学生整体素质

1.丰富学生知识，激发学生的学习兴趣和热情

杜威在《教育中的兴趣及努力》中曾说过："以兴趣为基础的学习结果与仅仅以努力为基础的学习结果有质的不同。"兴趣能够提高学生的学习积极性，能够在一定程度上改变回忆模式，使学生学会用不同的方式去理解和提取信息。

乡土课程资源是最贴近学生生活的课外资源，学生在日常生活中或多或少地会有所接触。在学生充分了解的基础上，教师要采取多种教学方式，将身边熟悉的乡土资源运用到教学中，并找到与乡土资源的契合点、结合点，提高学生学习的兴趣。

乡土课程的开发与实施，可以补充国家课程资源，使教学内容更加丰富充实、生动具体，从而激发学生学习的积极性和主动性，丰富学生的知识储备。大多数学生对家乡的文化有着特殊的感情，而乡土课程的一大优势，就在于它是本地资源，是学生亲身感受到的具体的人物、环境、事件和文化等，能让学生有亲近感，从而提高他们的学习热情。

2.培养学生家国情怀，增强学生爱乡爱国情感

苏霍姆林斯基在《培养学生的爱国主义精神》一书中说道："学生爱祖国的情感，是从爱家庭、爱学校、爱故乡、爱集体农庄、爱工厂、爱祖国语言开始的。"可见，培养学生热爱祖国的途径是多种多样的。在教学中，培养学生的家国情怀，最直接、最有效的途径就是运用好乡土课程资源。

新的课程理念强调学生要学习身边的知识和对生活、终身发展有用的知识，而乡土

课程就是符合这一要求的最好素材。通过课程与课堂教学的结合可以加强学生对家乡的了解，从而激发学生热爱家乡的热情并树立建设家乡的志向。通过课程的渗透可以让学生有机会接触现实，领略家乡的自然风光和家乡建设的成就，陶冶热爱家乡、热爱祖国的情操。中华文化源远流长、博大精深，这种深厚的文化底蕴是进行爱国主义教育的巨大资源，因此教师要充分利用优秀的乡土文化，对学生进行正确引导，促使学生继承和发扬中华民族优秀的爱乡、爱国传统。

3.培养学生核心素养，实现立德树人根本任务

核心素养是个体在解决复杂的现实问题的过程中表现出来的综合品质。学生发展核心素养，主要是要具备适应终身发展和社会发展需要的品格和关键能力。

以高中思想政治学科为例，高中思想政治课程的核心素养包括政治认同、科学精神、法治意识、公共参与四个方面。乡土课程的开发与实施可以很好地培养学生的这些核心素养。学生可以通过社会调查、实地参观考察、研究性学习、访问访谈等途径积极参与到学习中来，创造性地利用一切可以利用的资源以及已有的生活经验，为自身的学习和探究活动服务，并增强其公共参与能力。乡土课程中的素材具有具体性、直接性的特点，其中关于乡土的历史人物、人文景观、社会变革、经济发展等内容更利于学生了解故乡、了解国情，激发学生关注家乡建设、热爱家乡的情感，进而延伸到热爱祖国、建设家乡和建设祖国上，增强学生的主人翁意识，培养爱国主义精神，达到政治认同。从学生的接受特点来看，对发生在自己身边的事件，学生会更乐于去了解，进而进行自主思考。乡土课程的开发与实施，可以活跃课堂气氛，拉近学生与知识的距离，使学生体验学习的快乐，经历主动探索的过程，逐步养成独立、理性思考的习惯，进而达到培养学生科学精神的目的。

（二）有助于教师提高专业能力，培养良好职业素养

1.激励教师学习专业理论知识，促进教师专业化发展

研究表明，一个好的教师需要具备四个方面的知识：一是条件性知识，即教育学、心理学知识；二是学科专业知识；三是实践性知识；四是其他文化知识。这些知识是在学习和历练中逐渐积累的。乡土课程的开发与实施，可以促进教师转变自己的课程资源意识，重组专业知识结构，利用和发挥自身特长，使自己从知识传授者成长为研究型、专家型、学者型的教育者。教师作为乡土课程资源开发利用的主体，在开发利用乡土资源的过程中，其自身的素质也必将得到提高，教师的知识体系将更丰富。教师要想积累乡土课程资源，就必须经常发掘、收集所在区域的乡土资源，或走访当地的名人故里，或请教专家学者，或借助网络传媒等中介，通过这些方式开阔眼界，弥补乡土资源的"空白点"。

在新课程改革的背景下，教师要跟上时代发展的步伐，除了要求教师应具备基本的职业道德和专业知识，还要求教师应具有专业发展的理念和专业能力。教师要想灵活有效地实施乡土课程，不仅要花时间充分了解乡土课程资源，丰富自身的知识，还要在乡土课程实施中不断学习相关的理论知识，尤其是乡土课程资源的理论知识。这都将帮助教师扩大知识面、完善知识结构、提升理论水平，只有这样才能更好地指导学生利用乡土课程资源。

2.促进教师更新教学观念，提升驾驭课堂能力

课堂是学生接受知识的主要场所，新课程的基本理念之一是由以教师的"教"为中心转向以学生的"学"为中心，让学生真正成为学习活动的主体。乡土课程的开发与实施是实现这种转化的有效途径。乡土课程学习内容的本土化，使学生潜在的直接经验得到激活，从而使课堂气氛变得更为活跃，让课堂教学成为动态生成的过程；乡土情境的利用拓展了课堂教学时空，使教室不再是课堂教学的唯一场所，学习不再只是囿于教室和校园，而是在社会生产生活的实际情境中接受现场教学。

教师要想在教学中开发利用乡土课程资源，就必须更新教学观念，具备开放思维，激发创造潜能，改进教学手段和教学方式，营造师生平等的民主氛围，引导学生开展合作探究式、换位辩论式等多种学习方式，充分体现学生的主体性、自主性和创造性；同时，优化教学过程，拓展学生的知识和能力，让学生在情感参与中掌握知识、提升技能。此外，乡土课程的开发与实施还能促进教师教学设计、教学管理的能力，拓宽教师的知识领域，既给教师带来自身发展的挑战，又为教师带来自身发展的机遇。

3.丰富教师教学素材，助力教师落实教学目标

教师为了在教学中更好地开发利用乡土课程资源，必须更加细致地研读教材，在对教材深入了解的基础上，归纳整理课本知识，标注重点难点，进而有目的地鉴别、挖掘、搜集、整理、加工乡土资源，依据学生现有的知识水平，用相关的、具有特色的乡土资源来补充、扩展教材内容，丰富教学素材，让学生在轻松愉快的课堂氛围中获取知识、提升技能、丰富情感。

新课程改革强调课堂的核心不只是知识的传授，更是学生能力培养，新知识建构以及情感、态度、价值观形成的过程。因此，教师要倡导学生主动参与，乐于探究；注重培养学生搜集和处理信息的能力、获取新知识的能力、分析和解决问题的能力以及交流、合作的能力；建立社会责任感和使命感，在学习知识的同时训练思维、健全人格。

乡土课程开发与实施的过程也是学生自主学习、合作学习和探究学习的过程，教师应调动学生的积极性、创造性，引导学生主动对知识进行建构，激发学生勤奋求学的热情；在这一过程中通过师生互动、情感交流，培养学生尊重事实、探索真理的科学态度，

形成正确的科学观和自然观，进而形成正确的世界观；这种以探究、实践、合作为特征的学习模式，有利于激发学生热爱家乡、热爱故土的情感和积极向上的人生观，进而实现"知识、能力、情感态度价值观"三位一体的课程目标。

（三）有助于学校构建和完善课程体系，形成学校自身的课程特色

1.构建和完善课程体系

建设有自身特色的学校课程体系是推进当前中小学课程改革的重要途径，其旨在解决过去课程改革中出现的只是片面追求课程数量、规模，忽略系统思考和整体设计，造成课程建设"碎片化""分散化""割裂化"等的一系列问题。而这些问题又恰恰反映了学校课程建设水平和校长与教师课程领导力的高低，制约和影响学校的内涵、创新和可持续发展。

由于学校课程名目繁多，实施起来不能杂乱无章，需要根据特定的育人目标，选择基本的教育内容，采取适当的学习方式。学校课程由此呈现出多种属性和样态。

从管理体制上看，学校课程可分为国家课程、地方课程和校本课程三级课程；从学习内容上看，可分为语言与阅读、数学与科技、品德与健康、审美与艺术等若干领域；从实施路径上看，有学科课程、活动课程、实践课程、社团课程和环境课程之分；从课程功能上看，有基础性课程、拓展性课程、选择性课程、综合性课程之分；从学习方式上看，有必修、必选、自修和自选之分；从外显形态上看，有显性课程、隐性课程和隐蔽课程之分。

当然，课程体系建设是一个不断深入、探索、提升的过程，乡土课程的开发与实施能够丰富学校的课程体系，提供适合学生发展的课程形态。乡土课程的开发与实施，需要学校在系统、整体思考的基础上去设计和建构。建构具有自身特色的课程体系是创办特色学校的重要因素。

2.形成课程的乡土特色

学校要形成特色，必须以课程为支撑。乡土课程拥有丰富的乡土资源，配有专业教师，可以持续探索、积淀，从而形成学校自身的课程特色。

乡土课程的开发与实施，可以利用丰富的乡土资源，包括自然地理资源、人文历史资源、生产生活资源、物产风情资源等，这些资源的开发与利用对学校发展有着重大意义。

第一，有利于改善并丰富学校的教学资源，在潜移默化中培养学生的道德情感，提升学生的道德品质，促进学生的健康成长，实现学校的育人目标。例如，参加生产劳作，可以让学生体会家长的辛劳，从而更加尊敬长辈、尊重劳动，并养成节约资源、艰苦奋斗的生活作风；参观走访、调查研究等实践活动，可以帮助学生提升交流合作技能，积累生活经验并形成诚实礼貌、勇敢坚毅、善良感恩等优良品质。让学生在努力完成学习任务的同时去感受那份愉悦与幸福，有助于养成自尊自信、自立自强的高尚品质。

第二,有利于形成具有浓厚乡土气息的校园文化氛围,有利于校本课程的开发和建设,并最终形成学校的课程特色,增强学校活力,促进学校的健康持久发展。

(四) 有助于弘扬乡土文化,促进我国优秀传统文化的传承

1.提升对乡土文化的自豪感

一个地区的乡土资源承载着所在区域数千年的历史文明和文化积淀,是这个地区的根魂所在。但随着市场化、城市化进程的不断推进,利益文化和城市化逐渐在农村生活中占据主导地位,乡土文化逐渐被边缘化,生活在这片土地上的人们不再去发现、关心、认识这片生养、培育自己的土地所蕴含的特色文化,这最终导致漂泊在城市的农村子女心灵家园"失根"。那么,应该如何解决这个问题?第一,我们有必要引导学生去认识乡土文化资源,认识家乡的自然生态、历史文化、风土人情、社会生活的变化发展,引导学生对乡土文化形成全面系统的认识,并能自觉进行反思、批判和汲取其中的有益成分,进而留住个体发展成长的根,并积极弘扬家乡的本土文化。第二,在走访、调查、探究的同时,学生有更多的机会去关心家乡、接触社会、了解现实,产生认同乡土文化的积极情感,获得故乡情、乡土爱,在为家乡感到自豪的同时,激发学生树立建设家乡、改造家乡的志向。

2.促进乡土优秀文化的传承

乡土文化是中华民族文化之根、民族精神之源,是中华文化的子集与支流。而教育的神圣使命之一就是传承人类优秀文化,正如学者邓和平所说:"爱国之道,始于一乡乡土;学必始于乡土,而后可通于天下。"乡土课程的开发与实施是传承乡土优秀文化的有效路径,乡土课程的成功开发、乡土优秀传统文化的弘扬与传承,取决于多因素、多主体的相互配合和共同努力。

乡土课程的开发与实施,能使学生在考察家乡历史遗迹、参观博物馆、探访名人故居的过程中,了解家乡的优秀文化传统,传播乡土文化,学生通过了解家乡的社会习俗、生活方式、历史传统等,能够增强对乡土文化的自信,从而成为弘扬本土优秀文化的积极力量。

三、乡土课程开发与实施的研究方法

(一) 文献研究法

借助图书馆、数据库和丰富的网络资源,尽可能全面地搜集有关乡土课程的理论、文献资料,并进行归类整理、分析研究,为乡土课程的开发与实施提供理论支持和研究参考。

（二）实地考察法

教师可以组织学生外出考察，实地观看访问，让学生认识家乡，触摸历史，了解家乡的自然、历史、人文、遗迹、遗存和文物，在深化认知的同时，增强学生对家乡的热爱，培养学生的自信心和自豪感，形成热爱家乡、建设家乡、美化家乡、构建和谐家乡的宏伟抱负和雄心壮志。让学生走出学校，深入社会，实地调查，有助于激发学生兴趣，促使理论与实践相结合，让乡土课程真正走进课堂，走进学生的心里。

（三）问卷调查法

问卷主要分为教师问卷和学生问卷。一方面，设计并发放教师问卷，对教师在乡土课程资源的开发与应用情况进行调查，掌握乡土课程资源开发的现状和教师对乡土课程资源开发与实施的看法；另一方面，通过学生问卷调查、学生访谈、学习成果汇报等多种形式反馈课程开发的实际成效，并将其提炼为课题成果，以论文、专著、研究报告的形式呈现出来，积极开展经验交流和后续阶段的可持续研究与成果推广。

（四）案例分析法

案例分析法就是采用适当的方法，收集与研究相关资料，把单一个体或一个单位团体（社区）当作案例进行深入探究的过程。通过教学案例，分析和探讨教师在开发乡土课程资源过程中可采用的策略与方法，在充分发挥教师和学生主观能动性的基础上，提高乡土课程资源在学科教学中的使用概率和对学生学习的促进作用。通过教学案例，掌握乡土课程开发与实施的情况，形成较为成熟的乡土课程教材，并运用教材开展课程与实践活动，从而培养学生的家国情怀和科学思维方法。因此，需要有突出的案例进行研究、分析、评价等，从而为取得研究成果提供重要依据。

（五）行动研究法

行动研究法是指在自然、真实的教育环境中，教育实际工作者按照一定的操作程序，综合运用多种研究方法与技术，以解决教育实际问题为首要目标的一种研究模式。

行动研究法是将纯粹的教育科研实验与准教育科研实验结合起来，将教育科研的人文学科特点与自然科学的实验特点结合起来，用科学的理论、方法、技术去审视、指导教育教学实践，将教育教学经验上升到理论的高度。

行动研究法是一种小范围内教育改革的探索性的研究方法，其目的不在于建立理论、归纳规律，而是针对教育活动和教育实践中的问题，在行动研究中不断地探索、改进和解决教育实际问题。行动研究将改革行动与研究工作相结合，与教育实践的具体改革行动紧密相连。

行动研究法的代表学者郑金洲把行动研究法归纳为三种类型。

（1）行动者用科学的方法对自己的行动进行的研究。这种类型强调使用测量、统计等科学的方法来验证有关的理论假设，结合自己实践中的问题进行研究。它可以是一种小规模的实验研究，也可以是较大规模的验证性调查。

（2）行动者为解决自己实践中的问题而进行的研究。这种类型使用的不仅是统计数据，还包括参与者个人的资料，如日记、谈话录音、照片等。研究的目的是解决实践中行动者面临的问题，而不是建立理论。

（3）行动者对自己的实践进行批判性反思。这种类型强调以理论的批判和意识的启蒙来引起和改进行动，实践者在研究中通过自我反思追求自由、自主和解放。

这三种类型强调了行动研究的不同侧面：第一种类型强调的是行动研究的科学性；第二种类型强调的是行动研究对社会实践的改进功能；第三种类型强调的是行动研究的批判性。虽然这些类型强调的内容有所不同，但在实际研究中，研究者可将这三个方面的特征结合起来进行研究。

行动研究法对乡土课程的研究具有借鉴和指导意义。在乡土课程开发与实施的研究中，理应采用行动研究法，在探索过程中开发，在研究过程中深化，不断提高乡土课程开发与实施的水平。

乡土课程的理论研究，特别是实践探索，需要借助行动研究法的指导。从选择乡土课程方向到实施开发过程，再到开展乡土课程实践等，需要全方位、全过程对开发与实施行为进行价值判断、行动反思和科学指导。总之，行动研究法对乡土课程开发与实施具有重要的指导意义。

注释

[1][16]王兴亮.爱国之道，始于一乡——清末民初乡土志书的编纂与乡土教育[D].上海:复旦大学,2007.

[2][19]李素梅.中国乡土教材的百年嬗变及其文化功能考察[D].北京:中央民族大学,2008.

[3]赵亚夫.国外历史教育透视[M]. 北京:高等教育出版社,2003:102-103.

[4]曹风南.小学乡土教育的理论与实际[M].上海:中华书局,1936:46.

[5]董华.美国普通中学课程管理研究[D].广州:华南师范大学,2005:55.

[6]吴刚平.校本课程开发[M].成都:四川教育出版社,2006:201-208.

[7]学实.日本的乡土教育[J].国外教育研究,1990(4):65,4.

[8]郝晓.中日中学新课程设置的比较研究[D].重庆:西南师范大学,2004:35.

[9]曹风南.小学乡土教育的理论与实际[M].上海:上海中华书局,1936:21.

[10]束秀东.泰县乡土教材[M].南京:中央印务局,1947:172.

[11]赵子涵.乡土地理课程资源开发研究[D]. 呼和浩特:内蒙古师范大学,2019.

[12]李红梅.福建省中学民俗体育课程资源现状与开发研究[D].福州:福建师范大学,2006.

[13]曲波.新课程理念下农村美术教师课堂教学研究[D].济南:山东师范大学,2005.

[14]龙明州.广西河池市中学语文乡土课程资源的开发利用研究[D].桂林:广西师范大学,2007.

[15]蒋萍.在培养英语口语能力中校本教材应用的研究[D].苏州:苏州大学,2008.

[17]金清苗."裕固族乡土教材"开发研究[D].北京:中央民族大学,2008.

[18]张爱琴.民族地区乡土教材的开发模式与功能[D].北京:中央民族大学,2010.

[20]刘卓雯.地方性知识视野中的乡土教材开发——扎龙中心学校的教育人类学个案研究[D].北京:中央民族大学,2010.

[21]中华人民共和国教育部.教育部关于全面深化课程改革 落实立德树人根本任务的意见[EB/OL].(2014-04-08)[2021-10-20].http://www.moe.gov.cn/srcsite/A26/jcj_kcjcgh/201404/t20140408_167226.html.

[22]杨小微. 学校现代化水平需要什么样的尺度[J].教育测量与评价,2015(8):1.

[23][25]李政涛.教育人类学引论[M].上海:上海教育出版社,2009.

[24]徐湘荷.生态区域主义视野下的乡土课程观[J].课程·教材·教法,2009(10):22-27.

[26]张春兴.教育心理学[M].杭州:浙江教育出版社,1998:112.

[27][28]施良方.学习论——学习心理学的理论与原理[M].北京:人民教育出版社,1994:225-227.

[29]杜威.民主主义与教育[M].王承绪,译.北京:人民教育出版社,1990:23.

[30]陶行知.陶行知全集(第五卷)[M].南京:江苏教育出版社,1986:477.

[31][32][33]陈磊.建构主义与高等师范院校《乡土地理》课程的学习[J].安徽农业中科学,2006(21):5688-5689.

[34][35][36]覃遵君.地方课程概论——兼谈《房山文化》开发与实施.[M].北京:首都师范大学出版社,2018.

[37]加德纳.多元智能[M].沈致隆,译.北京:新华出版社,1999:74.

第二章 乡土课程开发与实施

第一节 ◯
乡土课程开发与实施的理念和原则

第二节 ◯
乡土课程开发的目标设计与内容选择

第三节 ◯
乡土课程开发与实施的主要途径

第四节 ◯
乡土课程开发与实施的评价和管理

第二章　章节提要

⬡ **第一节　乡土课程开发与实施的理念和原则**

　　本节阐释了乡土课程开发与实施的三大理念：一是坚持正确的思想政治方向；二是体现鲜明的乡土地域特色；三是促进学生全面发展。提出了乡土课程开发与实施的六条原则：坚持思想性；突出乡土性；重视适切性；注重选择性；关注发展性；体现开发性。

⬡ **第二节　乡土课程开发的目标设计与内容选择**

　　本节先从目标定位、素养主导、目标表述三个维度探讨了乡土课程开发的目标设计问题。然后从内容来源（乡土知识、学习者经验、学科知识）、内容选择原则、房山乡土课程内容选择（历史文化、自然生态、风土人情、活力新区）等方面进行了具体的分析和说明。

⬡ **第三节　乡土课程开发与实施的主要途径**

　　本节以房山区乡土课程开发与实施为例，介绍了开发的主要途径：乡土通识课程开发；乡土资源与学科课程有机结合；乡土基地相关课程；PBL 项目设计。然后介绍了实施的主要途径：走进课堂教学；开展综合实践活动；组织班团活动；利用网络自主学习。

⬡ **第四节　乡土课程开发与实施的评价和管理**

　　本节首先阐释了乡土课程开发与实施评价的基本原则，开发评价的主要内容，实施评价的理念、内容和方式等。然后介绍了乡土课程开发与实施的组织管理。最后从保障机制、运行机制两个方面简要说明了乡土课程开发与实施的动力保障。

第二章 乡土课程开发与实施

第一节 乡土课程开发与实施的理念和原则

一、乡土课程开发与实施的基本理念

（一）坚持正确的思想政治方向

2019年6月23日，中共中央、国务院为深入贯彻党的十九大精神和全国教育大会部署，加快推进教育现代化，建设教育强国，办好人民满意的教育，特颁发《关于深化教育教学改革全面提高义务教育质量的意见》[1]，这是我国深化教育教学改革、全面提高义务教育质量的纲领性文件，也是开发与实施乡土课程的行动指南，更是全面深化教育改革和课程教材建设必须坚持的根本方向。

文件明确了深化教育教学改革、全面提高教育质量的指导思想。即坚持以习近平新时代中国特色社会主义思想为指导，全面贯彻党的教育方针，落实立德树人根本任务，遵循教育规律，强化教师队伍基础作用，围绕凝聚人心、完善人格、开发人力、培育人才、造福人民的工作目标，发展素质教育，培养德智体美劳全面发展的社会主义建设者和接班人。

文件提出了深化教育教学改革、全面提高教育质量的基本要求。即树立科学的教育质量观，深化改革，构建德智体美劳全面培养的教育体系，健全立德树人落实机制，着力在坚定理想信念、厚植爱国主义情怀、加强品德修养、增长知识见识、培养奋斗精神、增强综合素质上下功夫。坚持德育为先，教育引导学生爱党爱国爱人民爱社会主义；坚持全面发展，为学生终身发展奠基；坚持面向全体，办好每所学校、教好每名学生；坚持知行合一，让学生成为生活和学习的主人。

在乡土课程开发与实施中坚持正确的思想政治方向，就是在开发与实施乡土课程过程中，以马克思主义的世界观和方法论为指导，突出立德树人的根本任务，体现学科的核心素养，重点培育学生的政治认同、家国情怀、道德修养、法治意识、文化素养，促使学生成为国家发展和家乡建设的合格人才。

北京市房山区开发和实施《房山文化》教材，突出了思想性、教育性，坚持了正确

的政治方向。通过介绍房山文化和房山精神，让学生认同中华文化，认同社会主义核心价值观，产生强烈的家国情怀；通过讲述房山地理，让学生了解房山复杂多样的地理环境，熟悉房山的自然风光，培育区域认知、人地协调观，激发学生热爱家乡的情感；通过讲述房山历史，特别是介绍周口店北京人、房山革命斗争史，让学生熟悉房山的史料实证，增进对历史文化理解，学会历史分析与解释方法，树立唯物主义历史观和价值观；通过讲述房山文学与艺术，让学生了解房山古今文化名人名作，提升审美鉴赏能力，提高艺术创造能力，增进文化传承与文化理解，从整体上提高人文素养。

总之，通过乡土课程、地方课程的学习，有助于培养学生学科核心素养和跨学科整合的综合运用能力，从而实现乡土课程坚持思想性和教育性的总体目标。

（二）体现鲜明的乡土地域特色

地域通常是指一定的地域空间，是自然要素与人文因素共同作用形成的综合体。不同的地域会形成不同的镜子，反射出不同的地域文化，形成别具一格的地域景观。

一般来说，地域具有区域性、人文性和综合性三个基本特征。

区域性是地域所表达出的最为明显的特征。区域性是人们界定一个地方的主要依据。每一个地理事物和地理事件，都发生在一个具体的时空范围内，被具体的人群所见证。因此，区域性就成为乡土地域特征的一个标志性特点。

人文性是地域最为突出的特征。人文性可以理解为人类社会文化现象所表现出来的一般特征。我们通常所说的培养人文素养或追求人文精神，大体上属于这一范畴。人文素养的灵魂，不在于能力，而在于以人为对象、以人为中心的精神，其核心内容是对人类生存意义和价值的关怀。人们研究一个地方的乡土地域特色，看重的是其所具有的人文性。地域文化特色主要是基于自然条件去深刻把握人文要素的突出内涵。因此，鲜明的人文性是乡土地域的另一个突出特点。

比如，《房山文化》教材专题一在讲"房山文化的精神"时，有这样一段叙述：

文化的魅力，集中体现在精神的影响上；文化的力量，突出表现在精神的力量上。精神是文化的精髓和核心。在房山这片土地上，历代房山人用自己的勤劳与智慧创造了独具特色的房山文化。周口店"北京人"点燃"文明之火"的创造精神，推动"石器文化"演进的开拓精神，超越"燕都"、交往诸国的开放精神，跨越千载、锲而不舍的石经精神，抗击列强、平西抗战的抗争精神，谋求解放、争取民主的革命斗争精神，开山凿石、鬼斧神工的刻苦耐劳精神，韩村河、窦店村自力更生、艰苦奋斗的创业精神，开发房山文化创意产业的创新精神……汇集成了具有巨大感召力和影响力的房山精神。

综合性是地域的一个重要特征。地域反映的事物或者关系往往是一个关系或者实体错综复杂的综合体。单一的地理或者事件等不能形成地域空间。比如，人们一谈到埃及，想到的不仅是它的地理位置、自然环境、社会发展、人口和资源状况等要素，还有它的兴起、发展，以及创造的诸多文明等内容。因此，人们在研究一个地域空间时，只有用系统的、综合的眼光看待和分析问题，才会全面、科学、生动地把握其各种要素。

《房山文化》教材以"大文化"为视角，从物质文化和精神文化两个角度展现房山文化。在内容安排上，涉及房山的精神文化、地理文化、历史文化、教育文化、科技文化、艺术文化（建筑艺术、塑形艺术、文学艺术、民间艺术等）、产业文化、文化传承、文化创新等多个方面。因此，必然涉及多领域、多学科的理论和知识，具有明显的综合性。这就要求相关学科的研究者和开发者共同努力，团结协作，形成整体合力。同时，在实施过程中，需要政治、地理、历史、语文等不同学科的教师，共同承担相关内容的教学任务，更好地发挥教材的综合性和整合性功能。

此外，地域还有历史性、差异性等特征。全面深入地认识这些特点，有助于人们更好地认识一个地域空间，从而更好地从事各种地域活动。

我国地域辽阔，不同地方的经济、文化发展水平差异极大，可供利用的课程资源也不尽相同。近年来，随着改革开放的逐步深入，我国的社会历史条件发生了巨大变化，地区差距也逐渐拉大，因此开发符合当地实际的乡土课程，是不同经济、文化发展水平对课程建设的时代要求。乡土课程要发展，就要求各地、各社区教育主管部门必须充分研究和掌握地方社会、历史、文化、经济条件和现实状况，只有这样才能挖掘地方课程资源，设计出充分体现乡土地域特色的课程。

乡土课程是不同地方根据特定地域、区域社会发展、本地学生发展的特殊要求，以及特定的课程资源而设计的课程，因而在适用范围上具有鲜明的地域性或乡土性，特定的乡土课程只适用于特定的地方和社区的中小学。地域的差异性，给课程实施者提供了丰富多彩的课程资源和教育资源。为满足地方发展对教育的要求，乡土课程要充分体现地方特色，这就要求各地方教育主管部门根据地方实际，开发适合本区域的乡土课程，以便完善和优化中小学课程结构。

乡土课程的开发与实施必须体现鲜明的乡土地域性。乡土课程是依照本乡本土的经济、政治、文化等发展水平而开发的，各个地方在长期的历史变迁及特定地理环境的作用下，必然会形成具有浓郁乡土特色的人文资源。而这些人文资源作为乡土课程资源的重要部分，必然会引起课程开发者的重视和利用，进而挖掘其蕴含的教育价值。经过课程开发者认真辨析与加工过的人文资源，最终会直接进入课程领域，从而使乡土课程呈现出浓郁的人文性特征。

进入课程中的乡土人文资源必须符合国家的教育标准：一是应当具有先进性，能够代表乡土文化中先进的、适应现代化发展需要的、能够满足人们更高尚精神追求的那部分；二是应当具有育人性，以培养和塑造学习者的文化个性与文化审美情怀，提升学生的人文素养，塑造其健全人格；三是应当具有发展性，能够促进当地或本社区学生群体与学生个体的全面发展；四是应当具有可接受性，能够符合学生实际，可以为学生所理解与接受，始终考虑以学生为本。

（三）促进学生全面发展

党和国家特别重视深化教育改革、全面推进素质教育。早在1999年6月，中共中央 国务院颁发的《关于深化教育改革全面推进素质教育的决定》中明确提出，实施素质教育，就是全面贯彻党的教育方针，以提高国民素质为根本宗旨，以培养学生的创新精神和实践能力为重点，造就"有理想、有道德、有文化、有纪律"的、德智体美等全面发展的社会主义事业建设者和接班人。进入新时代，发展素质教育，就是要全面贯彻党的教育方针，落实立德树人的根本任务，特别是发展学生的核心素养。

核心素养是党的教育方针的具体化，可以转化为教育教学实践可用的、教育工作者易于理解的具体要求，引领课程改革和育人模式变革。

2016年9月13日，《中国学生发展核心素养》研究成果正式发布。该研究成果将中国学生发展核心素养以培养"全面发展的人"为核心，分为文化基础、自主发展、社会参与三个方面，综合表现为人文底蕴、科学精神、学会学习、健康生活、责任担当、实践创新六大素养。各素养之间相互联系、相互补充、相互促进，在不同情境中发挥作用。教育部要求各个学科根据这一总体框架，针对学生认知水平和年龄特点提出各学段、各学科的核心素养。

2017年开始，教育部制定和颁发课程方案和课程标准，结合各个学科的特点，凝练学科的核心素养。乡土课程作为国家课程的延伸和补充，同样担负着立德树人的使命，因此培育学生发展的核心素养及学科核心素养，是乡土课程开发与实施的应有之义。

联合国教科文组织《学会生存》一书中强调："教育的目的在于使人成为他自己，'变成他自己'。"[2]乡土课程的开发与实施，不仅是为了增加一类新课程，还是为了使课程更好地满足学生的学习需求，更加切合学生的实际，更加适应区域的经济发展、社会进步和人才培养。乡土课程倡导把学生的视野从书本场景引向生活场景，从远离实际拉回现实，把"科学世界"和"生活世界"贯通起来，使课程更贴近生活、贴近社会、贴近学生，使课程充满生活气息、使课程蕴含时代精神，为学生今后走向社会、适应社会、改造社会奠定扎实的基础。

乡土语文课程的开发与实施，能够让学生了解本乡本土的语言、文字的演进，知道本地著名文人学士流传千古的名篇创作的乡土背景，从而培育"语言建构与运用、思维发展与提升、审美鉴赏与创造、文化传承与理解"的学科核心素养。

乡土历史课程的开发与实施，能够让学生了解区域历史，从本乡本土历史事件、历史人物中领悟历史演进过程，培育"时空观念、史料实证、历史理解、历史解释、历史价值观"的学科核心素养。

乡土地理课程的开发与实施，能够让学生了解本地地理概况和人文地理特色，关注本地生态建设，通过身边的地理现象、地理知识加深对国家地理课程相关知识的理解，培育"人地协调观、综合思维、区域认知、地理实践力"的学科核心素养。

开发和实施综合性乡土课程，要实现跨领域、跨学科、跨模块统整，其课程价值更为重大。比如，北京市房山区开发与实施的《房山文化》教材，从内容建构上，重人文思想，重核心价值，重时代精神，重地方特色。教材从房山的精神文化、历史文化、地理文化、教育文化、科技文化、艺术文化、产业文化等不同角度，展现房山的文化传统和人文精神，涵盖政治、经济、文化、社会、考古等不同领域，涉及思想政治、历史、地理、语文、科学、艺术等多个学科和多个模块，具有较强的统整性。通过实施这样的乡土课程，不仅有助于培育学生学科核心素养，还有助于促进学生全面发展。

二、乡土课程开发与实施的基本原则

（一）坚持思想性

在乡土课程开发与实施的过程中坚持思想性，就是重视乡土课程的思想政治影响、坚持正确的思想政治方向、提升学生思想觉悟和道德品质。

按照教育部《普通高中课程方案》（2017年版2020年修订）[3]对"坚持正确的政治方向"的阐释，就是坚持党的领导，坚持社会主义办学方向，充分体现马克思主义的指导地位和基本立场，充分反映习近平新时代中国特色社会主义思想，有机融入坚持和发展中国特色社会主义、培育和践行社会主义核心价值观的基本内容和要求，继承和弘扬中华优秀传统文化、革命文化，发展社会主义先进文化，加强法治意识、国家安全、民族团结、生态文明和海洋权益等方面的教育，培养良好的政治素质、道德品质和健全人格，使学生坚定中国特色社会主义道路自信、理论自信、制度自信和文化自信，引导学生树立正确的世界观、人生观和价值观。

在乡土课程开发与实施中坚持思想性，就是坚持用习近平新时代中国特色社会主义思想铸魂育人，以政治认同、家国情怀、道德修养、法治意识、文化素养为重点，以爱党、爱国、爱社会主义、爱人民、爱集体为主线，坚持爱国和爱党、爱社会主义相统一，系统开展"七个教育"——马克思主义理论教育、中国特色社会主义和中国梦教育、社会主义核心价值观教育、法治教育、劳动教育、心理健康教育、中华优秀传统文化教育。

在乡土课程开发与实施中坚持思想性，就是要服务思想政治教育的目标要求，有正确的政治认同，有机融入社会主义核心价值观的基本内容和要求，全面传承中华优秀传统文化，弘扬社会主义法治精神，充分体现民族特点，培养学生树立远大理想和崇高追求，形成正确的世界观、人生观、价值观。乡土课程的开发以知识为载体，必然涉及乡土课程相关理论和地方性知识，让学生在课程学习中增长知识，学有所得。知识性是思想性的前提和基础，把知识性渗透到思想性中去，有利于学生正确"三观"的形成与发展，学生一旦树立了正确的思想观念，反过来又有助于他们进一步理解、运用教材相关知识，提升学生整体素质。

乡土课程的开发与实施必须处理好知识性与思想性的关系。为此，应当注意以下两点。一是给定难易适量的基础知识、地方知识和乡土知识，便于学生深入理解和处理与乡土（地方）有关的理论问题和现实问题；二是关注思想方法的运用，以便学生能够运用所学知识分析与理解乡土的现实问题，从而认识和理解基础知识、地方知识、乡土知识的价值与意义。

（二）突出乡土性

乡土性即鲜明的地域性，这是乡土课程和乡土教材最为突出的特征。

乡土课程的乡土性是指乡土课程所涉及的内容，应当突出反映本地区经济、政治、社会、文化、生态等方面的发展现状和特定要求，具有鲜明的地域特色。地域性既是乡土课程的突出特征，也是乡土课程的基本要求。我国地域辽阔，不同地方的经济、文化发展差异较大，可供开发和利用的课程资源也不尽相同。鉴于此，单靠国家课程难以兼顾地方差异，更难以满足地方经济发展和人才培养的需要。因此，开发符合当地实际、具有地域特色的乡土课程或地方课程势在必行。

北京市房山区开发与实施的《房山区地理》[4]，主要介绍了房山区的地理位置和行政区划、复杂多样的自然环境（地形、气候、河流）、房山的经济发展、旅游资源与旅游业、房山的社会事业发展、生态环境的保护与美化等，地域特色非常鲜明。

以《房山文化》[5]乡土课程开发（后初审通过为北京市地方教材）为例，这套教材在开发中特别突出了地域性和乡土性。虽然《房山文化》教材的内容框架参照了高校文化学有关教材和高中《文化生活》教科书，但教材中的资料基本上来源于房山社会的文化事件，大都是学生身边的文化现象和文化生活。

《房山文化》教材在选取与房山文化相关的内容和材料时，体现了"重人文思想、重核心价值、重时代精神、重乡土特色"的原则。教材从精神文化、历史文化、地理文化、教育文化、科技文化、艺术文化、产业文化、文化传承与创新等不同角度，展示了房山的地域文化，展现了房山的文化传统和人文精神，具有鲜明的地方特色和浓厚的乡土气息。

在《房山文化》教材设置的活动栏目中，其提出的许多问题都与房山的社会生活和文化生活息息相关。比如，你身边还有哪些活动与文化有关；请你列举 1～2 个反映房山文化现象的实例；读房山地形图，请你说出房山地形分布的主要特点；利用节假日，组织一次地质公园某一景点的地质考察，分小组写出调查报告；你能结合自己已有的知识，描述一下"北京人"当时一天的生活吗；结合地图，请你想想燕国为什么要选择在琉璃河建都；利用周末到文庙参观，然后写一段关于文庙的简介；连车的发明和制造过程给我们什么启示；走访调查：参观良乡大学城，写一篇关于"良乡大学城在发展"的见闻；你是否知道房山籍书画家，请列举其代表作品；请你介绍 1～2 件房山知名的塑形艺术作品；说出 1～2 则民间故事或民间传说；介绍 1～2 首颂扬房山精神的歌曲；说出举办房山旅游文化节，对继承和发展房山文化有什么作用。这些都是探讨的房山文化生活的有关问题，突出了地域性和乡土性的特色。

（三）重视适切性

乡土课程的适切性，也可称为乡土课程的针对性或实用性。它主要说的是乡土课程在目标、内容及实施过程中，切合当地实际和学生实际，能够推动当地社会发展，有利于培养当地所需人才。

乡土课程不同于国家课程中的学科课程，它不要求课程科目的均衡、全面、系统，也不刻意追求理论知识的连贯、深刻，它特别强调的是课程内容的适切性。课程内容的适切性，主要体现在以下三个方面。

一是注重乡土课程的时代性。乡土课程要想使学生与社会生活及社区发展紧密联系起来，就必须注重课程的时代性，与当下的时代特征合拍。如果与学生生活的时代特征脱节，即使体现了地方特色，也难以吸引学生的关注，更谈不上促进学生认识社会、了解社会、关心社会发展、参与社会生活了。

二是注重乡土课程的现实性。在内容设计上，乡土课程应具备突出的现实性，以专题和综合课的形式来组织内容。乡土课程的内容应以地方社会生活和社区发展的现实为依据加以系统设计，要体现鲜活的现实性，向学生传授参与社会生活和社区发展应具有的价值观念、思想意识，以及关于地方和社区的基本知识，如地方或社区的乡土历史、乡土地理、社区结构、地域经济、传统文化等，还应向学生传授参与社会生活的基本能力，如社区研究、社区服务、社区发展规划等公益活动的基本能力。

三是注重乡土课程的适切性。乡土课程必须把学生生活与当时社会生活及当地社会发展紧密联系起来。在内容选择上，既要注重时代特征，又要体现乡土特色，还要考虑适合学生现状，以吸引学生的关注。

（四）注重选择性

选择性既是课程内容确定的基本原则，也是乡土课程和乡土教材开发与实施的基本原则。

选择性主要是指在保证国家课程得到落实、每个学生达到基本要求的前提下，充分考虑地方经济社会的发展需要和学生不同的发展需求，遵循科学原理，结合课程资源和学科特点，分类、分层设计可供学生选择的课程，满足学生不同学习需求，促进学生全面发展。

在乡土课程和乡土教材开发和实施过程中，既要做好资源内容的精选，又要做好资源与相关学科的对接；既要保持乡土资源的独特性，又要与国家课程有机融合，在统整中最大程度地发挥乡土资源的价值。

北京市房山区历史悠久，文化厚重，地形多样，自然风光和人文景观遍布，为乡土课程开发提供了极为丰富的资源。但在乡土课程开发过程中，我们既不可能面面俱到，也不可能无限深入，只能从中选出最具代表性的资源，统整到乡土课程和乡土教材中。

比如，在开发《房山文化》[6]教材的过程中，初中版教材主要选取和讲述了"房山的由来""北京猿人遗址""西周燕都遗址""寺庙大观""云居三绝""房山古塔""文学书画精粹""民间花会""民间传说""京西行宫""水峪古村""石雕艺术园""房山世界地质公园""房山旅游文化节""房山最美乡村"等内容。高中版教材则选取和讲述了"房山文化""房山精神""房山地理文化""房山历史文化""房山教育科技文化""房山艺术文化""房山文化传承、发展与创新"等。之所以对房山乡土资源做出这样的选择，是充分考虑到了不同学段学生的身心发展水平和认知特点。

（五）关注发展性

发展性是新课程改革的核心价值取向，也是乡土课程开发与实施的根本目标追求。乡土课程的开发与实施，主要关注学生的发展、学校的发展和地方的发展。

1.促进学生发展

新课改的核心理念就是坚持以学生为本，促进学生全面发展。乡土课程的开发不只是为了增加一门新课程，更是被赋予了"为了学生发展"的崇高使命。设置的课程只有贴近社会、贴近实际、贴近学生，才会有生机和活力，才能促进学生发展。乡土课程倡导把学生的视野从书本场景引向生活场景，把"知识世界"和"生活世界"贯通起来，引导学生走进社区（农村）、走进乡土、走向社会，为学生今后融入社会、适应社会、改造社会、服务社会打下基础。

2.促进学校发展

课程是学校教育的核心，学校的办学特色很大程度上取决于学校的课程特色。我国基础教育课程管理体制，由过于集中的国家课程管理走向国家、地方、学校三级管理，使地方和学校在一定程度上拥有了课程自主权，这就为开发乡土课程、校本课程提供了政策环境和自主空间，进而为形成学校的办学特色提供了契机。

课程在学校教育中的地位和功能，决定了课程改革在学校教育改革中发挥着牵一发而动全身的作用。课程改革将对学校教育理念、管理制度和教育行为进行全方位的深刻变革。学校只有抓住课程改革这一关键环节，才能带动学校教育各方面的变革，从而深入实施素质教育，不断提高教育质量，促进学生全面而主动地发展。

乡土课程、校本课程的开发与实施，赋予了学校发展新的活力与生机，彰显了学校课程建构的自主性、发展性和独特性。

3.促进区域发展

国家课程不可能解决所有的课程问题，地方课程、乡土课程承载着促进地方发展的使命。乡土课程、地方课程存在的价值在于它的本土性，这是乡土课程得以生存和发展的重要理由，也是乡土课程的优势所在。"面向地方，立足地方，服务地方"是乡土课程开发的指导思想，它必须贯穿乡土课程开发的各个环节、各种活动和各项内容之中。乡土课程开发要以地方资源为依托，通过对当地的自然资源、社会资源和人文资源进行科学、合理的发掘、筛选、整理、提炼，使之得到有效的、全面的开发与合理的利用和保护，从而提升地方的文化品位，形成乡土的课程特色和文化个性；同时，通过对地方文化的选择、整理和传授，满足地方学生发展的独特性、差异性和多样性，使学生了解家乡的社会习俗、生活方式、历史传统，增强适应环境和自我生存与发展的能力，涵养深厚的家国情怀，成为建设家乡的主力军。

（六）体现开放性

乡土课程的开发与实施所面对的是一个复杂开放的系统，因而具有明显的开放性。

一是课程系统构建具有开放性。乡土课程涉及当地经济、政治、思想、文化、民族、宗教、风俗习惯及社会的方方面面，在复杂开放的社会背景下，如何构建课程系统有着多种选择。

二是课程内容与材料的选择具有开放性。乡土课程面对的是地方或社会复杂多样的现实问题，呈现哪些现实问题，是一个开放式的选择。

三是课程呈现方式具有开放性。乡土课程是以"案例＋问题"的方式呈现，是以"情境＋问题"的方式呈现，还是把问题直接呈现出来寻找理论和实践支持，也带有明显的开放性。

四是课程实施过程具有开放性。课程提出的问题，采用什么方法和途径去探讨、解决，也给教学留下了开放性的选择空间。

五是课程教学手段具有开放性。随着社会的开放和进步,特别是信息技术的发展,学生所面临的社会已不仅仅局限于实际生活的空间,而是进一步拓展到了更为广阔的空间,如网络的虚拟空间,这就要求地方课程要有开放的态度,以适应这一新的变化,并采取有效措施,把对这些活动空间的有效控制和利用纳入自己的课程范围,充分发挥其积极作用,消除其负面影响。

　　六是课程评价具有开放性。乡土课程的开发、构建、内容、呈现、实施等方面的开放性,决定了地方课程的评价标准与评价系统也必然是开放的,而不是封闭的。

第二节　乡土课程开发的目标设计与内容选择

一、乡土课程开发与实施的目标设计

（一）目标定位

教育目的是教育的总体方向，它所体现的是普遍的、总体的、终极的教育价值，决定着课程目标的状态、内容和方向，而教育目的又是基于某种教育价值观的选择，必然体现了特定的教育哲学观。我国新时代的教育方针、教育目的、义务教育阶段的培养目标和基础教育课程改革的目标是乡土课程目标确定的政策依据，因而课程目标必然要体现出一定的社会价值，即某一种文化，某一个国家主流价值观点、主流意识形态的要求。

课程目标的确定是课程开发的重要环节，是课程内容选择、课程实施、课程评价的基础和依据。有什么样的课程目标，就有与之相对应的课程内容设计与课程实施的过程和结果。

乡土课程的目标，坚持以立德树人为根本任务，培养学生乡土情怀、传承与发展优秀乡土文化，引导学生做有"根"的人；把培育学生核心素养作为课程的主要目标，同时促进学校课程的本土化实施，拓展课堂教学的时空，变革学习方式，培养学生在真实情境中发现问题与解决问题的能力。

比如，乡土课程"燕都文化初探"的设计从高中学生的认知出发，以体现学生发展为本。使学生通过了解燕都遗址概况、探究燕都选址因素、体验燕都的历史文化，能够归纳出燕都文化的基本特征与文化价值；从文化视角切入，引导学生对乡土文化的认同，对中华文化和中华民族精神的认同，从而提高学生的人文素养和文化自信，培养学生的家国情怀；利用乡土课程资源促进国家课程的更好落实，促使校本课程健康生长；课程设计和实施要转变学生的学习方式，倡导学生积极主动地参与学习过程，在实践体验中，勇于提出问题、分析探究问题，从而达到乡土课程设定的目标。

（二）素养主导

1.学科核心素养是乡土课程目标确定的重要依据

2014年，教育部印发了《关于全面深化课程改革 落实立德树人根本任务的意见》，明确提出"教育部将组织研究提出各学段学生发展核心素养体系,明确学生应具备的适应终身发展和社会发展需要的必备品格和关键能力"[7]。根据教育部要求,2017年底普通高中课程标准修订完成,各学科依据中国学生发展核心素养的要求,结合各学科特点,凝练各学科核心素养。学科核心素养是党的教育方针的具体化和细化,任何课程目标的确定,包括乡土课程目标的设定,都必须参照学科核心素养的要求。因此,学科核心素养是乡土课程目标确定的重要依据。

2.乡土课程把培育学生核心素养作为重要目标

(1)突出立德树人根本任务,培育核心素养。乡土课程要把培育学生核心素养作为重要目标,旨在通过乡土课程学习逐步形成正确的价值观念、必备品格和关键能力。乡土课程结构的设计、课程内容的选择、课程实施的过程等,都要始终突出培养学生的核心素养。在结构设计上,要在体现基础性的同时,构建多视角、多类型、多层次的课程体系。在内容选择上,以学生身边的乡土史事资源为素材,构建完整的乡土教育课程体系。在课程理念上,进一步转变教学观念,改进教学方式、学习方式和评价机制,从而促进学生的自主学习、合作学习和探究学习,提高实践能力,培养创新精神。在具体实施上,乡土课程以核心素养为统领,对接义务教育和高中各科课程标准,强调活动育人和实践育人。以培育乡土情怀为重要指向,以发展家国情怀为课程育人目标,以传承及发展优秀乡土文化为社会功能,以乡土资源为课程主要内容,以真实的生产、生活、生态为课程实施的重要时空,在真实情境中进行综合性学习和体验性学习,突出育人功能。

(2)实施综合性乡土课程,落位核心素养。乡土课程注重综合类知识的延伸、拓展与实践,丰富多彩的活动形式,既能满足学生在基础知识、基本技能等方面的需求,又能引导学生了解、认识家乡,发现自己潜在的能力,学会学习与生存,发展学生的个性、特长,从而更好地塑造完善的人格和必备品格。乡土课程在培养学生的人文底蕴、责任担当、实践创新和健康生活等方面具有独特优势。

乡土课程的开发与实施,必然涉及多个领域和学科。人文领域一般涉及语文、历史、政治、人文地理等,自然科学领域一般涉及数学、物理、化学、生物、自然地理等。

在课程开发和实施中,要从内容上突出具体学科核心素养的相关要求,使学生通过学习达成学科核心素养。我国高中学生学科核心素养的具体表现如表2-1所示。

表 2-1　我国高中学生学科核心素养的具体表现

学　科	核心素养的具体表现
高中语文	语言建构与运用、思维发展与提升、审美鉴赏与创造、文化传承与理解
高中英语	语言能力、文化品格、思维品质、学习能力
高中政治	政治认同、科学精神、法治意识、公共参与
高中历史	唯物史观、时空观念、史料实证、历史解释、家国情怀
高中地理	人地协调观、综合思维、区域认知、地理实践力

例如，高中历史教学中利用乡土课程培养学生历史学科核心素养的历史探究活动课"探寻北京城的源头——西周燕都遗址"，教师制定学习任务单，组织学生对琉璃河镇董家林村西周燕都遗址进行实地参观考察，以燕都遗址为研究对象，通过建城原因组、西周青铜组与社会生活组三个探究小组，搜集遗址的相关资料，经过分析鉴别，运用史料解决问题；参观文物修复中心，观察文物修复工作者的工作过程，了解体验文物保护的价值。学生通过探究活动，掌握了燕都选址的区位因素，认识了防范戎狄、维护边境安定的历史因素和渊源，提升了时空素养和历史解释能力。通过对大量精美青铜器及铭文的探究，不仅让学生了解到西周的实物史料，还让学生看到我国古代劳动人民智慧的结晶，这有助于学生理解并认同中华优秀传统文化，提升家国情怀。学生在教师的指导下，利用乡土课程资源进行历史探究式学习，有利于提高学生的实践能力和创新意识。

（三）目标表述

1.乡土课程目标概述

乡土课程作为育人的载体之一，目标是立德树人。乡土课程以培养具有"乡土情怀"的人为具体的课程目标，让学生从认识乡土中了解社会，从研究乡土中学会观察社会，从热爱乡土中增强建设乡土的责任感、使命感；乡土课程关联学科，适应区域学生学习，培养学生的学科核心素养；开发师生身边的乡土资源，利用真实情境，打通学科书本世界与生活世界，学以致用，使国家课程中的普遍性知识与本土性知识更好地契合，增强学生学科学习的实践性和创新性，提升学生的综合素养；乡土课程以促进不同阶段学生发展为依据，由于中小学存在不同学段，乡土课程的目标设定也必然具有差异性，不同学段课程目标采用了层级式、进阶式的表述。

2.中小学乡土课程目标分述

（1）小学阶段。小学阶段乡土课程的总体目标是让学生了解自己身边的乡土史事，感知、亲近乡土。具体的课程目标如下：①对乡土的人、乡土的事、乡土的物、乡土的景有一个初步的感知，并在认识乡土中了解社会；②通过乡土情境，激活直接经验，丰富学习经历，形成强烈的学习兴趣，增强学生在生活中发现问题的意识，不断提高其学习能力；③在亲近乡土中逐步理解乡土文化。

（2）初中阶段。初中阶段乡土课程的总体目标是让学生初步认识乡土，树立家国情怀。具体的课程目标表述如下：①对家乡的历史文化、风土人情、自然生态和社会发展有相对全面的了解或认识，或者在了解乡土中观察社会；②能够拓宽视野，在真实情境中，把跨学科知识、技能、方法从实践层面上进行综合应用，培养跨学科学习的能力；③认识和理解乡土的文化价值，增强乡土的责任感和使命感。

（3）高中阶段。高中阶段乡土课程的总体目标是让学生理解认同、自觉传承优秀乡土文化。具体的课程目标表述如下：①把握本土文化精粹，提炼乡土文化精神；②通过问题探究式学习，能够思考未知，创新实践，在复杂的情境中获得真知识、真体验、真能力、真情感；③在热爱乡土中深刻认识到"越是本土的，就越是世界的"这一文化理念，增进对乡土文化的认同，坚定文化自信和文化自觉。

二、乡土课程开发与实施的内容选择

（一）乡土课程的内容来源

课程内容是课程目标的具体化。从总体上讲，课程内容选择的依据是课程目标。具体来说，课程内容选择要充分考虑特定的社会生活、学科知识及学习者经验等因素。在课程内容设计上，以人们对学生的研究、社会的研究和学科的研究作为课程内容的主要来源。在课程开发与实施中，课程内容选择与课程资源密切相关，课程资源不同，课程内容也各有不同。

乡土课程的内容来源充分依托学生生长、生活所在地的乡土知识，如当地的历史文化、风土人情和社会发展等资源，并与学习者的学习需要、兴趣、能力和已有的经验相结合。

1. 乡土知识

乡土资源源于乡土，它既包括了地形、水土、气候等自然生态资源，又包括了历史文化与地方传统民俗、生产与生活经验等文化生态资源。这里所说的乡土资源是空间和资源的结合体，其不仅指自然资源和文化资源，也包含物质及非物质方面的内容，是对当地历史、民俗习惯、风土人情等方面的综合反映。

关于乡土知识，学界有很多不同的观点，择其主要观点摘录如下。

宋林飞在其著作中认为，乡土资源是课程活动中所使用的一系列取自乡土的、有教育潜在价值的内容。

黄浩森在其发表的文章中指出："乡土资源指的是一定地区内所能传达人们文化心态且具有教育意义的内容，它分为自然条件、社会经济、科技和人文等方面，具体包含带有地方特色的风俗民情、地理、历史等一系列能促进教育发展的所有成分。"

杜芳认为，乡土资源主要指当地保留下来的具有浓厚乡土历史气息和地域文化特点的资源，主要有历史遗迹、蕴含丰富历史内容的人文景观和自然景观、地方史料、爱国主义教育基地等。

可见，乡土知识具有较强的教育性、地域性，凸显了历史性、时代性与现实性的结合，更能贴近学生的生活，激发学生的乡土情怀。

乡土知识是地方一定经济、文化发展水平的反映，各个地方在长期的历史变迁及特定地理环境的作用下，必然会形成具有浓郁乡土特色的文化资源，而这些文化资源作为课程资源的重要组成部分，经过开发者的加工，最终成为乡土课程资源，从而使乡土课程呈现出浓郁的文化特征。

北京市房山区历史悠久，名胜古迹众多，自然环境优美，乡土资源丰富。从纵向看，有以北京人、山顶洞人为代表的史前文化遗存资源，以西周燕都遗址为代表的文化遗存资源，以云居寺、昊天塔、金陵为代表的隋唐辽宋元的文化传承资源，以平西抗日根据地、堂上村为代表的近代革命历史文化资源，以"红色背篓商店""乡村都市韩村河"为代表的社会主义现代化建设资源；从横向看，有以十渡、石花洞为代表的山水文化资源，以大石窝为代表的石雕文化资源，以长沟水稻、张坊磨盘柿为代表的农耕文化资源，以高跷会、银音会、中幡为代表的民间文化艺术资源……

从 2005 年开始房山区为贯彻、落实国务院重要精神，遵循国家、地方和学校三级管理流程，积极开发适合房山区本区的地方课程，使学校重新出发，选择适合本校的特色课程。房山区课程研究部门与基层学校，注重因地制宜开发学校课程，同时要求课程能够适应社会需求多样化，符合当代学生全面而有个性的发展规律，逐步构建重基础、多样化、有层次、综合性的课程结构。各基层学校依据地方社会、经济、科技、文化等发展的程度的不同以及区域需要，开设若干选修模块，使不同地方的学生按照自己的需要和兴趣，自主选修课程。房山区课程研究部门和各个基层学校合作，对区域乡土课程的开发和实践，进行了不懈的探索与实验。

2. 学习者的经验

课程内容即学习者的社会生活经验，即将课程内容理解为学生的生活经验，把学习者的需要、兴趣、能力和已有的生活经验作为乡土课程的来源之一。由此，学习者的社会生活经验就变成了课程的主要内容，这是一种学习者社会化本位取向，其前提是学习者是真正的主体，每一个主体都是独特的，都有自己的个性特征，个体的成长经历、个人的生活史、个人的经验感受等对其成长发展有着十分重要的作用，这本身就是一种课程。

乡土课程内容涉及范围广，纵向涉及从古至今，横向涉及各个学科和不同领域，而乡土课程的课程容量与学习时间是有限的，因此对每一种乡土课程（分科性质或综合性质）只能选出其富有代表性的方面加以研究，以有代表性的专题或内容来构成学习的单元，将有代表性的乡土知识、典型的乡土文化与学生、学校、学习进行整合，只有这样才能在有限的课程容量和有限的学习时间里让学生了解本乡本土的精华。基于学习者的社会生活经验，虽然只能以部分乡土资源作为课程资源，但作为乡土课程资源的学习者，可以按照乡土课程资源学习路径，对其他的乡土资源进行学习研究，进而实现学习者又充当了课程资源开发者的角色的目的。

3.学科知识

课程内容的选择即学科知识，这是一种知识本位取向，把课程理解为学科或学科的总和以及学科自身的发展。由此，学科知识就成为课程的主要内容。在课程实践中，要思考和回答选择什么知识作为课程内容、以什么标准作为选取知识的依据等问题。

乡土课程的开发与实施，必然涉及多个学科和领域。在这些学科中，以各自的学科性知识为课程内容，不同学科以不同的方式和角度对乡土课程内容进行探讨，使乡土课程的内容形成相对独立的结构体系。可见，在关注学科性知识的同时，乡土课程具有自己的独特性。例如，乡土课程资源中往往会出现许多传说，教师可以适当利用这一资源，基于自己的学科性知识，给予传说不同的学科解读，但无论如何，都要明确告诉学生，传说作为久远的口述史料，不一定是历史的真相。因此，在开发利用乡土课程资源时，要对使用的材料去粗取精、去伪存真，充分保证其真实性和科学性。

乡土课程资源包括本土本乡的地域特色、文物古迹、历史变迁、社会发展及民间艺术、民俗风情、名人逸事等，内容丰富但内在松散杂乱，缺乏系统联系。乡土课程资源的记录不像教材那样有严格的限制、严谨的考证，因此在开发乡土资源的过程中，教师要以学科性知识为基础，在严谨系统的学科知识背景下，保持科学态度，经严格校正和印证后，将乡土资源运用到教学教育活动中。

教师在开发乡土资源时收集到的大量资料，能开阔学生的视野，增进学生对家乡的了解，但有时会缺乏对研究主题的探索，找不到学习的意义和价值，学习效果受限。因而，只有当学科知识与乡土资源有机结合，以学科知识为依托，以学习目标为导向，进行科学开发和运用，引导学生搭建起学科学习与乡土资源的桥梁，才能更深刻地理解学科知识，将乡土资源变成学生知识结构的一部分，以进一步认识乡土文化的主要特征。

（二）乡土课程内容选择的主要原则

1.乡土性与价值性相统一

乡土性有鲜明的地域特色。课程的乡土性是借助学生身边的乡土资源，引领学生接触生活，在亲身体验中了解自己周围的环境，通过乡土课程让学生有明确的身份认同，增强自信，并产生力量和勇气，成为一个能够自我发展的人。乡土性是乡土课程的基本特征。

乡土课程在内容选择上，必须要有明确的价值标准，即价值性。课程内容的选择坚持以社会主义核心价值观为导向，能够促进学生的全面发展，落实立德树人的根本任务。

按照价值性原则选择课程主题内容，按照乡土性原则选择具有乡土特色的课程资源，力求在乡土课程内容选择上做到乡土性与价值性相统一。

在以乡土课程为主题的项目式学习中，其内容和资源的选择应当体现综合性、活动性、体验性、探究性，内容贴近学生的生活，有利于拓宽学生的视野，培养学生的创新精神和探究能力，提升他们的家国情怀。这样的课程内容建构，能够充分体现乡土特色与人文价值的有机统一。

比如，乡土主题课程"为房山历史名人立传项目式学习设计"，旨在增强对伟大祖国、中华民族、中华文化、中国共产党、中国特色社会主义的认同。在这一项目式学习设计中，以开发与利用房山近现代历史名人的乡土资源为课程内容，分别选取中国革命、建设与改革事业中有突出贡献的房山区共产党人为代表，学生通过访问、调研、考察、合作探究，在详细了解房山区共产党人的优秀事迹的前提下，实现对房山历史名人立传核心知识的再建构。本项目精选房山区不同时期的一位共产党人作为典型来研究，以点带面，学习者既是乡土课程的参与者、实施者，也是开发者，通过项目式学习实现核心知识的建构，提升学科核心素养。

2.学科性与生活性相融合

依据学科特点和建构要求选择课程内容是学科性的基本要求。乡土课程内容建构应当具有适当的逻辑体系和序列化的活动安排，这样才有利于培养学生的逻辑思维能力，使其掌握课程内容的内在联系和结构体系。如果课程内容不讲究学科性，则会使学科逻辑和生活逻辑陷入混乱状态，不仅使学生难以从整体上去把握，更难以实现课程的学科功能。同时，新一轮课程改革强调课程选择要联系学生的生活实际，关注学生的生活经验，体现课程内容的生活逻辑，即乡土课程要源于乡土、源于生活。但是如果乡土课程内容过于生活化，又会影响课程内容的学科性和规范性。因此，乡土课程既要强调学科性，又要关注生活性，力求实现学科性与生活性的有机统一。

乡土课程的历史文化课程资源的选择，坚持基于普通高中历史课程标准，对接国家历史教材，适用学生历史学习的基本原则，对乡土课程资源开发与利用进行综合性统整和序列化设计。结合普通高中教科书历史必修《中外历史纲要（上）》[8]的单元与课时内容，选取与之相一致的系列化乡土课程资源。一方面，这些资源与国家历史课程学习进程相互融通；另一方面，从学生历史学业质量水平来看，同一乡土课程资源在不同学段进行层次化利用（表2-2），使资源利用效果呈螺旋式上升。

表2-2　初高中历史同一乡土课程资源开发与利用简表

资源名称	对接课标		对应教材	
	高中	初中	高中《中外历史纲要（上）》	初中《中国历史》
周口店北京人 琉璃河燕都	1.1 早期中华文明	1.史前时期 2.夏商周时期	第一单元 第1课	七年级上册 第一单元第1课 第二单元第4、5课
隋唐云居寺 刘知州墓 贾岛祠	1.4 隋唐大一统的发展	5.隋唐时期	第二单元 第6、7、8课	七年级下册 第一单元第3、4课
辽宋拒马河之战 房山金陵 文靖书院	1.5 辽宋夏金多民族政权	6.宋元时期	第三单元 第9、10课	七年级下册 第二单元第7、8、12课
汉白玉营建北京城 良乡郊劳台 明代采矿业 清代水稻种植	1.6 明至清中叶中国版图的奠定	7.明清时期（至鸦片战争前）	第四单元 第13、15课	七年级下册 第三单元第16、18、19课

3.历史性与现实性相结合

乡土课程基于社会历史和文化传统，其历史性特征非常突出。培养学生的家国情怀，就是要使学生能够从历史的角度认识中国国情和当今社会，形成对伟大祖国、中华民族和中华文化的认同感，增强建设祖国、报效祖国的责任感和使命感。

乡土课程的内容要体现时代精神，与当前经济发展、社会生活、科技进步紧密相连，因此乡土课程也具有明显的现实性。

从民族文化、区域文化的传承看，学生发展的核心素养应根植于历史传统的土壤，同时学生的学习离不开对现实问题的关注，当今中华民族伟大复兴、中国社会繁荣进步、乡土生态环境改善、人与自然和谐共生等，都是历史问题与现实问题的集中反映。因此，乡土课程内容的选择既要重视历史性，又要关注现实性，要实现历史性与现实性的有机统一。

下面以历史学科开发与实施乡土课程的具体案例加以说明。

由房山区教师进修学校历史教研室于2021年组织的房山区中学生"纪念中国共产党成立100周年"历史学习展示活动。各中学历史教研组具体实施，学生围绕中国共产党的重要历史内容，绘制手抄报、展示书法作品、进行诗歌创作，用唱歌、朗诵等形式汇报自己的学习成果，上交各种形式的作品 1000 余件，加深了我区学生对中国共产党的热爱之情，提高了历史学科素养，明确了自身的责任与使命。乡土课程的内容结合现实生活，能做到学史明理、学史增信、学史崇德、学史力行。首都师范大学附属房山学校的全体历史教师，充分发挥历史学科育人的功能，承担起宣讲中国共产党历史、传承革命精神的使命。教师从创新党史学习的角度，撷取中国共产党历史发展过程中的六个重大节点，录制成六集"学党史"微视频——"追寻党的足迹 传承革命精神"，通过回顾中国共产党的光辉历程，引领师生进一步认识中国共产党自诞生以来领导中国人民为了实现中国梦而进行的探索、奋斗，领悟其中所蕴含的治国理政的政治灵魂和精神瑰宝。

4.基础性与综合性相融通

乡土课程内容要注意基础性和综合性相融通。基础性强调培养学生掌握基础知识、基本方法与基本技能。在当今统整课程的理念下，乡土课程内容不只是单一学科知识的集合，而是多学科的融合体。因此，在对乡土课程资源进行开发利用的过程中，应认识到它基于"乡土"这个载体，打破了学科之间的界限，把多学科、多领域的知识有机整合起来。也就是说，在开发利用过程中要更加注重资源统整的综合性。综合性原则主要包括两方面内容：一是内容的综合性，主要是指乡土课程资源的开发利用应结合本地的历史与现实问题，将乡土课程教学与探究性学习相结合，打破学科界限，并通过一系列探究实践活动，使学生形成良好的认知结构。同时，使学生在充分了解本地乡土历史、乡土地理、乡土经济以及乡土民俗文化的基础上，培养家乡情怀；二是学生发展的综合性，乡土课程知识并不是要将本地历史、地理、经济以及民俗文化内容进行简单罗列，而是需要综合和统整，以促进学生全面发展为首要目标。因此，乡土课程资源的充分开发与综合利用应打破学科的束缚和局限，在课程内容建构中，既要注重基础性，又要体现综合性，把两者有机结合起来。

当然，乡土课程资源开发与实施中涉及的资源（人和事、自然和历史、传统与现实）纷繁复杂，难以全面系统介绍，只能选取某些角度或侧面，引用一些最具典型性、代表性的材料，印证文化现象或相关理论。在内容选择上，要关注所选资源的基础性，否则可能会陷入偏、难、怪的境地。此外，还会涉及多领域的知识，如地理、历史、哲学、文化、教育、科技、文学、艺术、建筑、宗教、社会等，即使在某一单元、某一课甚至某一框中，都可能涉及多个学科、多个领域的内容。例如，西周燕都遗址探究活动设计中，关于"燕都遗址重要文物"的问题，涉及文物、考古等方面的文化知识；对"燕国为什么要在琉璃河畔建都"这一问题的解决，会用到人文地理、历史文化等方面的知识；对青铜器铭文及图案的解读，要用到青铜工艺（科技）、周朝分封制（历史）、 铭文古文字（文字学）等方面的内容。因此，乡土课程的开发与实施要做到基础性和综合性相融通，是需要花一番功夫的。

5.应用性与创新性相一致

应用性主要指学生运用乡土知识（及相关知识）、方法、观念，分析解决实际问题的能力。创新性主要指学生在乡土学习情境下，能够创造性地解决现实问题，凸显创新意识和创造精神；学会独立思考，形成个人独到见解；做出符合逻辑的表达；等等。乡土课程以体验性学习为最基本的学习形式，致力于各方面综合能力的形成与发展。体验性学习注重为学习者提供真实或模拟的情境和活动，让学习者在人际活动中通过充分参与来获得经验、感受，并进行交流和分享，然后通过反思总结并提升为理论或成果，最后将理论或成果应用到实践中。乡土课程实施要充分利用乡土学习情境，教师创设或模拟乡土生产、生活教学情境，将学生置于已有的乡土生活经验情境中，或者让学生走出校门，进入真实的社会生产、生活情境，在"考察""实验""探究""设计""创作""想象""反思""体验"等一系列实践活动中发现和解决问题，体验和感受生活，提高实践能力、应用能力和创新能力。

例如，"周口店北京人遗址模拟考古活动"设计。首先，让学生做活动前的准备工作，如通过查阅相关资料，掌握考古学、洛阳铲、文化层等概念和术语，了解周口店地区的自然环境与人类生活环境的关系，明确化石形成的条件及其价值，并通过设计"问一问、填一填、查一查"，充分做好行前准备。

其次，清楚"活动目标"，查找与考古相关的资料，了解考古的基本常识和术语；明确考古工具的使用方法，能够使用专业的考古工具，锻炼动手能力；走进考古现场体验考古过程，感受考古学对人类历史研究的重要意义。认识北京人头盖骨化石这一重大发现，实证周口店北京人在人类进化历程中的重要地位。

再次，在"体验活动"中指导学生完成模拟考古实践活动，并引导学生在"我的成果、成果介绍"中做好过程记录。

最后，"拓展提升"，将学生体验学习与所学历史文化知识结合起来，进一步探究感兴趣的问题，如考古发现是实证人类社会历史的重要依据，请结合你的考古成果并且在查阅相关资料的基础上，写出你的推测。在这个过程中，教师由知识的传授者转变为实践活动的引导者、组织者、参与者、管理者、协调者。学生在活动中自主检索、团结协作、观察探究、动手实践等，使历史学科的知识在实践活动中得到延伸、整合、提升，开阔视野和思维，拓宽学习空间，从而实现乡土课程的应用性与创新性相一致。

（三）房山乡土课程选择的主要内容

依据乡土课程的目标定位与内容选择原则，结合房山乡土课程资源实际，为传承厚重的历史文化，展示丰富的自然景观，继承房山的革命传统，展现房山的建设成就，弘扬优秀的房山精神，房山乡土课程主要围绕"历史文化、自然生态、风土人情、活力新区"四个方面（表2-3）进行开发与实施。

表2-3　房山区乡土课程内容结构表

学段	课程内容结构				课程类型
	历史文化	风土人情	自然生态	活力新区	
小学	★历史人物 ★历史古迹	★民风民俗 ★饮食文化	★地质地貌 ★气候条件	★科技金融新区 ★高教园新区	活动型课程
初中	★文学艺术 ★红色资源	★民间庙会 ★地方民居	★河流治理 ★自然资源的利用与保护	★高端制造业新区 ★生态休闲新区	拓展型课程
高中	……	……	……	……	研究型课程

1.历史文化

房山历史悠久，文化贯通古今。历史文化课程领域主要包括历史人物、历史古迹、历代文学艺术、红色资源等。

房山区乡土课程历史学科拓展型课程内容要点有周口店北京人遗址、镇江营文化遗址、西周燕都青铜器、唐朝"张氏墓志"、房山云居寺石经、二站村贾公祠、辽宋多宝佛塔、宋辽张坊古战道、九龙山金陵兴衰、清朝良乡郊劳台、清朝水稻种植、房良义和团运动、民国初期采煤业、早期党组织活动、平西抗战地位、房良人民解放战争、首届人民代表大会、原子能研究所、黄山店"背篓商店"、乡村都市韩村河、"智汇城"高教园区等。

文学艺术领域，一是介绍历史上贾岛、高克恭、董其昌等文化名人；二是介绍房山区当代文学力作《大猫》[9]《玄武》[10]《玉碎》[11]等，了解房山独具特色、影响一方的区域文化符号。

房山区乡土课程历史文化内容的具体实施，以培养学生历史学科核心素养为导向。例如，教师在进行"辽夏金元的统治"教学时讲到，我们生活的房山地区，在辽夏金元的统治时期，曾经是辽、金政权的管辖地区，通过展示房山云居寺石经，拉近历史与学生的距离，激发学生兴趣，强化学生的历史时空观念。作为辽宋对峙前沿阵地的房山地区，流传着许多历史故事，教学中利用房山区辽宋对峙的材料，通过对张坊古战道资源进行辨析，提高学生的史料实证能力，以跨越时间进行对话。在对房山金代皇帝宗室诸王陵寝资源的开发与使用中，让学生了解金陵作为北京地区年代最早、规模最大的帝王陵，体现了我国少数民族的文化特色及金朝对中华民族历史发展的贡献，引导学生认识中华民族多元一体的历史发展趋势，形成对中华民族的认同感和正确的民族观、国家观。

2.自然生态

房山山奇水秀，物华天宝。自然生态课程领域主要有地质地貌、气候条件、河流治理、自然资源的利用与保护等。堪比江南的十渡山水，被誉为"青山野渡，百里画廊"；远隔尘嚣的上方山、奇特壮观的溶洞、千姿百态的钟乳石，无不彰显房山的多姿多彩；房山物产丰富，有色艳甘甜的磨盘柿，有品质上乘的京白梨，有浓香可口的长沟贡米，有高端酒庄的葡萄酒……房山绮丽的风光和丰富的物产……丰饶的自然资源极大地丰富了课程内容，也深深地吸引着学习者探求的目光。

下面是北京四中房山校区地理老师设计的高一学生"探访蒲洼东村，感人地和谐"研学活动的案例，具体如下。

【背景介绍】

蒲洼乡东村坐落在房山区的西部，太行山的北段，海拔在900至1800米，千米左右的山峰有10座，为北京海拔最高的村落之一，境内峰峦叠嶂，沟壑纵横，风景秀美。植被覆盖率达86%，有"天然氧吧"之称。其在2012年被提名"北京最美乡村"。东村的美在于人与大自然的融合。

【活动目标】

目标一：观察东村植被类型，对比南北坡植被的差异，简要说明造成差异的原因。

目标二：在东村寻找水源，观察泉水的分布特点，认识到保护水源的重要性。

目标三：观察东村人是如何利用山体部位进行道路、房屋修建和生产活动的，判断该地人类活动是否遵循因地制宜的规律。

【活动过程】

任务一：观植被之趣，探成因奥秘。

问题1：在东村任意选一座山，观察、拍照并记录南北坡的主要植被类型，对比差异。

问题2：结合该地气候特征分析南北坡植被不同的原因可能有哪些。

任务二：寻水之源，感护泉之责。

问题1：寻找东村水源，品尝泉水，观察泉水的分布特点，结合资料分析原因。

问题2：访问东村村民，了解村落分布与泉水分布的关系，以及近年来泉水水量的变化及原因，并进行记录。

任务三：赏地形之美，探人地和谐。

问题1：阅读东村村民张云深写的诗《山乡四季》，请你说出这首诗描述了当地人是如何根据自然环境和人们的生活需要进行坡地开垦耕地，发展农业生产的。

山 乡 四 季

张云深

春雨霏霏子规鸣，山民轧地起五更。一曲山歌下深谷，一捧清泉上翠峰。

晓雾淘淘脚下涌，点点翠微浪里行。晴日不遣浓云散，化作玉带缠碧峰。

秋霜又把金银撒，岭上村姑唤童伢。暮归满篓丰收谷，还把山菊鬓上插。

雪后残月照玉川，农家屋里笑语喧。观戏归来无寝意，美酒腊肉话明年。

问题 2：观察并记录东村人是如何利用各山体部位进行道路、房屋修建和生产活动的，分析该地人类活动是否遵循因地制宜的规律，你有什么更好的建议。（提示：请分别对山脊、山谷、鞍部、陡崖、山顶、缓坡和陡坡进行观察和分析。）

【收获与体会】

畅游"蒲洼东村"之后，你有什么样的体会？请你用一首诗、一篇短文、一首歌或一幅画等形式来表达。

3. 风土人情

房山文化厚重，民风淳朴。风土人情课程领域主要包括房山人民在生产劳动、日常生活、社会组织、人生礼俗、岁时节日等方面积淀的独具特色的民俗文化。

以明清古村落代表——房山区南窖乡水峪村为例，水峪村有 100 多套、600 余间原生态古村落民居，保留着比较完整的明清风格建筑群，遗留着古村落的民俗和民风，素有文化古村之誉。水峪村以其独特的魅力被住房和城乡建设部、国家文物局确定为"中国历史文化名村"，2012 年又荣获"北京最美乡村"殊荣。教师在课程实施中，设计了水峪村民俗文化价值的探究活动（表 2-4）。

表 2-4 房山区水峪村民俗文化——学生探究活动任务简表

主 题	任 务	目 标	方 式
探究古村落民俗的文化价值	地域文化交流	从孕育、起源、兴盛、衰败和转型再发展的历史文化脉络中，搜集水峪村"地域文化交流"的资料	调查、走访、查阅资料
	村落科学选址	列举水峪村选址建村的科学依据和主观愿望，勾勒出水峪村及周边地形地貌等高线图，发现古村落"天人合一"的自然景观和与自然界和谐共处的生态价值	查阅资料、现场考察
	深山村落营建	将水峪村保留比较完整的明清时期的建筑群的依山而建、层层升高、错落有致、浑然一体等独具特色的建筑风格用最适切的方式表现出来	摄影、绘画、语言表达等
	重要职能特色	论证煤炭资源的兴盛、南岭古商道的形成与水峪村兴盛的关系	查阅资料、现场考察
	传统民俗民风	从精神生活、日常生活、物质生活三方面搜集水峪村民俗事件，谈谈与自己家庭或所在区域的习俗有何异同	调查、走访、比较
	体验非遗文化	参与古中幡表演，感受民间体育与艺术的魅力	现场体验

4.活力新区

活力新区课程领域主要包括科技金融新区、高教园新区、高端制造业新区、生态休闲新区。房山区是首都西南门户和生态屏障，良乡卫星城是面向区域发展的重要示范点，是城乡协调发展的综合性新城。根据《北京城市总体规划（2016年—2035年）》，要把良乡卫星城建设成世界一流的科教及产业融合新城，着力打造创新引领、要素集聚、校城融合的城市门户，突出体现房山新城宜居宜憩、便捷安全、绿色生态的特点，以良乡高教园区、西南物流基地为主，完善优势产业链，构建产业发展良好生态，树立全国校地融合标杆，使其加快建设成为结构合理、要素齐全、职住平衡、充满活力的科教及产业融合新城。

课程内容要点如下：有新时期房山区经济社会发展；房山绿色发展和创新发展；张坊镇的双赢之路；房山科技金融转型发展；慧田蔬菜种植合作社；城南行动计划在房山；窦店高端现代制造业；黄山店的产业调整；房山现代农业产业园；房山线与区域协同发展；房山区现代社会健全养老服务体系；良乡高教园新区建设与发展；等等。活力新区乡土课程内容之一"高教园的经济辐射力"教学片段如下。

园区简介：北京良乡高教园区，位于北京城西南端，北京市房山区良乡新城东区，京广铁路以东，南邻六环，总占地面积约6.7平方千米，是良乡城区向东拓展的核心地带。良乡高教园区是依托中国社会科学院研究生院、北京理工大学、首都师范大学、北京工商大学、北京中医药大学和北京交通运输职业学院而建立的中国智库型企业的聚集区、创业基地和保税区，是中国智库型企业走出事业单位体制，面向市场企业化经营的试验基地。经过十几年的发展，良乡高教园区规模聚集效应初步显现，园区师资力量雄厚、专业领域宽泛，是开展高科技研发的主力军。房山区的许多学子足不出区就可以享受到优质的高等教育。

活动过程：有一位首都师范大学美术学院的毕业生，曾在京郊做大学生"村官"，有幸结识了民间非遗"火绘葫芦"技艺传承人牛成果，并拜师学艺。他和团队成员一直在思考如何让传统文化在当代社会重新焕发生机，他们设计的方案，既依托当地资源发展种植，又依托母校科技资源开展加工创新团队建设。

2016年，该团队作为北京市教委推荐的优秀创业项目入驻良乡智汇城创业园。团队表示，高教园区管委会为创业发展提供了一个良好的成长环境（包括场地支持、小微文创资金补贴、商业资源对接、组织展览展示宣传活动及企业培训服务等）。

这个在房山成长起来的团队，正在"反哺"房山。2017年底，公司与周口店镇葫芦棚村对接，共同打造了葫芦文创精准帮扶项目，通过技术服务和培训，与葫芦棚村共同打造葫芦特色旅游产业项目。目前，公司正与房山区苏庄三里社区、绿地花都苑社区青年汇等街道社区,以及北京工商附属小学、窦店中学等学校合作,开设非遗葫芦技艺传承班。

截至2018年底,园区入驻企业总数达3706家,全年完成税收约5068万元。园区将在2025年建设10个新型研发中心,引进世界顶级人才,进行"产学研"一体化的孵化,促进科研成果转化落地。

问题设计:同学们走进高教园区科技创业园,了解材料中介绍的这家企业,分析这些企业以及研发中心的建设对良乡城镇发展的影响。

第三节 乡土课程开发与实施的主要途径

一、乡土课程开发的主要途径

乡土课程开发既要遵循课程开发的一般规律，又要考虑区域课程建设独特领域的特殊要求。也就是说，乡土课程开发要依据国家课程政策，体现地方的政治、经济、文化特色，结合当地的实际需求和对人才培养的要求，运用课程开发的技术手段，形成以乡土课程资源为支撑的课程。

（一）乡土课程开发的前期准备

1.成立课程开发小组

（1）重视立项，多方协同，运行有序。房山区历史文化底蕴深厚，有着丰富的、有价值的自然和人文资源，怎样将这些散落的、无序的资源进行结构化设计，使之成为一个能与学校课程有效对接，课程与课程之间相互关联，科学的、有特色的区域乡土课程体系，是乡土课程开发必须要做的功课。

2019年，房山区乡土课程开发小组成立，形成了区委重视、政府支持、政协主动的良好格局，市教委立项、审批，区委组织部立项资助、区教委直接领导与策划，宣传部、文委、文联、史志办等协同，市教科院、市课程中心、有关专家直接指导，乡土课程项目组开发（教材编委会和教材编写组），全区各中小学实施的一支庞大的、纵横沟通的乡土课程开发网络，并以课题研究的方式推动乡土课程开发。

为确保乡土课程开发科学、高效、有序、持续地进行，根据课程开发工作计划，明确各部门及成员的职责范围，科学安排，合理分工，责任到位，各司其职。

（2）领导得力，专家引领，团队精干。要想完成一项高质量的课题研究，必须具备的基本条件是领导高度重视、专家引领到位、团队务实精干、成员专业能力强。

"房山区乡土课程的开发与实施研究"项目基本具备上述各项条件。课题负责人堪称学者型领导，作为整个课题研究的策划者、设计者和指导者，从课题总体规划、区域人员调配、资源整合、经费支持等方面进行整体统筹、协调，为课题研究提供智力支持和人力、财力、物力保障。

课题组核心成员中，资深特级教师和正高级教师有3人，多人为市区级学科带头人和骨干教师、优秀教研员，他们在教育教学、教研科研等方面硕果累累，这个团队不仅具有较高的思想政治素质，还有着较强的专业素养和业务能力，这样的人员结构为本课题研究提供了重要条件和扎实基础。

（3）本土开发，有效实施，彰显功能。区域乡土课程的开发，能够有效传承乡土文化，培育学生乡土情怀，引导学生做有"根"的人。区域乡土课程的开发，推进了学校课程的本土化实施，彰显了育人功能。区域乡土课程的开发有助于拓展课堂教学的时空、促进学习方式变革、提高学生在真实情境中发现问题与解决问题的实践能力，实现由被动接受向主动探究转型。同时，有助于提升教师的课程开发与实施的意识与能力，为北京市乡土课程的开发与实施的实践探索提供有价值的范式引领。

2.选定课程开发方向

选定课程开发方向，要对需求进行调查研究。分析研究乡土课程开发存在的突出问题和实际需求，是开发富有特色和生命活力的乡土课程的重要基础和前提条件。

（1）确定乡土课程开发的必破难题。

第一，面对纷杂的乡土资源，选取和使用哪些作为乡土课程内容的确是一个难题。遴选与甄别最有价值的内容，使之既具有典型意义，又符合学科规范。这是必须突破的难题之一。

第二，在众多的乡土资源中，要想选择适合学生身心发展和认知水平的内容，必须在具体分析不同学段学生身心发展、思维特点和已有经验的基础上，对乡土资源内容的难易程度进行鉴别、归类、整理、分层，才能精准选取适合学生发展水平的乡土资源，开发有质量的乡土课程。这是必须突破的难题之二。

第三，乡土课程内容之间的纵横衔接，也是一个难以处理的问题。乡土课程体系建设是一个系统工程，既要从宏观上确定乡土课程的内容，又要从中观上考虑适合不同学段的内容选择，更要从微观上考虑不同学段与不同学科之间内容的有效衔接。这是必须突破的难题之三。

（2）选定乡土课程的开发方向。

第一，选定开发方向是发展个性教育与特色教育的内在需求。我们的生活习惯和方式已经被大数据包围，这时学校教育不应该仅仅把乡土文化作为学校的一种育人手段，而应该将其作为学校的育人目标之一，育人之文化品性。在国家课程范围内，几乎无法针对我国复杂的教育情况和民族特征而呈现不同社会情境的教科书，只有开发合适的乡土课程、地方课程，进行校本化实施，才能找到个性教育和特色教育的出路。

第二，选定开发方向是全面深化课程教学改革的必然要求。各科课程标准中都明确提出了对乡土资源的开发和利用要求，这些资源在很大程度上可以活化和丰满国家课程，促进课标的深层达成，体现跨学科知识、技能、方法在实践层面上进行综合应用的特殊价值。与乡土文化和本地生活融会贯通，充分挖掘和利用身边可触、可感的教育资源，增强学生的实践和体验，引导他们思考未知和探究问题，是中小学课程与教学倡导的重要理念，也是尊重教育规律、回归教育本源的重要举措。因此，区域乡土特色资源若在相关课程中发挥效用，日常教学活动将会充满生机和活力。如果能够建设相应的专题体验场或课程实践基地，培育特色课程教师，区域课程特色便会更加充分地凸显出来。

第三，选定开发方向是课程建设转型升级的迫切要求。房山区乡土教材和乡土课程的实践已有20多年的历史，在新课程改革之前，主要以乡土教材的方式进入课堂教学，如《乡土历史》《乡土地理》等。在国家提出实行三级课程管理后，区域课程管理有了自主空间，在原有乡土教材的基础上，经过不断开发和优化，相继完成了《房山——我为你骄傲》（小学）、《房山文化》（初中全一册、高中全一册）、《房山区地理》（初、高中合用）地方课程的开发与实验，在十几年的课程改革与实施中，充分发挥了课程的育人价值。但是，随着"立德树人"这一根本任务的提出、课程改革的不断深入、中高考改革方案的逐步落地，以及房山在首都区域功能的新定位，已有的乡土课程已不能满足学生发展的需求。学校迫切需要优化现有课程，构建乡土课程体系，系统设计和合理开发乡土课程。

第四，选定开发方向是中高考改革的客观要求。为适应时代的要求和发展的需要，我国基础教育改革和课程教材改革的号角再度吹响。党中央、国务院及教育部发布了一系列关于基础教育改革、课程教材改革的相关文件。新一轮中高考改革坚持立德树人的正确导向，推进考试内容与方式改革，增强情境性和实践性，强调基础性、综合性、应用性和创新性。比如，中考要求道德与法治、历史、地理、物理、化学、生物6门科目分值均为80分（含10分开放性科学实践活动或综合社会实践活动成绩），高考也初步形成了"一核四层四翼"的评价体系。这样的考试方向引导学生积极、主动参与社会实践，在实践中开阔视野、学习知识、培育情感、增强能力，提高人文素养，切实培育和践行社会主义核心价值观。乡土课程的情境性、融通性、教育性和开放性，为学生参与实践提供了广阔的天地。随着房山在首都区域功能新定位的日趋明朗，亟须对已有的乡土课程进行优化和转型，构建符合区情的乡土课程体系，系统设计和合理开发与实施乡土课程。

3.确定课程总体目标

房山区乡土课程开发的总体目标是将丰富的、有价值的人文资源进行结构化设计，使之成为一个网络结构和有机整体，形成科学合理、富有特色的区域乡土课程体系；有效传承乡土文化，培育学生乡土情怀，引导学生做有"根"的人；促进学校课程的本土化实施，拓展课堂教学的时空，变革学习方式，提高学生在真实情境中发现问题与解决问题的实践能力，使学生实现由被动学习向主动学习转型，并形成区域课程特色；能够为北京市乡土课程的探索、开发与实施提供有价值的实践范式。

4.建构课程类型

对应不同的乡土课程类型，常见的课程开发模式有以下几种。

（1）基于学科的乡土课程开发。这类乡土课程开发，依托原有学科基础和背景，将学科课程中与乡土课程教学内容有机联系的因素挖掘出来，在学科课程教学计划中加以落实。

（2）乡土基地课程开发。这类乡土课程主要依托实践基地开发的课程。基地是课程开发的物质基础，在一定程度上起着决定性作用。

（3）乡土综合课程开发。这类乡土课程开发是跨学科或超学科的课程开发。围绕历史文化、自然生态、风土人情和活力新区四大版块内容，开发了三大课程群，即认知乡土课程群（文化知识类）、行走乡土课程群（场馆基地类）、超越乡土课程群（项目学习类）。

认知乡土课程群（文化知识类）：小学有《房山——我为你骄傲》，初中有《房山文化》《房山区地理》，高中有《房山文化》《地理综合实践》，这类课程重在传授乡土文化知识，引导学生知家乡、爱家乡，增强文化自信，强化文化认同。

行走乡土课程群（场馆基地类）：周口店北京人遗址、西周燕都遗址、云居寺、贾岛祠、霞云岭红歌发源地、汉白玉石雕艺术园、葡萄酒庄、地质博物馆、水峪村和湿地公园，这类课程是在学习文化知识类课程的基础上，走进场馆基地的实践类课程。让学生到达情境现场，在深度参与和体验中，开展寻根之旅，感受到家乡就是"根"，本土文化就是"根"，中华优秀传统文化就是"根"，"根"越深，"叶"越茂。

超越乡土课程群（项目学习类）：基于PBL理念，开发了探秘"源"文化、生态环境保护、地名的特点与文化价值、话说风土人情和感受民生变迁等10个PBL项目。这类课程重在引导学生在认同乡土文化的基础上，能够超越乡土、放眼世界。

5.编制课程指导纲要

2019年9月，房山区乡土课程课题组结合房山区课程改革与发展需求，制定了《房山区乡土课程指导纲要》（以下简称《纲要》）。

《纲要》对房山区乡土课程进行了整体设计，对学习内容进行了整体规划。通过制定《纲要》，有利于教师整体把握课程实施的目标与内容，有利于教师审视满足课程实施所需的条件，有利于学生明确所学课程的总体目标与内容框架，有利于学校开展课程审议、管理与评价。通过编制和使用课程纲要，厘清思路，明确方向，统一思想，可以有效地指导乡土课程开发，提高教师的课程规划与设计能力、学校的课程管理与评价能力。

6.形成系列乡土课程资源

2019年，房山区借助北京市规划课题"区域乡土课程的开发与实施"，对乡土课程的育人价值、体系构建、区域实践进行了系统的思考与实践研究。重点解决乡土课程育人价值的再定位、学科乡土资源的开发、乡土课程体系的构建以及 PBL 项目的实践问题，通过乡土通识课程、乡土学科课程、乡土基地课程和PBL项目的实践进行课程的整体建构，引导学生在认知乡土、行走乡土的基础上超越乡土，培育学生的家国情怀和世界眼光。

（二）乡土课程开发的基本途径

2007年以来，我区的乡土课程开发大致经历了以下四个阶段。

1.乡土通识课程的开发

通过开发《房山——我为你骄傲》《房山文化》《房山区地理》等具有乡土特色的地方课程，让学生初步认识乡土，了解乡土基本文化常识，从认知乡土中了解社会，从了解乡土中观察社会，弘扬和传承优秀乡土文化，培育和践行社会主义核心价值观，增强家国情怀，树立建设家乡、奉献祖国的社会责任感。

2.乡土资源与学科课程有机整合

（1）主要依据。《普通高中学科课程乡土资源开发与利用》（政史地）[12]是课题组对国家课程区域化实施的探索，其是依据《普通高中课程标准》（2017年版2020年修订），结合乡土资源编写的，适合区域普通高中学生学习使用。这个册子从学生角度对接教材，将学生生活与国家课程内容的学习相结合，将乡土资源融入国家课程体系之中。

（2）主要价值。乡土资源应用于高中课堂教学与自主学习中，能够促进学生核心素养的发展。实现乡土资源与学科课程有机整合，有助于乡土资源与国家课程相融合，推动国家课程区本化与生本化的实施；有利于增强学生学科学习的实践性和创新性，提升学生学习能力，培养学生良好的学习品质；提升学生对家乡的认识，涵养学生的家国情怀，落实学科育人的目标。

《普通高中学科课程与乡土资源整合选辑》（史地政）的相关内容如表2-5至表2-7所示。

表 2-5 《普通高中学科课程与乡土资源整合选辑》(政治学科)

名　称	对应国家课程的乡土资源相关内容
资 源 目 录	《高中政治必修一》 第一单元　社会主义从空想到科学、从理论到实践的发展 资源 1　从周口店猿人遗址看原始社会生产关系 资源 2　从西周燕都遗址看奴隶社会生产关系 资源 3　从金陵遗址看封建社会生产关系 第二单元　只有社会主义才能救中国 资源 4　二站村惨案——日军入侵下中国的内忧外患 资源 5　《没有共产党就没有新中国》诞生记——中国革命从此有了主心骨 资源 6　房山第一个党支部——星星之火，燎原京西 资源 7　房山"三大改造"简介——社会主义制度在房山确立 第三单元　只有中国特色社会主义才能发展中国 资源 8　励精图治　房山经济社会大踏步发展 资源 9　转型升级　房山绿色发展安民富民 资源 10　创新发展　新房山精彩不断 第四单元　只有坚持和发展中国特色社会主义才能实现中华民族伟大复兴 资源 11　新时代，张坊镇的双赢之路 资源 12　新定位，科技金融创新转型发展示范区 《高中政治必修二》 第一单元　我国的基本经济制度 资源 13　勇于担当的燕山石化 资源 14　勇于创新的慧田蔬菜种植专业合作社 资源 15　砥砺奋进的小丽都 第二单元　我国的社会主义市场经济 资源 16　宏观调控之城南行动计划 第三单元　我国的经济发展 资源 17　窦店高端现代制造业产业的创新发展 资源 18　黄山店的绿色发展之路 资源 19　良乡镇现代农业产业园 资源 20　房山线北延看区域协同发展

表2-6 《普通高中学科课程与乡土资源整合选辑》(历史学科)

名称	对应国家课程的乡土资源相关内容
资源目录	高中历史必修《中外历史纲要》(上) 第一单元 从中华文明的起源到秦汉统一多民族封建国家的建立 资源1 我国境内的早期人类——北京人 资源2 新石器之光——镇江营遗址 资源3 国之重器——西周燕都遗址青铜器 第二单元 三国两晋南北朝的民族交融与隋唐统一多民族封建国家的发展 资源4《唐归义王李府君夫人清河张氏墓志》 资源5 北京的敦煌——房山云居寺 资源6 文学巨匠遗迹——贾岛祠 第三单元 辽宋夏金多民族政权的并立与元朝的统一 资源7 北京最大的阁楼式宝塔——良乡昊天塔 资源8 辽宋战争的见证——张坊古战道 资源9 北京最早的皇家园陵——金陵 第四单元 明清中国版图的奠定与面临的挑战 资源10 良乡郊劳台与清朝对边疆的巩固 资源11 清代水稻种植与明清农业的发展 资源12 明代采矿业与明清经济的发展 第五单元 晚清时期的内忧外患与救亡图存 资源13 房良地区的义和团运动 第六单元 辛亥革命与中华民国的建立 资源14 房山采煤业的发展与近代中国民族资本主义的兴衰 第七单元 中国共产党成立与新民主主义革命兴起 资源15 良乡请愿活动与五四运动的发展 第八单元 中华民族的抗日战争和人民解放战争 资源16 房良地区全民族抗战 资源17 平西抗日根据地 资源18 房山地区抗战最后胜利 资源19 房良地区的解放斗争 资源20 房山支援北平解放 第九单元 中华人民共和国成立和社会主义革命与建设 资源21 房山区首届人民代表大会召开 资源22 中国原子能科学研究院的建立及发展 资源23 房山区"十二面红旗"之"背篓商店" 第十单元 改革开放与社会主义现代化建设新时期 资源24 社会主义新农村——房山韩村河 资源25 新兴的智慧园区——良乡高教园区

表2-7 《普通高中学科课程与乡土资源整合选辑》（地理学科）

名　称	对应国家课程的乡土资源相关内容
资源目录	地理学科《高中地理必修一》 第一单元　宇宙中的地球 资源1　周口店地质演化史 第二单元　自然地理要素及现象 资源2　房山喀斯特地貌 资源3　十渡拒马河的流水地貌 资源4　长沟、琉璃河湿地 资源5　房山的土壤 资源6　百花山的植被 第三单元　常见自然灾害的成因与避防 资源7　房山泥石流、水旱灾害 资源8　房山历史上的地震 资源9　金门闸与清代永定河水患治理 第四单元　自然地理实践的基本方法 资源10　周口店地区的野外实习 地理学科《高中地理必修二》 第一单元　人口分布、迁移与合理容量 资源11　房山区人口分布与迁移 第二单元　乡村和城镇 资源12　南窖乡传统村落 资源13　房山区新型城镇化 第三单元　产业区位选择 资源14　张坊磨盘柿 资源15　房山食用菌 资源16　房山酒庄葡萄酒产业 资源17　传统工业"红、白、黑、灰" 资源18　中关村科技园房山园 资源19　房山旅游 资源20　地铁房山线 第四单元　国土开发与保护 资源21　房山"三区一节点"的功能定位 第五单元　协调人地关系与可持续发展 资源22　史家营、霞云岭的煤矿转型之路 资源23　北京农业生态谷 资源24　青龙湖万亩森林公园

3.乡土基地相关课程

乡土基地课程旨在为学生拓展学习时空，丰富学习经历，转变学习方式，激发学习兴趣，提升学习内驱力；通过各种实践、体验活动，提升其在真实的生产、生活、生态情境中的问题探究能力；从认识乡土中了解社会，从研究乡土中观察社会，从热爱乡土中增强建设乡土的责任感、使命感，培育家国情怀。课程内容根据本土的自然生态、社会文化、社会经济、社会智力等教育资源，由"乡土"的人开发，在"乡土"的学习情境中实施。相关部门初步拟定了12个基地，并编写了相应的实践手册（表2-8）。

表2-8　房山乡土基地课程表

基地名称	开发要点	学段定位
周口店北京人遗址	进化、遗产保护、世界地位等	小、初、高
西周燕都遗址	选址、文化、价值等	初、高
云居寺	历史沿革、地理环境、文学艺术、思想等	初、高
贾岛祠	文学、历史、名人等	小、初、高
霞云岭红歌发源地	革命文化、爱国教育、艺术	小、初
十渡风景区	地质地貌、旅游文化、历史由来	小、初、高
汉白玉石雕艺术园	历史、艺术、建筑、实用价值	初、高
石花洞	地质地貌、自然景观、历史故事等	小、初、高
水峪村	历史、民间艺术、旅游、保护传承	初、高
韩村河新农村	新农村、产业结构、旅游	小、初
基金小镇	产业结构、人文、科技等	小、初、高
高教园区	现代教育、产业结构等	小、初

4.PBL项目的设计

新时代，学生的学习不应只囿于乡土文化，而应从乡土文化走向城市文化、国家文化、世界文化，从传统走向现代和将来。因此，基于教育与生产劳动相结合以及PBL理念，开展以资源为核心，以实践为主翼，以学生为主体，以问题为导向，以探究为主线，以发展为主题的项目化学习设计，聚焦人文素养，按照历史文化、自然生态、风土人情、活力新区四大板块开发了10个PBL项目（表2-9）。

表 2-9　PBL 项目应用

项目名称	学　科	负责人
龙乡"源文化"遗址调研	历史、地理、政治	从略
房山生态环境治理	地理、政治、化学、生物	从略
为房山名人立传（四史）	历史、政治	从略
论证新时期房山民生变迁	政治、历史、地理	从略
为房山非遗保护建言献策	相关学科	从略
设计家乡风土人情的艺术作品	相关学科	从略
规划房山研学线路	地理、历史、政治	从略
评析乡土文学艺术作品	语文、历史、艺术	从略
预测房山科技未来发展	相关学科	从略
我为房山未来教育绘蓝图	相关学科	从略

（三）乡土课程开发中应注意的问题

（1）乡土课程开发与乡土课程实施是交替或同时进行的。乡土课程的生命力需要通过高质量的实施过程来展现。

（2）目前，区域乡土课程资源开发与利用依然面临诸多问题，如学校在自主开发乡土课程中遇到的资源重复开发、资源闲置等问题，应进行区域统整。

（3）在从区域层面对乡土课程开发做全面规划的同时，应给基层学校预留二次开发的空间，使其与学校课程、中高考改革、学生核心素养进行衔接，实现乡土课程开发的可持续性。

二、乡土课程实施的主要途径

课程开发与课程实施是密切相关的过程。宏观的课程开发包括课程实施环节，课程实施是以课程开发为前提的。从一定意义上讲，课程实施是课程开发的自然延续过程，也是课程开发的目的和归宿。

乡土课程在培养学生核心素养、实现立德树人目标上承担着重要责任。政府应鼓励地方和学校结合当地实际情况，开设乡土课程，以满足学生兴趣和个体发展需要。乡土课程的开设，既要纳入整个学校的课程体系中，又要与国家设置的选修课程体系相衔接，做到目标明确，内容充实。可见，有效实施乡土课程是深化课程改革的重要方面。学校在实施乡土课程时，要具备课程实施的各种必要条件，保质保量完成乡土课程的教学任务。

（一）乡土课程实施的前期准备

1.制定乡土课程实施方案

制定乡土课程实施方案，离不开地方教育行政部门的支持。如果地方教育行政部门制定有关的政策，理解、鼓励和支持学校开展实施乡土课程，在人力、物力上给予帮助，可以使乡土课程实施获得强有力的保障。对于乡土课程，地方教育行政部门也要参与课程方案的具体实施工作、组织和培训相应的师资队伍、提供课程实施的经费和材料、监测学生的学习成效等。

制定乡土课程实施方案，旨在规范乡土课程的实施行为。乡土课程实施方案分为两种：一种是地方教育行政部门制定的实施方案，另一种是学校制定的实施方案。不少地方教育行政部门在制定乡土课程方案时，把乡土课程的开发与实施都纳入同一文件之中，如"乡土课程开发与实施方案"，这种做法更具前瞻性和指导性。在乡土课程的开发与实施中，北京市房山区教委制定了《房山区乡土课程实施方案》，把《房山文化》《房山区地理》《房山——我为你骄傲》乡土课程的实施纳入这个方案之中。使用乡土课程教材的学校，制定了相应的"乡土课程实施方案"，也有的学校在三级课程实施方案中，把乡土课程的实施纳入其中。

2009年12月，房山区教委制定《房山区中小学乡土课程实施方案》，对《房山文化》《房山区地理》《房山——我为你骄傲》课程开发与实施做出了具体安排。这几门乡土课程项目负责人作为全区乡土课程实施工作小组成员参与了文件的制定工作。这些举措对进一步有效推进课程实施发挥了重要作用。

2011年9月，房山区各中小学统一开设了《房山文化》《房山区地理》《房山——我为你骄傲》等课程。各校根据本校实际灵活安排教学计划，采用专题讲座、独立授课、与国家课程相结合等多种途径，创造性地开设了乡土课程，取得了良好的效果。

2.印发乡土课程指导纲要

乡土课程开发和教材的编写必须以《乡土课程指导纲要》（以下简称《纲要》）为依据。《纲要》是一份乡土课程的指导性、纲领性文件，不仅指导和规范乡土课程教材的开发，还是乡土课程师资培训的重要文本，对教师实施乡土课程具有指导和规范作用。作为乡土课程的实施者必须认真钻研、吃透《纲要》精神，充分发挥《纲要》的作用。

《房山区地理课程纲要》具体内容如下：

（1）课程名称：《房山区地理》。

（2）授课对象：七年级学生。

（3）课程类型：综合实践类课程。

（4）教学材料：教材、课程资源包、研学实践基地。

（5）授课时间：第一学期每两周1课时，共12课时。

（6）课程目标：《房山区地理》坚持以可持续发展观为指导，帮助学生认识生活的地理环境，熟悉房山区自然地理和人文地理最显著的特点，全面了解房山区的位置、自然、经济、发展各个方面的整体面貌，通过野外观察、考查、调查、观测等，逐步养成收集处理地理信息、地理观察和区域分析能力，提升创新精神、合作学习及实践能力；初步树立正确的资源观、环境观、人口观，协调人类发展与环境的关系，增强爱国、爱家乡的情感。为培养房山建设与发展所需要的人才、促进房山经济社会发展提供精神动力和智力支持。

（7）课程内容（此处从略）。

（8）课程评价：对教师和学生的评价。

第一，对教师的评价。要求教师有教学计划，有进度设置，有教学设计，有学生考勤、考核（或考试）成绩记录。在达到规定的课时和教学目标的同时，保存学生的作品资料以及学生在活动、竞赛中的成绩资料，并将相关资料收入学生成长记录袋；任课教师在学期结束后，要写出一份完整的教学反思，并对乡土课程教学内容的选择、教学方法的使用、教学结果的考核等提出可行性建议。

第二，对学生的评价。在每年的考试中设置一些《房山区地理》的内容。建立学生成长记录袋，记录学生在学习过程中获得的各方面的成果，并推荐优秀学生参加上级相关活动。考查时以学生成长记录袋里的内容为主要依据，建议从学生的学习态度（如出勤情况、提问与答问情况、参与活动情况等）、知识能力（以学生已有的知识和能力为参照，关注他们的发展水平，不要求整齐划一）、兴趣爱好（对学生参与的活动，如调查、实验、操作、探究、交流、讨论等活动中的表现加以评价，对学生的特长进行奖励性评价，对学生不感兴趣的内容，根据其变化程度进行激励性评价）为切入点。方法上建议坚持学生自评、互评和教师评价相结合的方法，可以按A、B、C、D四个等次或优秀、合格、不合格三个等级对学生进行评价。

师生实施评价的过程力求简洁高效，避免面面俱到、过细过全。学校应科学分析评价结果并综合应用到对教师的指导和优化学科教学、促进教师专业发展之中。

3.重视乡土课程实施研究

改变以往重研发、轻实践的课程建构思想，注重课程运行过程的研究。与科研、教研机构协同，营造教师"重研究、会研究、有人带头研究"的良好科研氛围，鼓励教师开展基于课程实施方面的研究，如课程教学模式、课程资源整合、教学与信息技术融合等方面，并在课题研究和项目推进方面给予支持。发挥区域教研的优势，组建研究团队。若乡土课程因受本校教师人数的限制而无法实现有效的教学研究，则可以利用网络开展跨时空的同伴结盟，构建区域的新型教研互助学习共同体，打造新"校本""区本"等的教研文化，加强网络教研平台建设。网络教研使教研机构与教研人员、学校与学科教师突破时空的限制，有效利用教研资源，为教师提供了更广阔的探讨交流平台和更多元的机会，也为教师开展课题研究、提升自我的专业成长开辟了更多的路径，进一步树立了"学高为师""分享与互惠"的教师合作研究风向标。

4.进行师资培训

教师是乡土课程实施的决定性因素，教师的课程意识、能力在乡土课程的实施中起着关键作用。按照北京市教委文件精神和各区制定的实施方案，乡土课程的实施坚持"先培训、后上岗，不培训、不上岗"和"边实验，边培训，边总结，边提高"的原则，有步骤、分阶段、滚动式开展培训。要想提高乡土教师队伍的整体素质，可采取两方面的措施。一是对教师进行乡土理论培训，让教师逐步掌握乡土课程的基本原理，明确课程目标、课程内容、课程实施和课程评价反思等基本理论，为乡土课程开发与实施提供理论依据。二是对教师进行专业乡土知识培训，不断拓宽知识面，重建教师的乡土知识结构，为乡土课程开发与实施提供专业支持。

乡土课程资源培训活动的形式多种多样，如邀请专家开展讲座、动员学校教师开展讨论活动、分享经验等。另外，还可以在区域开展关于乡土课程实施的研究及点评活动，让更多的教师能够在课堂中学到应用乡土资源进行教学的经验，并通过设置奖励的方式吸引更多的教师参与到乡土教学中，从各种活动中体现地方教育对乡土课程的关注，调动教师对乡土课程教学的积极性。

在《房山区地理》《房山文化》课程统一开设之前，房山区对全区实施该课程的管理者和任课教师进行了培训。课程开发者主要介绍课程纲要、分析教材内容、讲解教学用书的使用方法等；教师展示教学设计、课例，为教师实施教学设计和课堂教学做出示范和引领。

5.社会各界的宣传

乡土课程倡导与学生家长合作，获得家长的理解与支持。课程开发者在调查中了解到，一些家长对实施乡土课程有抵触情绪。一方面，家长认为乡土课程传授给学生的知识太少，学生学到的东西不多；另一方面，家长对乡土课程倡导的自主探究、实践能力的培养不够重视，认为学生回家只需要完成教材中的作业，对学生制作模型、采集标本等活动存在偏见，认为是"不务正业"。对于家长的陈旧思想观念，一是需要学校、社会做大量宣传工作，让家长认识、了解乡土课程。乡土课程作为一种新的课程形式，其实施过程将会引起社会各界的广泛关注，而新闻媒介、社会团体、学生家长的理解和支持，可以成为推动乡土课程实施的重要动力。新闻媒介的宣传，可以扩大课程实施的影响；

社会各界的各种协助（包括技术援助），也有利于课程的实施。目前，许多国家都鼓励家长、社区成员参与乡土课程实施。二是需要学校彻底转变观念，拿出实质性的、可操作性的措施，加强对家庭、社会的教育与合作，乡土课程实施需要学校、家庭和社区的共同努力。

（二）乡土课程实施的基本途径

1.走进课堂教学

（1）乡土课程与国家课程整合。将乡土课程资源融于国家课程教学之中，以历史学科为例，国家统编历史教材上涉及的重大历史事件和历史现象是发生在本地区的或影响到了本地区。教师可以适当补充一些与之有关的乡土史资源，便于学生更直观、更生动地理解和掌握该内容。例如，在讲授抗日战争时，教材上只是简单介绍了日军在中国的残暴行径，学生的表现有些漠然。为此，教师补充了房山平西抗战根据地的内容，有效地激发了学生的爱国情怀。

在课堂上穿插渗透乡土课程资源时，要找准教材与乡土资源的渗透点，制订好计划。此外，还要处理好乡土课程资源与教材的关系。在课堂教学中穿插渗透乡土资源是为教材的授课内容服务的，要依据教情、学情，选择典型的、生动的、有教育意义的乡土课程资源，不能偏离教学重点。下面以案例"房山石花洞"进行说明。

【课例】房山石花洞

【课程标准、教材与乡土课程资源的分析】

高中地理必修——课程标准的内容要求：1.4通过野外观察或运用视频、图像，识别3~4种地貌，描述其景观的主要特点。

人教版高中地理必修——教材 第四章 地貌 重点探讨问题：常见地貌主要有哪些类型？如何识别地貌？如何描述地貌景观的主要特点？如何在野外观察地貌？

石花洞位于房山区河北镇南车营村，是华北地区岩溶洞穴的典型代表，属典型的喀斯特岩溶地貌。

【学习目标】

（1）观察、说出石花洞地区所处的地形类型，并识别洞中喀斯特地貌类型。

（2）通过实地考察，运用观察、实验等方法，了解流水溶蚀作用原理，理解溶洞形成过程。

（3）欣赏石花洞美景，感受地貌演化是一个长期的过程，树立保护地质遗迹的意识，激发热爱家乡的情感。

【学习内容与任务】

任务1：观察石花洞地貌。说出石花洞外是什么地形？进入石花洞内，说出石花洞内的地貌名称。

任务2：欣赏石花洞美景。观察石花洞内的石钟乳、石幔、石笋、石柱等，拍摄或绘制你喜欢的某一处景观，注意观察其形态特征，并描述其特点。

任务3：解释溶洞成因。观察推测石花洞内是以什么岩石为主组成的？在乡土基地观看石笋、石钟乳、钟乳石形成的视频，并解释石花洞的"洞"是怎样形成的？

任务4：保护石花洞。石花洞旅游活动的开展和人工照明设施的引进，改变了洞穴的环境，带来了一系列生态问题。请为石花洞地貌资源的开发与保护提出一些建议。

运用乡土资源，培养学生搜集、整理、筛选信息的能力，迁移、运用知识的能力，引导学生将教材中的知识与生活实际相联系，促使他们关注自然环境和社会生活，提高对学习意义的认识。

（2）开设专门的乡土课程。为了保证师资、课时、实效，部分学校根据区域编写的乡土教材和其他现有的乡土资源，开设了专门的乡土课程，并安排专门的教师进行授课。课程设置的主要形式如下：一是乡土课程是由区县开发的、在本区县范围内统一开设的课程。乡土课程的设置与开发应根据当地社会、经济发展的具体情况，结合本校的传统和优势、学生的兴趣和发展需要进行。二是乡土课程可以作为与国家课程相关的选修课程，为对此感觉兴趣的学生提供学习机会。三是乡土课程的课时可以与综合实践活动的课时结合在一起使用，可以分散安排，也可以集中安排。

专门的乡土课程开调情况如下：《房山文化》18学时，《房山区地理》12学时，《房山——我为你骄傲》12学时。这类课程重在传授学生乡土文化知识，引导学生知家乡、爱家乡，增强文化自信，强化文化认同。下面以《房山文化》中"燕都文化初探"的教学设计为例进行说明。

【教学内容】

了解燕都遗址概况；探究燕都选址因素；体验燕都的历史文化；能够归纳出燕都文化的基本特征与文化价值。

【教学目标】

（1）通过现场实地考察，了解燕都遗址发掘过程及历史遗存，体验丰富多彩的燕都文化。

（2）依托教师提供的相关资料，结合所学知识，在探究问题的过程中，逐渐掌握获取、选择、运用信息解决问题的能力。

（3）在展示交流与互动分享的学习活动中，提高对相关问题的理解与认识，通过教师启发讲解，提升对燕都文化特征与价值的理性认识。

（4）增强对家乡文化的认同感和自豪感，提高人文素养，增强文化自信。

【教学流程】

"燕都文化初探"教学流程，如表2-10所示。

表2-10 "燕都文化初探"教学流程

教学阶段	教师活动	学生活动	设置意图
课前实地考察	设计考察活动方案（略）；与学生一起参观遗址	商周遗址现场参观体验；听取遗址介绍，做好记录	了解遗址概况，体验历史文化，发现问题
	指导学生整理从体验学习中获取的信息	梳理遗址发掘过程，制作多媒体课件，并提出问题	提出问题，归纳相关信息
课堂环节1：互动分享	引导学生演示考察参观活动的成果	用多媒体演示遗址发掘过程与参观感受；提出问题	培养表达能力
课堂环节2：分组探究	收集问题，研制《学生课堂问题探究小组表现性评价量规》；提供探究问题的资料；指导即时性探究学习；回答学生的疑难问题	分为燕都选址组、历史文化组；参考《学生课堂问题探究小组表现性评价量规》，合作探究问题；燕都选址因素探究；燕都历史文化现象归纳	合作学习，提高分析问题和解决问题的能力
课堂环节3：展示交流	根据问题引导学生展示成果，对学生的汇报进行点评	小组代表汇报探究成果，其他同学补充	培养表达能力及合作能力
	指导归纳学习方法，引导学生正确认识问题	掌握运用信息解决问题的方法，深化对问题的理解	总结内化提升
课后作业评价	布置作业；研制《学生燕都文化论文评价量规》（略）	以燕都文化为主题，结合评价量规，自拟题目，写一篇800字小论文	学习拓展延伸

"燕都文化初探"教学设计始终尊重学生的自主体验与探究，旨在提升师生的人文素养，丰富学校课程文化。这节精彩课例向我们展示了乡土课程的意义和价值——乡土课程作为沟通国家课程和校本课程的桥梁，不仅是学生学习资源的补充，还是学习方式的补充，是为促进学习方式转变而开展的学习活动，更是树立文化自信、培养本土情怀的有效载体。

2.开展综合实践活动

学校在乡土课程实施中十分重视其与综合实践活动的整合。在新一轮基础教育课程改革中，综合实践活动是从小学至高中的必修课程。教学不能仅局限于课堂，由教师单纯地向学生传授知识，而应积极创造条件，让学生更多地接触社会，参加实践活动，在德、智、体、美、劳诸方面得到全面发展。利用乡土资源开设的综合社会实践活动主要有以下形式。

（1）开展研究性学习。研究性学习是开发利用乡土课程资源的重要途径。研究性学习是指学生在教师的指导下，从课程和现实生活中选择自己感兴趣的课题，以自主学习、探究学习、合作学习为基础，主动获取知识、解决问题的学习活动。乡土资源的内涵十分丰富，包括一个地区的自然资源、人文景观、历史沿革、人口状况、文化传统、风俗民情、经济发展等多方面的内容。从乡土课程资源中发掘平时容易忽视但具有教育价值的研究性学习课题，从而激发学生探究的激情、强烈的求知欲望。

（2）开展研学旅行。在寒暑假期间组织学生参与研学旅行，让学生"走出校门，探究大自然"，在身心放松的状态下接触大自然、研究大自然，并从中获得独特体验，这种方式对学生的影响是积极而深远的。例如，拓宽视野、丰富知识，加深与自然和文化的亲近感，增加对集体生活方式和社会公共道德的体验，培养学生的自理能力、创新精神和实践能力……地域文化都在民间，学生只有亲自面对、亲身接触、亲耳聆听、亲身体验的获得才是真实的、深刻的。以房山区为例，具体分析如何筛选研学资源（表2-11）。

表2-11 房山区研学资源筛选

筛选研学资源	
教师活动： 【出示】房山区资源资料 资料1 周口店北京人遗址 资料2 云居寺 资料3 石花洞 资料4 十渡风景区 资料5 西周燕都遗址 资料6 仙栖洞 资料7 圣莲山风景区 资料8 上方山国家森林公园等 …… 【任务】请每小组从资源特点、位置、交通、食宿、风俗、安全等角度筛选能做研学资源的旅游资源，并阐述选择的理由 【统计】统计学生筛选的研学地点情况，聆听学生的汇报	学生活动： 【观看图片和材料】 【筛选资源】 以小组为单位筛选房山的旅游资源。 【上传资源】 手机扫描二维码上传结果。 【阐述理由】 从资源特点、位置、交通、食宿、风俗、安全等角度，来阐述旅游景点作为研学地点的可行性
活动意图：借助互联网信息技术平台和现有资源，提升学生多元渠道收集信息、分析信息以及处理信息的能力，同时将知识运用于实践，促进学习的深入和拓展。利用课堂活动产生问题的真实情境，提升学生思考辨析能力。同时，多方面了解乡土资源	

（3）开展项目式学习。房山乡土课程开发并实施了探秘"源"文化、探究房山生态环境、走进京西红色基地等项目。项目式学习是围绕学生自己发现或提出的感兴趣的问题所展开的学习活动。大量实践表明，在这样的学习过程中，学生往往会表现出较高的

积极性，学习内容通常是跨学科的，学习方式通常是小组协作式，学习成果的呈现形式是多样的。项目式学习不限于具体的知识内容和学习形式。同样是解决问题，与书本中的习题相比，项目式学习所面对的问题要真实而复杂，往往涉及多个领域和多个学科。项目式学习是发现问题、给出任务、最终完成任务的过程。解答习题是利用已知条件，项目式学习是发现和创造条件。课本习题中的已知条件是出题人给出的，而在项目式学习中，学生需要自己去寻找和挖掘解决问题可能会利用到的各种资源，这本身就是创造。项目课程在实施过程中可通过分组研讨、分组实验、外出考察、同伴辅导、组内相互辅导等方式进行合作学习，以完成相关的学习、研究任务。让学生通过项目式学习体验完整的学习过程，只有这样才能培养出整体素质高、能够适应未来社会的人。

3.组织班团活动

（1）组织学生参观、考察等体验学习。体验学习是乡土课程实施中一种有效和必要的学习方式。体验学习中的体验是指通过实践认识周围事物，是人类的一种心理感受。体验学习是一种以学习者为中心，在一定的情境中通过实践和反思来获取知识、技能和态度的学习方式。

清明节期间，组织学生参观烈士陵园，听革命前辈浴血奋战的故事。让学生认识到虽然现在的中国早已没有了战争，但是我们的记忆不能因为久沐和平的阳光而模糊，我们永远不能忘记那些为革命英勇献身的先烈们。利用周末，带领学生到西周燕都遗址参观。该博物馆已出土珍贵文物数千件，展示了中国古代劳动人民的创造才能及对人类文明的卓越贡献。返校后举办图片展览，组织专题讨论，让学生真正参与其中。

（2）组织反映家乡风貌的摄影比赛。教师可在节假日期间组织学生开展"我眼中的房山"摄影比赛。通过这项活动，让学生用自己的眼睛观察家乡的历史变迁，了解家乡的风土民俗，切身体会家乡的美，以此丰富学生的乡土知识，增强其对家乡的热爱之情。

（3）组织"我对家乡知多少"知识竞赛。教师可以根据教材内容，结合一些时政要闻和重大纪念日设计有关乡土知识的竞赛活动。竞赛的主题可以是家乡历史上的重大事件、名人先贤，也可以围绕某一历史遗迹展开。每年区教委与房山区规划局联合举办的"知房山 爱房山"知识竞赛，可以激发学生学习乡土知识的兴趣，培养他们搜集整理资料、概括表达的能力。

（4）举办以"爱家乡"为主题的征文比赛。教师组织学生开展题为"我爱家乡——房山"的征文比赛，通过学生的笔来反映房山的美，让学生展望房山美好的明天，抒发对家乡的热爱之情。

4.利用网络自主学习

现代教育应当让学生主动感受、探索、生成知识，充分利用现代学习手段，变接受性学习为感受性、探究式学习。例如，我们可以利用虚拟现实（VR）技术进行虚拟教学。VR技术应用于教育是教育技术发展的一个飞跃。它营造了"自主学习"的环境，由传统的"以教促学"的学习方式代之为学习者通过自身与信息环境的相互作用来得到知识、技能的新型学习方式。VR技术应用于乡土教育中，主要通过建立实物三维和模拟数据库，用网络让虚拟技术更加生动、逼真、全面地展示出来，其对象可以是文物古迹，也可以是历史情节。教学中，在教师讲述贾岛的一生时，学生会因其人物传记感到枯燥乏味，无法认真学习，教师可以用VR技术还原贾岛的生活环境，带领学生进入他生活的年代，提供虚拟体验，让学生亲身感受，这样比空洞抽象的说教更具说服力。对于教学中涉及的历史遗迹、历史文物等，因为时间、安全、距离、经费等因素，学生不能到现场一探究竟，利用VR技术建立三维虚拟模型，让这些遗迹"真实"出现在课堂中，既方便了教学，也提高了教学效率。

  乡土课程的开发与实施是一项需要全社会共同关心、支持和参与的系统工程，也是一项长期的、复杂的、艰巨的工作。一方面，它既需要对课程系统内部进行科学论证和充分实验，以不断改进和完善自身结构和机能，使之具有科学性、可行性和实效性；另一方面，还需要课程系统外部的决策机制的保障及其相应的平台支持。

第四节 乡土课程开发与实施的评价和管理

一、乡土课程开发与实施的评价

课程评价的开展要基于一定的理论基础,乡土课程评价可以借鉴课程评价的一些基本模式,因为模式蕴含着一定的思想取向和结构,并表现为一定的操作规则、方法、步骤,如目标评价模式[12]、CIPP评价模式[13]等。但由于乡土课程有其独有的特点,也不能完全照搬这些课程评价模式,还要基于乡土的特点及其育人的特殊价值进行课程评价。

(一)乡土课程开发与实施评价的基本原则

1.整体性原则

乡土课程既可以地方课程的形态呈现,也可以校本课程的形态呈现,是国家课程系统中的子系统,是学校课程体系中的一个重要组成部分。评价乡土课程要考虑课程建设的系统性与整体性,不能过分强调乡土课程,这样既会影响国家课程的正常实施,也会阻碍其他课程的实施,干扰三级课程的整体推进。

2.教育性原则

乡土是一个人的根本之地,是人们的精神家园和安身立命之所。乡土课程是乡土教育的核心载体,其以乡土资源为主要内容,以真实的生产、生活、生态为课程实施的重要时空的课程集群,以激发乡土情怀,进而培养具有家乡情怀、国家观念和世界眼光的中国公民为育人目标,可见教育性是乡土课程的本质特征和根本原则。

3.乡土性原则

评价乡土课程要在课程所处的乡土文化背景下进行,以避免就课程论课程,失去赖以存在的基础。要评价乡土课程带给学生的"根"的意识以及家国情怀和世界眼光。正所谓"心安之处是吾乡"[14]。在这里,人们有一个明确的身份认同,能够理解生存和生命的真正意义。这样,无论以后走到哪里,都能知道自己来自哪里,自己是哪里人,自己的根在哪里,守得住初心,望得见使命。

4.动态性原则

对乡土课程的评价也不是一成不变的,而是始终处于一种动态的、弹性的评判之中。乡土课程开发与实施的灵活性高,可根据需要及时做出调整,而且课程的开发与实施效果不会立竿见影，而是具有滞后性。它所取得的成果只能是阶段性成果，新的内容不断增加，过时的内容不断被删除，对它的评价一定不能固定不变，要用一种发展的眼光审视它，要在具体的情境之中，用动态评价应对乡土课程的动态发展。

（二）乡土课程开发评价的主要内容

1. 课程需求评价

在乡土课程开发之前，一般都要经过课程需求论证，即对教育政策、教育资源以及地方教育目标进行分析论证，同时对教师的课程开发能力、学生能力水平与发展需求、社区的期望以及家长对课程的参与度等进行调研和把握，这个过程就是对乡土课程开发之前的一个诊断性评价，这里用到的是 SWOT 分析法（表 2-12）。

表 2-12　SWOT 分析法对乡土课程开发需求的分析

课程资源优势	素材性课程资源	人文资源底蕴深厚	丰富的历史文化资源	房山是北京的根祖，文化遗址遍布。"洞文化""石雕文化""塔文化""石经文化"等灿若星河，构成了房山从远古到近代的历史文化长廊，形成了不断代的历史画卷
		多样化的文化形式	房山文化形式多样，内容丰富，主要有文学、书画、摄影、塑型艺术、建筑艺术、民间艺术、宗教文化等
		自强不息的房山精神	文化的魅力集中体现在精神的影响上，文化的力量突出表现在精神的力量上，精神是文化的精髓和核心。房山精神是凝聚和激励房山人民的精神力量。爱国、勤劳、坚韧、尚德是房山精神的主要内容
		自然资源丰富多彩	山、水、洞、寺等景致齐全，古、野、新、奇特色鲜明，资源总量居京郊各区县之首，人文景观与自然景观有机融合。房山区还是北京的农业大区，位于北京的生态农业圈，是北京未来农业发展的重点。房山还有典型的喀斯特地貌，房山世界地质公园以其岩溶洞穴和沉积景观的典型性、多样性、自然性、完整性和稀有性享誉海内外
	条件性课程资源	政策上的鼓励	房山区在首都发展新区和生态涵养发展区双重功能定位的基础上提出了"三化两区"的发展目标，这一发展目标对房山区教育提出了较高的要求，要求房山区教育充分发挥推动和引领作用
		资金上的保障	房山区教委专款专项资金扶持
		社会资源的广博	高校教育资源、社会大课堂资源基地等
		专家团队的支持	北京市课程中心，高校课程专家，区教研、科研部门
问题	丰富的历史文化资源没有得到应有的开发和利用，这不但会造成教育资源的严重浪费，而且不利于学生综合素养的发展以及培养他们热爱家乡、建设家乡的社会责任感		
机遇	三级课程管理赋予地方开发适应本地区经济、文化和民族发展需要的课程，从而为全面提高学生素养，培养学生的创新精神和实践能力，以及传承文化提供了课程空间和制度保障，为房山区开发乡土课程提供了可能性		
挑战	如何通过一定的课程空间和实践来体现我区课程改革一体化的理念，如何阐释、开发高质量的乡土课程，使之发挥更大的课程价值，并科学有效地落到实处		

2.课程规划方案评价

本书所讲的课程规划方案，主要是区级教育行政部门制定的乡土课程规划方案，它引领着一个区域乡土课程建设的方向，主要规划和设计乡土课程的开发与实施。所以，对乡土课程开发的评价要考虑区域乡土课程规划方案的科学性和合理性。一般包括以下几个方面：遵循教育方针政策；目标符合价值期望；教育资源的充分开发与利用；课程结构与内容的合理性；课程的一贯性和衔接性；课程发展的时程与进度；实施策略与责任分工；教学方式的多样化与适切性；评价、反馈与改进机制；管理、保障的建立；等等。

3.乡土课程设计评价

任何一门乡土课程的开发都要先设计这门课程，即制定这门课程的课程纲要，但纲要如何体现课程基本理念及乡土独特理念，纲要设计是否有利于这些理念在实践中转化为教育行为是我们必须探讨的问题（表2-13）。

表2-13 乡土课程设计与评价

评价内容	参考标准	符合	基本符合	不符合
乡土课程背景	依据乡土教育理念和育人目标落位的现实需求			
	有相关需求分析（政策、校情、学情、教情、资源等），分析具有针对性，表述与分析简洁明确			
	对接区校现状，结合乡土资源，阐明要解决的问题			
乡土课程目标	乡土课程育人价值导向正确，指向学生发展核心素养			
	符合乡土课程理念，与学校课程整体连接			
	体现乡土课程目标层次性（不同学段课程目标的层次性；同学段针对学生差异的目标层次性）			
	表述规范，学生视角，对学生学习水平进行描述，可操作、可实现			
乡土课程内容	乡土课程内容与课程目标的一致性，体现为国家课程之间互补或相辅相成			
	乡土课程内容设计科学合理，有一定的主题或项目，有内在的关联性，符合学生认知发展水平			
	乡土课程内容形式多样、通俗易学，体现出多样性和选择性、乡土性和时代性的特点			
	科学设置乡土课时，统筹时空安排			
乡土课程实施	有师资、学时、场地、资源等保障			
	兴趣优先，活动主导，倡导综合性，注重实践性、情境性、关注生成性			
	实施策略有效，教学方式多样			
乡土课程评价	对乡土课程本身的评价，评价主体多元			
	对教师教学过程的评价，有教师自我评价、学校评课量表、相关奖励机制等			
	对学生学习效果的评价，过程性评价与终结性评价相结合			
审议结果				

比如，课程所选内容是否体现乡土性、科学性和基础性，是否密切联系学生生活和社会实际；设计的内容框架是否合理，是否注意与其他学科的沟通和渗透，有无重要内容遗漏；实际内容标准对教师而言是否容易理解和把握，对学生而言是否可以达到，是否有利于教师开发资源并创造性地实施课程；实施建议是否有利于学生学习方式的变革和教师教学方式的改进；评价建议是否关注学习与教学的过程；在课程资源的组织方面存在哪些困难和问题；等等。

4.乡土教材的评价

乡土课程中有些课程属于地方课程，地方课程一般有地方教材，如《房山文化》《房山——我为你骄傲》《房山区地理》《房山区普通高中地理综合实践》等，这些教材要经过北京市中小学教材委员会初审或审定通过，方可在学校使用。表2-14所列是北京市地方（乡土）教材评价参考框架。

表2-14 北京市地方（乡土）教材评价参考框架

一级指标	二级指标	得 分
1.对目标和价值的体现（10分）	（1）教材对地方课程目标的体现（5分）	
	（2）教材对地方课程特有价值的体现（5分）	
2.内容的选择和表达（40分）	（3）教材内容的思想性（8分）	
	（4）教材内容的科学性和表达的规范性（20分）	
	（5）教材内容的时代性（4分）	
	（6）教材内容的适应性（4分）	
	（7）教材内容的开放性（4分）	
3.体系和体例（10分）	（8）教材体系的设计与编排（4分）	
	（9）教材栏目的设计与配置（3分）	
	（10）教材体系和体例的特色（3分）	
4.对教学过程和教学方式的提示（20分）	（11）教材对教学过程的提示（8分）	
	（12）教材对教学方式的提示（6分）	
	（13）教材对自主学习的引导（8分）	
5.对学习评价的引导（10分）	（14）教材对学习效果评价的引导（5分）	
	（15）教材对及时"反馈—矫正"，提高学习效果的提示（5分）	
6.版式设计和印刷装帧（10分）	（16）教材的版式设计规格和特色（5分）	
	（17）教材的印刷装帧质量和特色（5分）	
得分		
总体评语		

（三）乡土课程实施的评价

课程实施是把设计和编制好的课程计划纳入具体的教育教学工作实践，通过教师和学生的执行、操作、开发，使新的课程计划得以落实的过程。简单地说，课程实施就是把新的课程计划付诸实践的执行、开发和维护的动态过程，也是课程理念转化为课程实践的过程。课程实施的评价就是对这一过程的跟踪评价，主要包括教师的教学活动、学生的学习活动以及活动效果的评价，是依据教学目标对教学过程及结果进行价值判断并为教学决策服务的活动，是对教学活动现实的或潜在的价值做出判断的过程。

1. 乡土课程实施评价的基本理念

乡土课程实施评价依据的是发展性评价理念。评价是与教学过程并行的同等重要的过程。评价不是完成某种任务，而是一种持续的过程；评价被用来辅助教育，它是教与学主要的、本质的、综合的组成部分，贯穿教学活动的每一个环节。

评价提供的是强有力的信息、洞察力和指导，旨在促进课程发展。评价的基本目标是为了教育并促进学生的学习，而不仅仅是为了评价学生的表现；评价是为学习服务的，其目的在于提高学生的学习效率，是学习的动力和源泉；评价是为人的终身发展服务的。

评价应体现以人为本的思想，建构个体的发展。评价要关注个体的处境和需要，尊重和体现个体的差异，激发个体的主体精神，以促使每个个体最大程度地实现其自身价值。

2. 乡土课程实施评价的主要内容

（1）学校乡土课程设置的评价。乡土课程设置一般依据学校总课程的安排，根据乡土课程目标螺旋上升，根据乡土课程内容的难易程度，对各年级、各学期的课程内容进行合理配置，课程设置要明确各年级开设的课程内容或科目。例如，小学五年级开设《房山——我为你骄傲》，初中一年级开设《房山文化》（初中全一册），初中二年级开设《房山区地理》，高中开设《房山文化》（高中版）、《地理综合实践》。

课时安排以区课程计划中关于地方和校本课程的实际课时要求为标准进行合理的规划，对乡土课程的实施做出具体的课时设计，将弹性课时和固定课时相结合，使每个学生都能够接受乡土文化的教育。

乡土课程不同于传统的乡土课程，它打破了学科的界限，强调学科之间的交叉融合，因此在教师配备上，可以采取专职教师和兼职教师相结合的方式。

（2）教师乡土课程教学过程的评价。建立以教师自评为主，校长、教师、学生、家长共同参与的评价制度，使教师从多种渠道获得信息，不断提高对乡土课程的认识和实践能力，不断提高教学水平（表2-15）。

表 2-15　对教师乡土课程教学的评价

评价内容	评价参考标准
教学目标： 融通乡土生活，强调学以致用，关注文化的社会功能，传承优秀乡土文化，培育乡土情怀	1.教师对学生关于乡土的各种不同见解和已有经验表示尊重 2.要使学生在决定应该教什么和应当提供什么学习环境的时候，都有真正的发言权 3.要培养学生的协作精神 4.要将学生的乡土意识、乡土情怀和价值观念作为重点加以培养
教学设计： 突出认知乡土、利用乡土和研究乡土的逻辑	1.要有一个包含乡土课程年度目标和短期目标的实施计划 2.要针对乡土学习内容修改与设计课程，使之适合学生的经历、经验、兴趣、认知能力、身心发展水平 3.要体现出不同类型课程中认知乡土、利用乡土和研究乡土的生活逻辑与知识逻辑的统一
管理学习环境： 教师要营造和管理乡土学习环境，为学生学习提供必要的时间、空间和资源	1.安排好可以利用的时间，让学生有机会进行乡土实践活动 2.确保乡土学习空间环境的安全性 3.为学生提供乡土课程学习场地、资源、媒体等 4.指导学生鉴别和选用优质乡土学习资源 5.引导学生参与乡土学习环境的选择与设计
促进教学： 教师要学会利用乡土资源引导学习，将学习活动化难为易	1.组织学生利用乡土资源，围绕驱动性问题进行讨论 2.促使学生认识并担负他们在学习中应担负的责任 3.要认识到学生存在个性差异，并能采取相应的措施，鼓励全体学生都充分参与到学习中 4.要利用学生、有关人员对教学工作的评议，以及与同事间进行的交流、总结改进教学
对学习的评价： 符合乡土情境问题，解决学习的逻辑	1.符合乡土情境问题解决的学习逻辑 2.借助分析评价数据，指导和改进教学 3.要指导学生进行自我评价 4.要向学生、教师、家长、管理者及相关人员报告学生的学习过程和学习效果

（3）学生乡土课程学习过程的评价。从操作层面来看，对学生的评价主要由教师来完成。然而，这种评价应在学校统一安排下进行。在乡土课程纲要的指导下，学校制定科学的、可操作性的评价标准并设计评价工具，支持教师对学生系统地开展评价。此外，教师也应给学生提供机会进行自我评价，促使他们对自己的学习过程进行回顾、反思和评价，培养其学习的主动性和对学习负责的态度。

对学生的评价主要包括以下几方面的内容。

学会学习的技能：承担起乡土学习的责任，并努力让自己变得优秀；运用各种学习策略提高自己的学习水平和学习效果；对自己的学习过程和学习结果进行总结和反思。

扩充并整合知识：乡土课程是一门综合性课程，通过学习能够把不同领域的知识联系起来；运用已有知识获得新知识、发展新技能，并加深对已有知识的理解；能运用多学科知识和技能解决问题，完成任务。

沟通技能：乡土课程是一门实践性课程，学习过程中要综合运用各种交流和沟通的方法达到解决问题的目的。

思考和推理的技能：在乡土课程探究学习中，对解决问题的策略或方法进行有效的评价、改造和利用；通过考虑各种环境中的不确定因素，产生富有创造性的思想。

合作技能：在各种环境下，能与他人一起确立目标并实现目标；能把自己当作集体的一员，评价和管理自己的行为；能解决由于观念、信仰不同而造成的分歧和冲突。

个人与社会责任：在道德和伦理上对个人的行为负责；尊重文化、尊重他人、尊重自己；加深对乡土文化的了解，增强对乡土文化的责任感；行为表现符合一个有责任感的公民的标准。

3.乡土课程实施评价的具体方法

（1）问卷调查法。问卷是一种为了进行统计或调查所用的问题表格或访问表，是对个人行为和态度进行测量的主要技术之一。问卷调查法具有简洁高效的特点，其可以面向数量庞大的群体快速收集所需要的信息，而且便于评价者通过定量分析了解受访对象的总体情况。问卷调查法在对学生进行需求评估和对课程满意度进行调查时使用较多。

问卷调查法的核心是问卷的设计，问卷的主体是问题的集合，可以是封闭式、半封闭式和开放式的问题；也可以采取等级量表的形式，等级量表在评价学生的行为表现和教师的课堂教学等方面十分常见，而且有着其独特的优势。

①封闭式评价。

a.你认为目前乡土课程在哪一方面有待提高？选课方式；课程结构；课程内容；教学方式；课程评价。

b.你最希望参与哪些内容的学习（表2-16）？

表2-16 学习内容选择测评表

选 项	描述学习内容	简要说明理由
A		
B		
C		
D		
E		

②开放式评价。请用简短的语言总结自己本学期学习乡土课程的收获(100字以内)。

(2)表现性评价。在乡土课程学习中,表现性评价是指通过观察学生在完整而真实的乡土学习场景(包含但不限于课堂教学情境)中完成实际任务时的表现来评价学生已经取得的发展成就。它主要是通过对学生的表现进行观察与分析,评价学生在创新能力、实践能力、与人合作的能力以及健康的情感、积极的态度、科学的价值观等方面的发展情况。

美国教育评定技术处在对表现性评价进行界定时指出:"通过学生自己给出的问题答案和展示的作品判断学生所获得的知识和技能。"[15]这个定义有三层含义:学生自己必须给出问题解决方法(即答案)或通过自己的行为表现来证明自己的学习过程和结果,而不是选择答案;评价者必须观察学生的实际操作或记录学业成果;能使学生在实际操作中学习知识和发展能力。

由此我们可以发现,以建构式反应题、书面报告、作文、演说、操作、实验、资料收集、作品展示等为主要形式的表现性评价,充分体现了重视过程评价、质性评价、非学业成就评价等新的评价理念。这种评价方式打破了传统评价僵化、单一的弊端,能够在最大程度上调动学生参与评价的积极性,有利于培养学生的自信心,增强他们的创新意识。例如,主题活动评价法。

主题活动评价法,即对主题活动效果的评价。主题活动是乡土课程的重要教学方式,通常是指学生围绕一个主题,经历从收集材料到呈现成果的完整过程而进行的社会探究活动。主题活动评价的主题是多元的,包括教师、学生、价值等;评价内容包括知识、技能、情感与价值观等方面。这种评价方式有助于调整学生的学习状态,进一步激发学生的学习热情。

①组织报告,班级宣传与动员。课程开始,邀请有关专家作研究指导报告,请他们给予方法上的指导,加深学生对相关知识的了解,激发学生兴趣。

②个人选题,初拟计划与方案。学生按《课题开题报告表》(表2-17),以课题组为单位撰写初步设计。期间,教师对《课题开题报告表》进行适当讲解。

表2-17 课题开题报告表

课题开题报告表			
课题标题		姓名	
指导教师		组长	
课题组成员			
主导课程			
背景简要说明			
课题目的和意义			
活动计划			
预期成果			

③指导教师初审、筛选题目，合并相近选题。

④公布初选题目，学生自由组合形成课题组。

⑤小组选举组长，重新设计研究方案。小组成立后，组长带领组员按照《课题开题报告表》的要求重新设计研究方案。

⑥组织开题报告会，进行方案评审。由教师组成的评审小组按照《课题设计方案评审表》（表2-18）对小组进行方案评审。评审结束，为每个小组填写评审表，提出小组设计方案有待进一步完善的建议。

表2-18　课题设计方案评审表

课题设计方案评审表	
选题意义	方向正确，能解决乡土情境中的真实问题
研究基础	有一定的乡土认知，有相关学科基础
课题设计	目标明确，内容翔实，论证充分，重点突出，思路清晰，方法得当，预期成果明确
研究方法	科学、可行
研究条件	有时间保证，资料、资源丰富，小组分工合理

⑦小组独立实施，教师监控与指导。在规定时间内分别按小组进行活动，活动前，小组必须将活动的详细安排填写在监控表上，书面报告指导教师；每次活动结束，在规定时间内填写并上交活动情况报告表。按主题活动类型的不同，报告表有《乡土课题活动情况记录表》《访谈表》《试验记录表》《导师指导意见表》。这些表格记录了小组活动的开展过程，指导教师据此对小组进行课题实施评审，评审参照《乡土课题实施评审表》，给出小组的课题实施成绩。

⑧个人、小组总结，形成《乡土课题研究成果报告》。

⑨班级展示，同学评议。小组活动成果可以采用文字、模型、图片、照片、声像等形式在班级交流，同学间互相取长补短，交流后小组进一步完善自己的成果。

⑩答辩会，年级报告会。小组提交成果报告并进行答辩，答辩由陈述、展示、提问、回答、评价等环节组成。答辩结束后，课题评审组对成果报告和答辩情况进行综合评价，给出成果报告评阅成绩和答辩成绩，并填写在《乡土课题成果评审表》上。在答辩后，选择比较好的小组，组织年级报告会。

成绩评定。本课程成绩采用综合评定方式。开题报告、活动过程、最后成果都在课程成绩中占有一定权重。成绩评定先以小组计算，小组成绩有以下四个部分构成：开题报告成绩(20%)；课题实施成绩(40%)；成果报告评阅成绩(20%)；成果答辩成绩(20%)。上述四个部分的成绩，根据一定的比例加权，形成最后的小组成绩。

小组评定完成后,组内成员间开展个人成绩评定。按照小组中成员承担任务与发挥作用之大小将他们分成甲、乙、丙三个等级,每个等级对应相应的等级系数(表2-19),这个系数与小组成绩相乘就是小组成员的个人成绩。

表2-19 乡土课题组成员成绩评定表

阶 段	包含步骤	评价项目	评价工具
乡土课程研究选题	①②③④	乡土课题选题初审	乡土课题开题报告表
乡土课题设计	⑤⑥	乡土课题设计方案评审	乡土课题设计方案评审表
乡土课题实施	⑦	乡土课题实施评审	乡土课题活动记录表、访谈表、实验记录表、定时指导意见表
乡土课题总结与成果报告	⑧⑨⑩	乡土课程学习结果评定	乡土课题研究成果报告、乡土课题成果评审表、乡土课题组成绩评定表、乡土课题组成员成效评定表

注:表中序号指的是上述主题活动评价法十个步骤中的相应步骤。

(3)档案袋评价法。一般情况下,档案袋有两种:一种是乡土课程发展档案袋,包括教师的工作日记、会议笔记、教学后记、工作总结、实验报告、课程故事、访谈记录等。教师也可以经常对所搜集的各类材料进行筛选加工,区分主次,边搜集边利用,边使用边补充,通过这种经常性地接触相关材料,也能够加深印象。另一种是学生乡土学习情况档案袋,包括学生的作业、参与程度、课堂表现记录、相关作品、获得的奖励与表扬、考试的试卷与评分等。

档案袋内容由师生商议决定,没有固定模式。"档案"的内容主要包括学生的学习情况;有目的汇集起来的材料;表现学生在一个或多个领域中所做出的全部努力、进步、学业成就等的资料。可以说,档案袋应该包括学生认为能够展示其成就的任何作品。档案袋评价,注重学生的自我接受、体验、展现和反思,强调学生参与(制作档案袋),使学生在体验中认真反思他们的作品、知识和理解。同时,档案袋成为教师、家长及相关社会人士沟通的平台。这种评价方式,无论是对学生自己,还是对教师、家长都是一种非常有效的评价方式。

除此之外,还有以下几种方法。学生自评法,即学生对自己在乡土学习中学习态度、策略和效果等方面的评价。这种评价有助于学生明确影响学习的因素,逐步培养其评价、调控自己学习活动的习惯和能力。小组评价法,即小组对其他人在学习中学习态度、策略和效果等方面进行评价。这种评价有助于学生逐步养成尊重、理解、欣赏他人的态度,拓宽自己的视野和胸怀。个案分析法,即教师对某个学生的特殊情况进行评估的方式。

这种评价有助于教师因材施教和个别化教学，促进学生进步。作业评价法，即教师对学生作业、作品完成质量的评估。教师可通过手机查看学生的作业、作品等，从学生的完成情况判断其有关能力和水平。这种评价有助于了解学生一段时期以来的成长轨迹。

我们在具体的乡土课程实施评价过程中，应该结合乡土课程及学生的实际，灵活运用并创造出多种合理的评价方法，并注意各种评价方法的整体组合和综合运用。

（4）学习效果的评价。课程的本质是育人，促进学生"知、情、意、信、行"的统一，让学生在知识与能力、过程与方法、情感态度与价值观念方面得到提升，是乡土课程追求的目标。乡土课程项目学习评价表，如表2-20所示。

表2-20 乡土课程项目学习评价表

评价维度	评价指向	评价内容	评价项目（或活动）
知	认识认知	对乡土环境、乡土文化、乡土问题、未来发展等的认识和了解	知房山、爱房山知识竞赛 北京历史文化知识竞赛 演说家乡/中国
情	情感情怀	热爱乡土，有精神归属感，由爱家到爱国	讲家乡事 演家乡剧 写龙乡人（龙乡新芽）
意	意志意念	立足乡土，面向世界，为梦想坚持不懈、不断努力	我的成长计划书 "中国梦·赤子心"游学活动 穿越时空的对话
信	文化自信	对乡土文化的优越感和自信心，自觉担负新的文化使命，看待问题具有一种唯物的眼光、历史的视野	"一轴两带三区" "一带一路" "龙乡情，祖国颂"
行	行动行为	用心去了解所在的这片土地，尝试与它沟通、联结，再为它做你力所能及的事情	我是小小宣讲员 我为家乡代言 我为家乡建言献策 文化传承，我先行 文化创意设计（包含文化色彩和文化符号）

二、乡土课程开发与实施的组织管理

（一）建立乡土课程组织管理机构

成立房山区乡土课程领导小组和工作小组，领导小组负责乡土课程的规划、保障和监督工作，工作小组负责乡土课程的实施、管理与评价等工作，教研部门建立教研交流制度，建设乡土课程资源网络系统，加强乡土课程资源库的建设，做好乡土课程资源的储备和管理工作。学校在课程管理中,要根据区级部门的要求,正确处理好三级课程之间的关系,保证各类课程的合理比例,充分发挥乡土课程对学生发展的独特价值。

(二)制定乡土课程开发与实施方案

根据国家关于基础教育课程的相关规定,从区域实际情况出发,在充分研究和论证的基础上,整体规划乡土课程建设,制订课程实施计划。课程实施计划包括指导思想、基本要求、实施规划、课程设置与课时安排、课程纲要的具体执行、课程的组织实施、课程评价的指导、课程管理的有关要求以及主要措施等。

(三)开展乡土课程师资培训

规划并组织好对教育行政人员、校长及教师的培训工作,依据"边培训、边研究、边开发"的原则,加强培训资源建设以及对乡土课程师资培训的研究工作。通过理论学习、专题研讨、重点培训、实地考察、定期交流等多种形式,对中小学教师进行全员培训,以确立新的课程理念,理解课程目标与方向,明确乡土课程开发与实施要求,提高乡土课程的实施能力和研究能力,逐步形成"培训、管理、研究"一体化的良好运行机制,推动乡土课程师资培训工作质量和效益的不断提高。

(四)建立乡土课程资源库

乡土课程资源直接影响着乡土课程的开发和实施,教师实施乡土课程的效果如何,在很大程度上也取决于乡土课程教学资源储备量。可以说,没有丰富的乡土课程资源就不可能形成乡土课程特色,没有足够的乡土课程教学资源的积累,也不能有效地推进和实施乡土课程。此外,乡土课程在课程建设、师资培训等诸多方面,也需要课程资源的跟进和完善。因此,为有效推进乡土课程的建设和发展,有必要以资源库的形式对乡土课程资源进行管理。

1.传统资源库

传统资源库是指以物质形式直接呈现的乡土课程资源的总和。其主要由以下几类资源组成:教材、纸质参考资料、参考书籍、光盘、政策法律法规等,不同类型的资源,其作用和价值不同,使用的方式也不同(表2-21)。

表2-21 乡土课程资源分类与作用

序 号	资源类型	作 用	举 例
1	教材	在乡土课程实施过程中,直接作用于教师的教和学生的学	《房山——我为你骄傲》《房山文化》《房山区地理》《高中地理综合实践》等教材
2	参考资料	在乡土课程建设与实施过程中,为课程的开发与教师的教学提供支持	各场馆宣传册、乡土志等内部资料
3	参考书籍	在乡土课程建设与实施过程中,能够促进课程建设,提高教师对乡土的参考书籍的认知	《地方课程概论——兼谈〈房山文化〉开发与实施》[16]等

续 表

序 号	资源类型	作用	举例
4	光盘	通过计算机技术,将课件、影像、图片等教学资源刻录成光盘,在乡土课程实施中可以直接利用	《遇见房山》宣传片、《房山文化》BDS录课集、《地方课程优秀教学设计合集》等
5	政策法律法规	与乡土课程建设相关的政策法规,能够提高师生对课程的正确认识,并促进行为的改进	区域地方课程规划、区域课程教材管理办法等

2.网络资源库

网络资源库是指利用信息科技手段,对课程资源进行整合,最终建成的共享式资源仓库。这种资源库是依托计算机网络建立的,可以通过 Internet 访问实现共享、互动。无论是何种形式的网络乡土课程资源库,与传统乡土课程资源库相比,其在服务、资源、平台、管理等方面都彰显了强大的功能优势。

网络教学资源库是开展教学活动的重要保障,随着网络资源的逐步拓展,网络教学资源越来越丰富,教学资源的有效开发和利用越来越成为课程教学的重要手段。建设好网络资源库,能够为各类学习对象提供高效的信息资源,为师生教学活动提供方便快捷的存取功能,有效促进教学质量和水平的提升,同时能够为教育教学管理者提供资源访问便利与评价分析资源(表2-22)。

表2-22 网络资源利用与作用

功能目标	专题栏目	二级栏目	内 容	主要作用
乡土课程资源建设	新闻动态		介绍乡土课程建设中的关键性事件	让教师能够及时了解与乡土发展有关的动态
	资源下载	教学设计	根据课程内容和要求,提供教学设计、教学案例、教学课件以及相关图片,供教师下载使用	可直接用于教学,也可作为制作课件或教学设计的原材料
		案例精选		
		课件下载		
		图片下载		
	经验论文		乡土课程实践中的专题研究、经验总结	让教师了解乡土课程的经验做法,启发思考,相互借鉴
	文化园地		乡土特色文化,如"人之源""城之源""都之源"等	让教师了解乡土文化名片
	法律法规		乡土课程建设中的法律法规	掌握有关法规信息,补充教学资源
	课程开发		各类乡土课程纲要、教材、教参、读本等	直接作用于教师的教学
	友情链接		与乡土相关的网站链接	开阔视野,相互借鉴

三、乡土课程开发与实施的动力保障

（一）健全多方联动保障机制

建立了区委、区政府、人大、政协部门支持，市教委立项、审批，区委组织部立项资助、区教委直接领导与策划，区委宣传部、文委、文联、史志办等协同，人教社、市教科院、市课程中心等有关专家直接指导，乡土课程项目组（教材编委会和教材编写组）开发，全区各中小学实施的机制，保障了乡土课程开发与实施的高效运行（图2-1）。

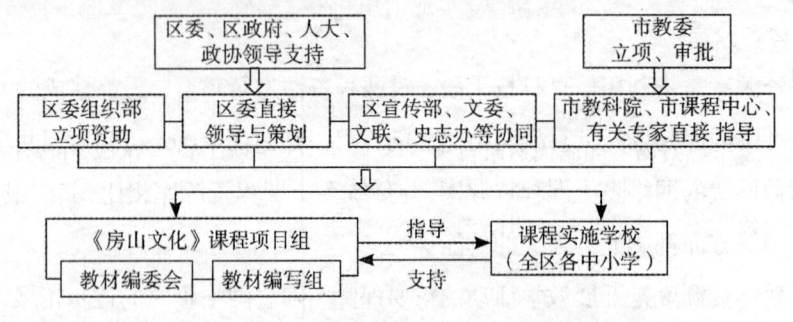

图 2-1 乡土课程开发与实施保障系统

（二）建立乡土课程运行机制

经过十几年的乡土课程育人实践，在行政推动、项目驱动、部门联动和典型带动的机制引领下，形成了"全域性、全程性、全员性和一体化"的区域运行模型。"全域性"是指在乡土课程实施中，采取国家课程融入、地方课程为主、校本课程结合的方式，覆盖学校三级课程。"全程性"是指学生研学几乎遍及区内各大教育场馆（基地）。"全员性"是指人人参与。"一体化"是指小学、初中和高中学段的一体化推进（图2-2）。

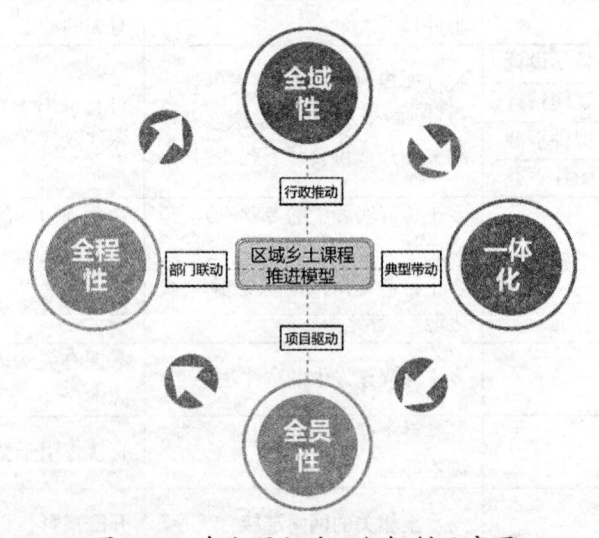

图 2-2 乡土课程的运行机制示意图

（三）形成乡土课程激励机制

教育行政部门制定《乡土课程实施方案》，规定开设乡土科目，设计基本课时，并把乡土课程开发与实施情况纳入督导评估范围，督查学校必须选择性地开设乡土课程，并与学校发展相结合。

学校鼓励相应学科教师积极承担乡土课程的开设工作，实施乡土课程的工作量也要纳入教师的绩效考核，乡土课程教师同其他学科教师同样享有评优、评先资格；定期开展乡土课程教学设计、教学课例展示、教学论文、课程故事、指导学生作品等征集评选活动；鼓励教师围绕教学质量的提高积极开展教学研究，因地制宜地开展多种形式的教研培训活动，促进教师在教学和研究工作中进行富有成效的合作，合理安排教师进行学术休假和进修，以促进教师学术水平的不断提高和教学方法的不断改进。

乡土课程的学习与学生综合素质评价相对接，考核结果纳入学生学业水平档案。常见的激励方式是通过项目、任务或活动的设计，给学生搭建各种展示的舞台，如"知房山，爱房山"知识竞赛，"龙乡情，祖国颂""中国梦赤子心"演讲活动。此外，《龙乡新芽》文学刊物，给中小学生提供了一个书写家乡人和家乡事的平台，以表达自己对家乡的情怀。

对乡土课程开发与实施过程中有价值的研究成果，通过申请后可给予经费资助，用以出版，把实践中的有效经验进行推广和辐射。

总之，学校应该建立乡土课程建设长效激励机制，发挥激励的导向效应，并在提升学生的实践能力、创造能力和创新能力方面都被证明有效，同时此机制能带动乡土课程建设水平的不断提高，让乡土课程与时俱进，不断迭代升级。

注释

[1]中共中央,国务院.中共中央 国务院关于深化教育教学改革全面提高义务教育质量的意见[EB/OL].(2019-07-08) [2021-11-03] http://www.gov.cn/zhengce/2019-07/08/content_5407361.htm.

[2]联合国教科文组织.学会生存[M].北京：教育科学出版社，1996:54.

[3]中华人民共和国教育部.普通高中课程方案（2017年版2020年修订）[M]. 北京:人民教育出版社,2020.

[4]石桂梅.房山区地理[M]. 北京:中国地图出版社, 2010.

[5]覃遵君.房山文化（初高中合用）[M]. 北京:中国劳动社会保障出版社, 2011.

[6]覃遵君.房山文化（初中全一册）[M]. 北京:首都师范大学出版社, 2015；覃遵君.房山文化（高中全一册）[M]. 北京:首都师范大学出版社, 2015;覃遵君,苏万青. 房山文化

教师教学用书(初中全一册)[M]. 北京:首都师范大学出版社,2015;覃遵君,苏万青. 房山文化教师教学用书（高中全一册）[M]. 北京:首都师范大学出版社,2015.

[7]中华人民共和国教育部.教育部关于全面深化课程改革落实立德树人根本任务的意见[EB/OL]（2014-04-08）[2021-11-16]. http://www.moe.gov.cn/srcsite/A26/jcj_kcjcgh/201404/t20140408_167226.html.

[8]中华人民共和国教育部.普通高中教科书 历史 必修 中外历史纲要（上）[M]. 北京:人民教育出版社,2019.

[9]凸凹.大猫[M]北京:北京日报出版社,2014.

[10]凸凹.玄武[M]南京:江苏文艺出版社,2008.

[11]凸凹.玉碎[M]北京:北京日报出版社,2014.

[12]郑为川.泰勒模式评介[J]. 山西大学师范学院学报（综合版）,1993.

[13]郑莹莹.CIPP评价模式在教学评价中的应用研究与实践反思[J]. 数学教学通讯,2021.

[14]朱靖华.苏轼词新释辑评[M]北京：中国书店，2007.

[15]周文叶.陈铭洲.指向核心素养的表现性评价[J].课程.教材.教法,2017

[16]覃遵君.地方课程概论——兼谈《房山文化》开发与实施 [M].北京:首都师范大学出版社，2018.

第三章
房山乡土课程专题研究

第一节 ⬡

房山乡土课程开发与实施专题研究

第二节 ⬡

房山乡土课程开发与实施相关专著

第三章 章节提要

◇ **第一节 房山乡土课程开发与实施专题研究**

本节主要介绍了四份课题报告：一是《房山区乡土课程开发与实施研究》的开题报告；二是《"返乡·远行"乡土课程育人的区域性实践研究》成果报告；三是《房山文化》课程教材系列开发与实施研究报告；四是《开发实施乡土课程 全面发展素质教育》阶段性成果报告（论文）。

◇ **第二节 房山乡土课程开发与实施相关专著**

本节主要介绍了两本与房山乡土课程开发与实施相关的专著。

第一本《地方课程概论——兼谈〈房山文化〉》深入探讨了地方课程开发与实施的基本内涵、内容选择、主要特征、程序方式、基本原则、评价与管理等。

第二本《区域课程教学改革的实践探索》从理论与实践相结合的角度，介绍了我国课程改革的主要背景、发展方向，明确了适应新课程改革必须树立的课程理念和基本观念，以房山区域课程改革为例，探讨和回答了课程改革相关的重大理论和实践问题。

第三章 房山乡土课程专题研究

第一节 房山乡土课程开发与实施专题研究

《房山区乡土课程开发与实施研究》开题报告

房山区乡土课程项目课题组

一、研究背景

（一）落实立德树人，培育乡土情怀

乡土文化是民族发展过程中创造的物质财富和精神财富的综合体现，具体包含与农村相关的历史地理、民俗风情、传说故事、古建遗存、名人传记、传统技艺等方面。它是民族传统文化的重要载体，是培育学生故乡情和中国心的重要资源，是时代赋予学校教育的重要使命，是落实"立德树人"这一根本任务的有效渠道。乡土课程是以乡土文化为课程资源，让学生走向乡土，走向社会，在真实的生产生活情境中，亲身体验，深入了解中国文化，从中吸收养料，滋养心灵，追根溯源，研究地域文明的发展轨迹，寻找中华民族的"根"，激发学生强烈的情感体验，提升学生对乡土文化的认同感和精神归属感。学生通过学习乡土课程，能够了解乡土文化的丰富内容和深刻内涵，从而培育乡土情怀。

（二）深化课程改革，形成区域特色

将乡土文化融入当下生活，充分挖掘和利用身边可触、可感的教育资源，给学生提供实践和体验机会，引导他们思考和探究问题，是中小学课程教学改革的方向之一，也是中高考改革方案中的一个导向，更是尊重教育规律，回归教育本源的重要举措。乡土课程不仅可以培育学生的家国情怀，还有助于丰富学生的生活，强化国家课程，促进课程标准达成。此外，在实践层面上，还能把跨学科知识、技能、方法进行综合应用。在教育百花齐放的时代，各个区域的课程改革在具体实践中都会逐渐形成自己的特色，而这种特色的形成很大程度上与不同的课程资源有关。区域特色课程若能得到相应支持，会更容易落实，若能再建设相应的专题体验场所或课程实践基地，培育特色教师，区域特色课程便会得到更好的发展。

（三）立足实践基础，构建课程图谱

房山区乡土教材的使用和乡土课程的实践已有20多年的历史，在新课程改革之前，房山区主要通过乡土教材进行课堂教学，如《乡土历史》《乡土地理》等。在新课程改革实施三级课程管理之后，区域有了一定的课程空间，在原有乡土教材的基础上，经过不断优化和完善，相继完成了《房山——我为你骄傲》（小学）、《房山文化》（初中）、《房山文化》（高中）、《房山区地理》（初高中）[1]地方课程的开发与实践，学校也自主开发了一些其他的乡土课程，在十几年的改革实践中，这些课程充分发挥了育人功能。

党的十八大明确提出把立德树人作为教育的根本任务，随着课程改革的全面深化、中高考改革方案的逐步落地，特别是房山在首都区域功能的新定位，现有的乡土课程已不能满足学生的发展需求。例如，从学校层面看，其自主开发的乡土课程比较零散，而且由于教师的时间、精力有限，课程开发经验与能力不足，导致乡土课程质量不高，难以达到预期的效果；从区域层面看，已经开发的乡土课程也未能与学校课程和中高考改革有效衔接，操作性和实用性不强，而且缺乏整体规划。无论是纵向贯通，还是横向衔接，都遇到了瓶颈。所以，迫切需要优化现有课程，构建乡土课程体系，系统设计和合理开发乡土课程。

二、研究意义和价值

（1）本课题研究，有助于学生传承乡土文化，培育学生的乡土情怀，引导学生做有根的人。

（2）本课题研究，能促进学校课程的本土化实施，拓展课堂教学的时间和空间，转变学生的学习方式，培养学生在真实情境中发现问题与解决问题的实践能力，促进学生由被教会向主动学会转型，提升教师的课程开发意识与能力。

（3）本课题研究，能够为乡土课程的探索、开发与实施提供有价值的实践范式。

三、文献综述

（一）国外研究现状

1.乡土教育思想的渊源

此处分析从略，可参见第一章第一节。

2.乡土教材的发展概况

此处分析从略，可参见第一章第一节。

3.乡土课程资源的开发利用

（1）理论层面。1975年，坦纳夫妇认为，泰勒课程编制的目标模式在内容来源上忽

视了社会、学习者和学术知识对目标的影响，于是学术界慢慢将课程研究对象由课程来源转变到课程资源上。[2] 1985 年，泰勒在为《国际课程百科全书》撰写课程资源条目时指出，从课程目标、教学活动、教学活动组织、课程评价四个方面来表述课程资源，能够帮助教育工作者树立开发、利用课程资源的意识。[3] 课程资源问题由此正式进入课程研究者的视野。当前，很多发达国家比较推崇教育资源的多元化发展，对课程资源的重要性和重要地位也早有研究和认识，教师对课程资源也有很强的自主意识和开发能力，他们能够依据本地实际和教学需要并结合学生的具体情况，利用各种途径获取课程资源。

（2）实践层面。在现代课程论诞生之初，课程资源仅仅局限于教材知识，以及一些与学校教育直接相关的教育场所与设施，如学校图书室等。随着社会经济的不断进步和课程资源研究的逐步深化，课程资源的概念得以扩展，范围不断扩大，种类有所增加。

事实上，在英、美等教育分权的国家，地方课程是作为乡土课程而存在的。例如，20 世纪 80 年代以来，美国通过采取博物馆—学校和学校—商业这两种模式，对乡土课程资源进行利用，这对于解决校内课程资源的短缺问题起到了积极作用。[4] 进入 21 世纪，世界上很多的国家和地区开始加强终身教育、本土教育和环境教育，开始重视学校教学同周边自然和社会资源的结合，使课程资源的开发与利用迈上了一个新的台阶。而且，随着社会信息化步伐的加快，很多国家和地区开始利用网站开发网络课程资源，各种各样有形的、无形的社会资源被纳入课程体系中来，丰富和发展了课程资源的内涵与外延。

近年来，无论是欧美还是世界上其他地区和国家，都开始重视乡土资源开发与课程教学的结合。多种多样的实践活动丰富了乡土课程资源开发与利用的形式和内容，促使传统的课程理论与实践开始发生转变，这对打破传统的国家课程开发与管理模式、丰富和完善乡土课程资源开发的理论知识具有重要意义。

（二）国内研究现状

1.乡土教材历史沿革

此处分析从略。

2.乡土教材研究现状

此处分析从略。

3.乡土课程研究的切入点

基于研究背景和文献综述，本书提出以下几个切入课题的问题：

（1）构建一个什么样的乡土课程体系，才能够系统地、持续地培养学生的乡土情怀，助力当今课程改革难题的突破与行动牵引。

（2）从学生发展核心素养角度考虑，如何明确乡土课程开发与实践的逻辑思路及策略方法。

(3）能否建立房山区乡土课程开发与实践模型，形成对区域乡土课程建设的一般性认识。

四、核心概念界定

（一）乡土
此处分析从略。

（二）课程
此处分析从略。

（三）乡土课程
此处分析从略。

五、研究目标与内容

（一）研究目标
（1）基于已有的乡土课程基础和中高考改革导向，构建一个与学校课程有效对接、实践性强的区域乡土课程体系。

（2）聚焦学生发展素养，探索课程开发与实施的基本策略。

（3）结合相关理论，总结提炼出房山区乡土课程建设模型。

（二）研究内容
研究内容主要是基于研究目标展开实践，包括房山区乡土课程体系构建研究、房山区乡土课程开发与实施策略研究和房山区乡土课程建设模型研究。

1.房山区乡土课程体系构建研究

基于乡土课程的功能定位和拟解决的实际问题，明确房山区乡土课程体系构建的基本理念、内涵与外延，勾勒乡土课程体系。

2.房山区乡土课程开发与实施策略研究

基于学生发展核心素养，对乡土课程开发中的核心问题进行深度透析，确定开发的基本原则、技术路线以及具体的方法过程等。

3.房山区乡土课程建设模型研究

以系统论、课程论等理论为指导，总结提炼房山区乡土课程建设模型，从中获得关于这类课程构建的一般认识。

六、研究假设与创新点

（一）研究假设
（1）乡土课程体系的构建能够为系统、持续地培养学生的乡土情怀提供一个有效载体。

（2）乡土课程的开发与实施能够与学校课程有效对接，尤其能为国家课程的有效实施提供较好的环境支持。

（3）乡土课程建设能够助力区域课程特色的形成。

（二）拟创新点

本课题研究拟在以下两个方面有所创新。

1.课程理念的三个对接

基于三个"对接"设计课程体系：一是与《中小学德育工作指南》[5]中的育人要求对接，增强育人性；二是与学校课程建设对接，增强融合性；三是与教师教学对接，增强实用性。

2.课程体系的一体化设计

本课题研究重在构建一个小学、初中、高中纵向贯通，国家、地方和校本课程横向衔接，教材、手册、基地相互支撑的房山区乡土课程体系。

七、研究重难点

（一）研究重点

本课题的研究重点是房山区乡土课程的体系设计。房山区历史文化底蕴深厚，有很多丰富的、有价值的自然和人文资源，但如何将这些散乱的、无序的资源进行结构化设计，使之成为一个整体，并能和学校课程有效对接，让课程与课程之间形成一个有机网络，形成科学的、有特色的区域乡土课程体系是本课题研究的重点内容。

（二）研究难点

1.乡土课程内容的选择和确定

乡土课程资源很多，在内容选择时如何遴选和甄别出最有价值的内容，使之既经典又科学合理，同时适合学生发展，对于课题组来说是个很大的挑战。

2.乡土课程内容之间的纵横衔接

乡土课程体系建设是一个系统工程，既要从宏观上确定乡土课程的内容，又要从中观上选择适合不同学段的内容，更要从微观上考虑不同学段、不同学科之间内容的有效衔接，这也让课题组不易把握。

3.乡土课程实施的策略与方法

根据本地和本校实际，优化乡土课程教学策略与学习策略，选择适合的方式方法，发挥乡土课程的育人功能，是乡土课程实施面临的重要难题。这个难题不解决，即使编出了很好的乡土教材，也很难有效实施。

八、研究思路与方法

（一）研究方法

1. 文献研究法

通过搜集、鉴别、整理有关乡土、乡土教育、乡土教材、乡土课程方面的文献，提炼出当前最新、最具有价值的研究成果，用于指导本课题研究，明确研究方向与研究路径，使课题的研究成果具有科学性与前瞻性。

2. 调查研究法

本课题通过问卷调查、访谈、实地考察等不同方法摸清区域乡土教育资源的现状，了解问题，积极吸纳建议，对本土教育资源进行正确取舍，精心挑选，整理架构，系统设计。

3. 案例分析法

以相对成熟的其他区域乡土课程，如上海的"生态崇明"、北京市门头沟的"四大实践基地"等，以及房山区一些优质的乡土课程案例为分析对象，研究它们的乡土课程开发实践模式，从而为本课题研究提供思路与经验。

4. 行动研究法

围绕"优化乡土教材实施""基地课程开发""学科乡土资源建设"等方面，边研究、边实践、边总结、边反思，在行动中不断开发与改进。

5. 经验总结法

在研究过程中，以正确的课程思想为指导，不断对课程开发实践进行归纳与总结，分清现象与本质、必然与偶然，使之系统化、理论化，形成既有先进性、科学性，又有代表性和普遍意义的乡土课程体系构建经验。

（二）技术路线

本课题研究的技术路线图如图3-1所示。

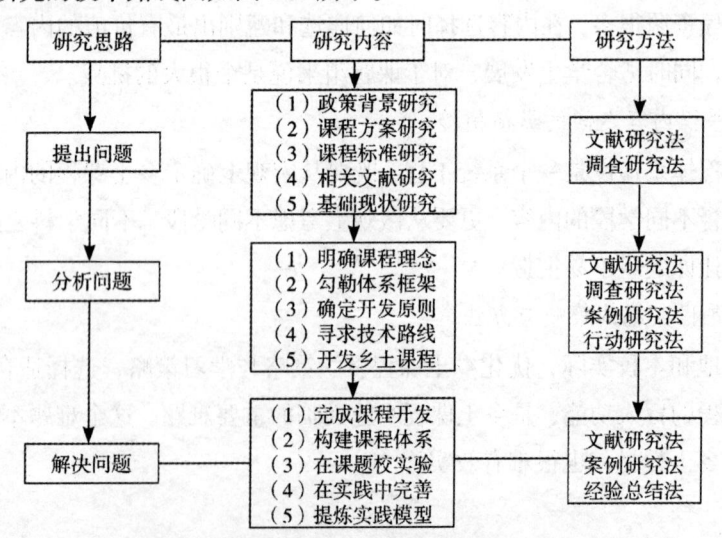

研究思路	研究内容	研究方法
提出问题	(1) 政策背景研究 (2) 课程方案研究 (3) 课程标准研究 (4) 相关文献研究 (5) 基础现状研究	文献研究法 调查研究法
分析问题	(1) 明确课程理念 (2) 勾勒体系框架 (3) 确定开发原则 (4) 寻求技术路线 (5) 开发乡土课程	文献研究法 调查研究法 案例研究法 行动研究法
解决问题	(1) 完成课程开发 (2) 构建课程体系 (3) 在课题校实验 (4) 在实践中完善 (5) 提炼实践模型	文献研究法 案例研究法 经验总结法

图3-1 乡土课程项目研究技术路线图

九、研究计划与人员分工

（一）研究计划

1.准备阶段（2019年3月至2019年9月）

（1）政策学习，把握立德树人的精髓，了解国家对乡土教育的相关要求。

（2）文献研究，了解国内外乡土、乡土教育、乡土教材和课程的历史与现状。

（3）调查研究，分析房山区乡土课程建设现状。

（4）组建团队，撰写立项申报书。

2.研究阶段（2019年10月至2021年6月）

在学习、调查和研究的基础上，勾勒区域乡土课程体系框架，开发系列乡土课程。

（1）第一阶段（2019年10月至12月）。

①勾勒房山区乡土课程体系框架。

②研制房山区乡土课程建设指导纲要。

③研究基地实践手册和资源拓展手册模板。

④完成开题论证。

（2）第二阶段（2020年1月至2021年6月）。

①优化现有乡土教材内容及实施策略。

②研究12个基地实践手册的编写（小学、初中、高中），并开展实验。

③研究政治、历史、地理（中学）乡土资源的开发，并开展实验。

3.结题阶段（2021年7月至2021年12月）

收集、归纳、整理课题研究的相关资料；总结各项研究成果，编辑研究成果集，撰写结题研究报告。

（二）成员职责与分工

课程组人员职责与分工如表3-1所示。

表3-1　课程组人员职责与分工

序　号	主要职责	负责人
1	课题总体方案设计	此处从略
2	全程指导各阶段研究	此处从略
3	课题区域顾问、专家	此处从略
4	课题召集人，组织、协调	此处从略
5	文献研究、调研报告	此处从略
6	开题报告	此处从略
7	课程纲要撰写	此处从略

续 表

序 号	主要职责	负责人
8	乡土教材优化	此处从略
9	基地实践手册编写	此处从略
10	政史地乡土教材开发与编写	此处从略
11	做好与课题研究相关的信息收集和管理工作	此处从略
12	结题报告	此处从略

十、研究基础与条件保证

（一）人员保障

本课题主持人具有正高级职称，既是行政领导，又是学术行家，是整个课题研究的策划者、设计者和指导者，能为课题研究提供智力支持和人财物方面的保障。

在课题组核心成员中，有3名正高级教师、2名特级教师、2名专修课程与教学论专业的硕士毕业生，其余多为学校中层领导和学科教研负责人。所有核心成员都曾主持和参与多项市区级及以上课题研究，教育科研成果丰富。这样一支素质高、业务强、能奉献的精干队伍为本课题研究提供了人力保障。

（二）研究基础

2001年新课程改革以前，房山区就对乡土教材进行过研究，三级课程管理制度实施后，在区域层面先后开发了《房山文化》《房山——我为你骄傲》《房山区地理》等具有浓厚乡土特色的地方课程教材，并通过了北京市教委的初审或审定，进入了北京市中小学教材目录，在房山区全面投入使用。同时，不少学校自主开发了一些乡土课程作为校本课程进行实验，这些都为区域乡土课程体系的构建奠定了研究基础。

（三）经费支持

"房山区乡土课程的开发与实践研究"课题于2019年成功申请了30万的研究经费，这为本课题的专家指导、教师培训、研讨交流、外出考察、印刷出版等提供了物质保障，为课题的深度研究提供了动力支持。

十一、预期成果

预期成果主要有研究报告、课程纲要、乡土教材、实践手册、资源手册和专著，如表3-2所示。

表 3-2 预期成果表

序号	成果名称	成果形式
1	房山区乡土课程开发与实施研究报告	研究报告
2	乡土通识课程	课程纲要、教材
3	乡土学科课程	课程纲要、教材、资源手册
4	乡土实践课程	课程纲要、实践手册
5	乡土课程理论与实践研究	专著

十二、经费保障

本课题资金投入预算总额为 30 万元。其中，专家指导费 6 万元，会议费 2.7 万元，培训费 1.8 万元，印书出版费 12 万元，培训学习（包括书籍费用）、餐费、租车费共计 7.5 万元。

《"返乡·远行"乡土课程育人的区域性实践研究》成果报告

房山区乡土课程研究项目组

房山区有着底蕴深厚的文化资源，70 万年的人类发展史，5000 年的文明史，3000 多年的建城史，跌宕起伏、绵延不断，形成了以"人之源"（周口店北京人遗址）、"城之源"（西周燕都遗址）、"都之源"（金朝遗址）为核心的独一无二的北京源文化金名片。不仅如此，房山区还有堂上村"没有共产党就没有新中国"纪念馆、黄山店村"红色背篓精神"传承教育基地等众多重要的红色资源。同时，房山作为首都的"生态涵养发展区"，是首都重要的生态屏障和水源保护地。这些资源如同一颗颗熠熠生辉的珠宝，与学生的生活和成长紧密相关，有利于学生践行社会主义核心价值观和弘扬中华优秀传统文化。

一、问题的提出

"'返乡·远行'乡土课程育人的区域性实践研究"是以区域教育行政和业务部门牵头，全区中小学校参与，深化区域教育改革，落实立德树人这一根本任务的一项行动研究。该研究历时 15 年，经过 4 个阶段的发展，力图解决以下关键问题。

（1）如何让学生心系根脉，实现从爱乡土到爱国家的根本转变，实现无论是留守乡土，还是远走他乡，都能在人生的大道上越走越远的人生目标。

（2）建设一个什么样的乡土课程体系，才能够有效地让学生认同本土文化，传承和传播中华优秀传统文化。

(一)逻辑基点:培养时代新人,养其根而俟其实

实现中华民族的伟大复兴是几代中国人的夙愿。要实现这一奋斗目标,必须通过教育实现立德树人,培养有理想、有本领、有担当的社会主义合格建设者和可靠接班人。这样的建设者和接班人必须对民族有强烈的归属感,并且要毅然地承担振兴民族的责任;他们的身上一定要有民族文化的深刻烙印,从他们的身上能鲜明地看到他们的来处;他们既是文化得以传承的一颗颗果实,也是文化得以继续传承的一粒粒种子。"树高千尺,缘于根深""养其根而俟其实",无论遇到什么狂风大浪,他们都能风吹不倒,浪打不翻。只有这样的人才能成为民族的脊梁,才能担当国之大任。

(二)实践诉求:立足乡土文化,培根铸魂育新人

1.乡土文化价值

文化是民族之根、精神之魂。乡土文化不仅是中国传统文化遗产的有机组成部分,还是中华民族的精神寄托,是人们的精神家园,是培育学生故乡情和中国心的重要资源,是落实"立德树人"这一根本任务的有效渠道,是时代赋予学校教育的重要使命。

2.乡土文化失语

随着全球化和城市化进程的日益加快,多元文化的不断碰撞、融合,以及教育信息化带来的教育理念创新和课程教学的深刻变革,教育在追求现代化的过程中表现出了不同程度的乡土文化"失语"现象。虽然新课程改革以来国家调整了课程结构,给了地方课程一席之地,各地也利用乡土特色资源相继开发了一些课程,但是多年来的实践表明,很多地方课程已经成为"鸡肋",食之无味,弃之可惜。因为国家课程是国家意志的体现,其地位丝毫不能动摇,校本课程体现了办学特色,学校自然会用心开发,而承载乡土文化的地方课程显然没有得到学校的重视。学校教育以升学、逃离本土社会、进入主流社会作为强势价值渲染,本土文化不足以为个人生存提供精神的支持,导致青少年生存焦虑与精神迷失。

3.教育实践诉求

为落实"立德树人"这一根本任务,培养学生的家国情怀,发展学生的核心素养,使其承担民族复兴之大任,多年来,房山区一直不遗余力地将乡土文化融入教育。"一方水土养育一方人",育好一方人就要用好一方土。教育需要地区相应文化背景的全面滋养,需要本土文化的悉心呵护,只有这样,才能将"根"植入人的血脉,才能全方位地滋养人的精神。

(三)基本假设:乡土课程可以让心灵在"返乡"中"远行"

乡土课程受到了社会主义核心价值观的浸润,有助于中华优秀传统文化的弘扬。乡土课程通过全域性、全程性、一体化实践,引导学生探寻乡土历史之根、乡情亲情之根,探寻优秀传统文化之根,探寻人类文明之根,加强乡土认同,树立文化自信,激发使命

担当，把乡土、乡愁的根扎在自己心中，铸就爱家卫国之魂，同时为学生的成长和"远行"注入心灵的滋养，让其飞得更"高"，走得更"远"。这就是固本工程、铸魂工程和打底色工程。

二、解决问题的过程与方法

从 2007 年至今，房山区的乡土教育实践大致经历了以下四个阶段，每个阶段所处的时代背景不同，解决问题的过程和方法也不同。

（一）实施"独立授课+学科融合+特色作业本"——"知"乡土（2007—2015 年）

为了让学生知家乡、爱家乡，在三级课程管理政策引导下，在特级教师团队带领下，房山区从 2007 年 9 月开始启动课程的开发工作，先后研发了《房山——我为你骄傲》《房山文化》《房山区地理》课程，并于 2010 年 9 月经北京市教材审查委员会初审通过。同时，编印了配套的《教师教学用书》，从 2012 年 2 月开始在房山区各中小学全面投入使用。为了有效实施地方课程，2011 年 12 月，区教委印发了《房山区中小学地方课程实施方案》，各学校根据全区实施方案，结合各校特点，制订了具体的实施方案，并形成了以下三种基本的课程实施方式。

1. 独立授课

为了保证师资、课时和实效，部分学校安排专门的教师进行独立授课，《房山文化》18 学时，《房山区地理》12 学时，《房山——我为你骄傲》12 学时。2012 年，《房山文化》参加北京市 BDS 录课，制作涉及全书内容的 12 节，通过网络和歌华有线面向全市播出。

2. 学科融合

地方课程在内容上与国家课程有紧密联系，在实施过程中，学校把有关内容进行分解，让相应学科教师承担教学任务，如历史文化部分由历史教师承担，地理文化部分由地理教师承担，将相关联的内容与学科融合，这样既避免了重复，又节约了时间。

这一时期的乡土课程是以地方课程的形式呈现的，使用的是地方教材，主要内容是乡土文化知识，主要学习方式是接受式学习，主要教学目标是让学生知乡土、爱乡土。

3. 特色作业本

按照"贴近学生、贴近实际、贴近生活"的原则，房山区教委以学生作业本为载体进行"知房山、爱房山"的爱国主义教育。在学生作业本封面上刊印房山名胜古迹、历史遗存、文化景区等有代表性的照片，封底附有文字说明，让学生在使用作业本的同时了解房山，了解自己的家乡，潜移默化地接受爱乡爱国教育。

为了充分发挥乡土资源的育人功能，乡土课程在内容上分为四大系列：一是知房山历史文化，了解房山悠久的历史、灿烂的文化，如周口店北京人遗址、西周燕都遗址、云居寺等；二是知房山光荣传统，了解房山的历史事件和人民英雄，如堂上村"没有共产党就没有新中国"纪念馆、十渡平西抗日烈士陵园；三是知房山秀美风光，了解房山壮丽的山河，如十渡风光、石花洞、银狐洞、仙栖洞、上方山国家森林公园、白草畔风景区、青龙湖公园等；四是知房山现代文明，了解房山现代化农村、农业，如韩村河、窦店、四马台等。

（二）探索"独立授课+学科融合+特色作业本+场馆学习"——"行走"乡土（2016—2018年）

2016年，《关于推进中小学生研学旅行的意见》颁布，其中要求小学四到六年级、初中一到二年级、高中一到二年级都要根据教育教学计划灵活安排研学旅行时间，促进学生践行社会主义核心价值观，激发学生对党、国家和人民的热爱之情。为此，学校要建设一批安全适宜的中小学生研学旅行基地，开发研学旅行课程。

这一时期，房山区在"独立授课+学科融合"实施地方课程的基础上，依托周口店北京人遗址、西周燕都遗址、云居寺、贾岛祠、霞云岭红歌发源地、汉白玉石雕艺术园、中国核工业科技馆等区域的自然和文化遗产资源、红色教育资源和综合实践基地等，先后开发了25个研学主题（图3-2），形成了行走乡土课程。

主题1	"猿"来你也在这里
主题2	来自地球内部的"钢铁战士"
主题3	感悟"推敲"精神 追求学问真谛
主题4	鼎天鬲地——北京从这里开始
主题5	穿越时空遇到你
主题6	激荡四十年 乡村新时代
主题7	走进"北方水乡"感受泉水湿地
主题8	探索岩石奥秘 体会石雕之美
主题9	北方巨刹 文明奇迹
主题10	探寻古代后制 了解宋辽战争史
主题11	从里寻Ta在十渡
主题12	饮水思源 探拒马涓貌
主题13	探俊秀峡谷 释地质奥秘
主题14	追忆平西抗日岁月 缅怀英烈赤胆忠魂
主题15	探访"小西藏" 感人地之和谐
主题16	走进革命老区 品味红色圣歌
主题17	来房山找"草原"
主题18	圣莲绝顶处 为我彩精髓
主题19	探石花 游仙境
主题20	走进石村落 感情时代变迁
主题21	探云峰皇陵 寻房山古迹
主题22	探奇坡峰岭 体验产业转型
主题23	走进房山酒庄 体味葡萄酒文化
主题24	金台西南七十里 一塔寥寥纪燎岗
主题25	走进博物馆 感受地质变迁

图3-2 学生研学主题

这些主题主要采取了场馆学习的方式。所谓场馆学习，是指以真实或者还原真实环境为情境，以实物为学习内容，以探究、体验为学习方式，学习者掌握学习主动权的非正式学习方式。场馆学习活动示意图如图3-3所示。

每个场馆主题的学习都是采取行前课、行中课、行后课的方式进行。下面以"没有共产党就没有新中国"纪念馆为例,展示场馆学习活动设计,如表 3-3 所示。

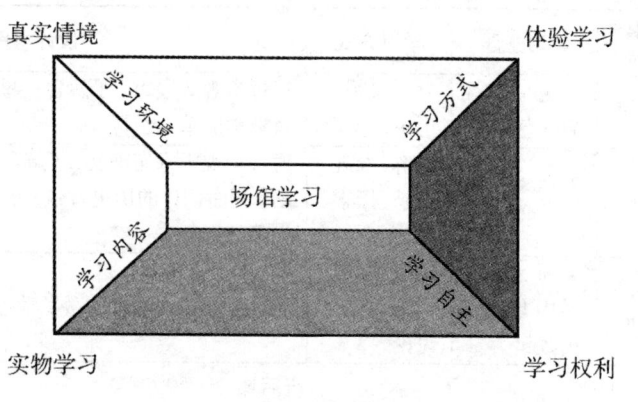

```
   真实情境                      体验学习
        学习环境        学习方式
              场馆学习
        学习内容        学习自主
   实物学习                      学习权利
```

图 3-3 场馆学习活动示意图

表 3-3 场馆学习活动设计与过程记录表

行前课					
实施过程	学习支架	主要内容	学习方式	设计意图	
	微课	观看视频	歌唱、讲解、讨论	激发学生对"没有共产党就没有新中国"纪念馆的兴趣,为本次参观学习做好思想和知识上的准备	
行中课					
实施过程	场馆资源	学习主题	学习方式	设计意图	
学生自主选择主题	擎天柱	主题1:中华民族的擎天柱	讲解、参观、讨论、绘画	根据雕塑"擎天柱"的寓意及设计时采用的各种数据,使学生初步了解共产党走过的历程,了解共产党的民族政策,了解共产党带领全国各族人民奋发图强、维护祖国领土完整的英雄事迹,等等	
	党旗广场	主题2:党旗在我心中	讲解、参观、讨论、摄影	通过参观党旗广场,了解党旗的构成、含义,了解祖国的面积	
	展馆A区	主题3:历史回响人民的心声	讲解、参观、记录、摄影、问答	通过参观展馆A区,了解共产党的发展历程,了解共产党的发展史,了解共产党领导人民开展抗日的历史,培养学生的爱党、爱国情操	
	展馆B区	主题4:没有共产党就没有新中国	讲解、参观、记录、摄影、问答	通过参观展馆B区,了解共产党在人民解放、争取民族独立等历史进程中的中流砥柱作用,体会没有共产党就没有新中国是人民的心声,是历史的选择,培养学生的爱党、爱国情操	
	展馆C区	主题5:祖国富强 人民富裕	讲解、参观、记录、摄影、问答	通过参观展馆C区,了解中华人民共和国成立后,共产党带领全国各族人民展开的政治、经济、文化、国防、城市建设情况,特别是改革开放以来,祖国发生的翻天覆地的变化,让学生认识到只有社会主义才能救中国、发展中国	
	词曲创作地	主题6:星星之火可以燎原	讲解、参观、记录、摄影	通过参观词曲创作地原址,引导学生认识到艰苦奋斗的本质,引导他们从小树立远大的理想,对党忠诚,报效祖国	

续　表

实施过程	场馆资源	学习主题	学习方式	设计意图
学生自主选择主题	老展馆	主题7：唱响红色圣歌	自由参观、记录、摄影	通过参观老展馆，了解曹火星其人、其事，了解革命者朴素的革命情怀
	碑文	主题8：寻找党的足迹	讲解、参观、记录、摄影、讨论	通过参观中堂庙碑文，了解《没有共产党就没有新中国》词曲创作的历史背景，培养学生爱军拥军、入伍光荣的思想
	题词雕塑	主题9：复兴中华 从我做起	讲解、参观、记录、摄影、讨论	通过参观题词雕塑，激发学生的爱党、爱国情感

行后课

实施过程	学习支架	主要内容	学习方式	设计意图
自评他评	评价量表	"走进红歌唱响的地方"学习成果展示交流	展示、交流	检验场馆学习效果，帮助学生自我反思，发展元认知

场馆是乡土文化知识的再现，是课堂的延伸，是学习的场域，是探究的空间，是行走的课程。场馆学习要解决的问题是让学生在真实的情境中深度参与和体验，开展寻根之旅，认识到家乡就是"根"，本土文化就是"根"，中华优秀传统文化就是"根"，红色文化就是"根"。

（三）发展"独立授课+学科融合+特色作业本+场馆学习+项目学习"——"超越"乡土（2019—2021年）

2019年，借助北京市规划课题"区域乡土课程的开发与实施"，房山区对乡土课程的育人价值、体系构建、区域实践进行了系统的思考与研究。本阶段重点要解决的问题是乡土课程育人价值的再定位、乡土课程体系的构建、学科乡土资源的开发以及PBL项目的实践，引导学生在认知乡土、行走乡土的基础上超越乡土，培养学生的家国情怀和世界眼光，重在对乡土课程的育人价值进行深入研究。

1. 乡土课程育人价值的再定位

我们对房山区自清末以来乡土教育的四个阶段及每个阶段所承载的育人价值进行了文献梳理。第一阶段为清末时期，乡土教育的价值——由爱乡到爱国；第二阶段为抗战时期，乡土教育的价值——保家卫国；第三阶段为中华人民共和国成立后，乡土教育的价值转移——增强教育的适应性；第四阶段为21世纪以来，乡土教育价值的升华——培根铸魂。乡土教育在房山区一直就没有间断过，只不过不同阶段所承载的价值略有不同。新时期，我们对乡土课程的育人价值进行了重新定位，即培根铸魂，向下扎根，向上生长，让心灵在"返乡"中"远行"。

2.区域乡土课程体系的构建

针对房山区过去乡土课程的不成体系、不够深入,我们围绕历史文化、自然生态、风土人情、活力新区四大主题内容,构建了由"认知乡土""行走乡土""超越乡土"三大板块组成的"返乡·远行"乡土课程体系,采取了"独立授课+学科融合+特色作业本+场馆学习+项目学习"的课程实施方式,开展了全域性、全程性和一体化实践。

3.学科乡土资源的开发与利用

以课程标准为基础,重点开发了政治、历史和地理三个学科的乡土资源读本,且与现行的教材同步,为教师和学生提供了重要的乡土资源支持。开发师生身边的乡土资源,并利用真实的情境打通学科世界与生活世界的联系,不仅可以使学生做到具身学习、学以致用,让学科教学充满活力,还能将国家课程中的普遍性知识与本土性知识更好地结合起来,将国家主流文化与乡土文化更好地联系起来,培养学生对家乡的责任感、使命感以及民族情。

4.PBL项目的设计与实践

虽然独立授课、学科融合和场馆学习具有鲜明的情境性、自主选择性、主动探究性以及学习结果的多元性等特点,对学生的全面发展具有重要意义,但是在实践过程中,教师发现,学生的学习效果还未达到预期的真实而深刻,"行走"的脚步还难以做到踏石留印,学生的视野过于局限于"乡土"。鉴于此,本阶段基于教育与生产劳动相结合以及PBL理念,以资源为核心、以活动为契机、以学生为主体、以问题为主导、以探究为主线、以发展为主题进行项目设计与实施研究,开发探秘"源"文化、回望房山"四史"、探究房山生态环境、走进京西红色基地、设计旅游线路、见证房山教育变迁等10个PBL项目。

(四) 建构乡土课程育人的区域性实践模式(2020—2021年)

1.乡土课程建模问题的提出

基于乡土教育的基本规律、乡土课程的基本特征和存在的突出问题,界定乡土课程育人的核心内涵,梳理相关的理论依据、实践主张、实践策略等,建构学理框架,提炼乡土课程育人的区域性实践模式。

2.房山区乡土课程模式建构

经过项目组反复研究和论证,建构了房山区乡土课程内容目标示意图(图3-4)。

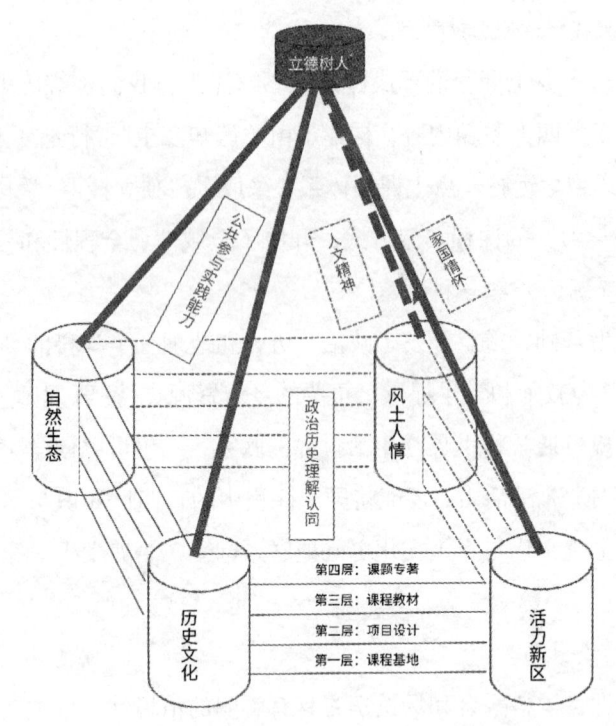

图 3-4 房山区乡土课程内容目标示意图

这个示意图可以概括为"四柱、四层、四面、一目标"。具体解释如下：

（1）房山区乡土课程的建构以自然生态、历史文化、风土人情、活力新区为支柱，即四柱。

（2）以课程基地、项目设计、课程教材、课题专著为载体，即四层。

（3）以政治历史理解认同、家国情怀、人文精神、公共参与实践能力为核心素养，即四面。

（4）以"立德树人"为根本目标，即一目标。

三、成果的主要内容

（一）形成了对乡土课程育人的学理新认知

课程即文化的亲密相遇。课程提供的不仅是文化知识的传递，更重要的是架构起知识世界与生活世界的桥梁。

课程实现心灵的"远行"。心灵的世界到底有多大？正如雨果所说："世界上最广阔的是海洋，比海洋更广阔的是天空，比天空更广阔的是人的心灵。"心灵的成长和远行有多重要？它是人的精神，是人做事的源头和动力。乡土是人的精神家园，乡土教育课程就是要为学生的成长和"远行"注入心灵的滋养，向下扎根，向上生长，让其飞得更"高"，走得更"远"。

在文献研究和实践探索的基础上，明确了乡土课程的立德树人之理（道），乡土课程之所以能够育人，让学生能向下扎根、向上生长，对精神家园有情感归属，心系国家命脉，是因为它有助于学生对生命意义的寻根，弘扬中华优秀传统文化、革命文化、社会主义先进文化，践行社会主义核心价值观。"远行"与立德树人的关系如图3-5所示。

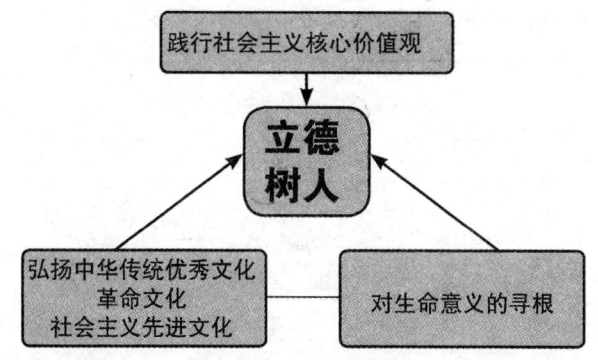

图 3-5　"远行"与立德育人关系图示

首先，乡土课程有助于学生对生命意义的寻根。乡土是一个人的根本之地，关系着学生生存与发展的命脉，是他们的精神家园和立命之所，正所谓"心安之处是吾乡"。在这里，他们有一个明确的身份认同，能够理解生存和生命的真正意义。这样，以后无论他们走到哪里，都能知道自己来自哪里、自己是哪里人、自己的根之所在，能够守得住初心，望得见使命。

其次，乡土课程充满了社会主义核心价值观的浸润。乡土文化中一些好的民风民俗、乡规乡约、家风家训家教等，与人友善的价值观，崇礼尚义、忠厚正直、豁达淳朴、勇敢坚韧、勤劳智慧等文化理念直至今日还在深深地影响着人们的行为，对人们产生了深远而巨大的影响。这些立人之本和齐家之道在新时代仍然是践行社会主义核心价值观的典范，从根本上教导人经世致用。

最后，乡土课程有助于中华优秀传统文化的弘扬。乡土是家乡的源，是自然的脉，是文化的根。乡土课程中既有对历史文化名城、遗址遗迹、古镇、古村落、古文化街区等物质文化遗产的保护，又有对传统体育、游艺、美术、音乐、书法、舞蹈、戏剧、曲艺、杂剧、传统手工技艺、医药、历法、传统礼仪、节庆、岁时节令、庙会、庆典等的传承与发展。可以说，乡土课程的实施能使中华优秀传统文化历久弥新、发扬光大。

（二）形成了较为成熟的"返乡·远行"乡土课程图谱

基于"让心灵在'返乡'中'远行'"的课程价值导向，按照文化认同、家国情怀、培根铸魂的课程目标，优化认知乡土、行走乡土和超越乡土的课程结构，采取独立授课、学科渗透、场馆学习和项目学习的方式，以及对学生知情意行的评价，构建"返乡·远行"乡土课程图谱（图 3-6）。

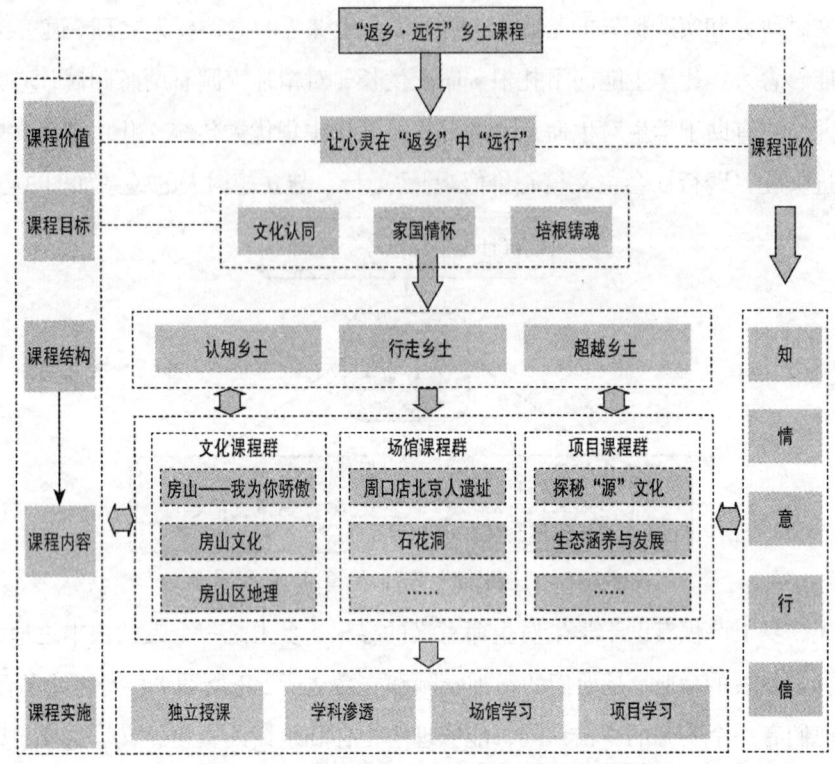

图 3-6 "返乡·远行"乡土课程图谱

1. 课程目标

总体目标如下：知乡土、爱乡土、传承与发展乡土文化，能心系根脉，有"精神家园"的归属感；树立文化自信，提高文化认同，厚植家国情怀，担当社会责任；无论是留守故土，还是远走他乡，都能不忘初心，砥砺前行。课程学习分段目标如表 3-4 所示。

表 3-4 课程学习分段目标

学 段	课程目标	关键词
小学	1. 对乡土的人、乡土的事、乡土的物、乡土的景有一个初步的感性认识，在认识乡土中了解社会 2. 通过乡土情境激活直接经验，丰富学习经历，形成强烈的学习兴趣，增强在生活中发现问题的意识，不断发展学习能力 3. 在亲近乡土中产生对乡土文化的积极情感	感知乡土 认知乡土
初中	1. 对家乡的历史文化、风土人情、自然生态和社会发展有相对全面的了解或认知，在了解乡土中观察社会 2. 能够开阔视野，在真实的情境中把跨学科知识、技能、方法进行综合应用，形成跨学科学习能力 3. 在研究乡土中增强责任感和使命感	认知乡土 认同乡土

续 表

学　段	课程目标	关键词
高中	1.把握本土文化精粹 2.通过问题探究式学习能够思考未知，创新实践，在复杂的情境中获得真知识、真体验、真能力和真情感 3.在热爱乡土中深刻认识到"越是本土的，就越是世界的"这一文化理念，坚定文化自信，增强文化认同，厚植家国情怀	超越乡土 家国情怀

2.课程结构

围绕历史文化、自然生态、风土人情和活力新区四大板块内容，开发了三大课程群。

认知乡土课程（文化知识类）：小学有《房山——我为你骄傲》，初中有《房山文化》《房山区地理》，高中有《房山文化》《地理综合实践》。这类课程重在乡土文化知识的传授，引导学生知家乡、爱家乡，增强文化自信，强化文化认同。

行走乡土课程（场馆基地类）：周口店北京人遗址、西周燕都遗址、云居寺、贾岛祠、霞云岭红歌发源地、汉白玉石雕艺术园、葡萄酒庄、地质博物馆、水峪村和湿地公园。这类课程是在学习文化知识类课程的基础上，走进场馆基地的实践类课程。让学生在真实的情境中深度参与和体验，开展寻根之旅，认识到家乡就是"根"、本土文化就是"根"、中华优秀传统文化就是"根"，"根"越深，"叶"越茂。

超越乡土课程（项目学习类）：基于PBL理念，开发了探秘"源"文化、生态环境保护、话说风土人情和感受民生变迁等10个PBL项目。这类课程重在引导学生在认同乡土文化的基础上，能够超越乡土、放眼世界。

3.课程实施

"返乡·远行"乡土课程的实施主要是依据具身学习理念，综合运用"独立授课+学科融合+场馆学习+项目学习"的方式进行课程实施。

（1）具身学习理念。具身学习秉承的是身心一体的认知理念。没有身体，绝不会有心智，离开了物理的身体，就不存在所谓精神性的心智和认知。学习和认知要回归身体、回归生活世界，以便发挥身体的学习功能和认知功能。人只有通过身体活动才能够认识世界，学生也只有通过身体参与才能够实现对知识的理解和建构。而且，身体经验是道德观念形成的基础，道德意识的形成过程就是身体与环境交互的过程。具身学习实践要素关系结构图如图3-7所示。

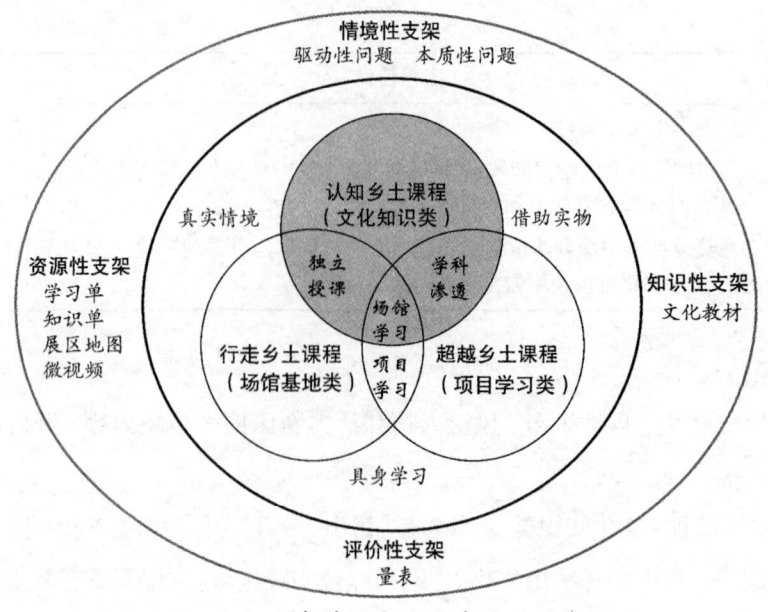

图 3-7　具身学习实践要素关系结构图

（2）具身学习实践。基于具身学习理论，在乡土课程实施过程中坚持三个关注：一是关注学生已有的生活经验、学科经验和学习经验；二是关注学习场景或情境的创设，尽力提供真实或者模拟真实的生产、生活、生态环境，让学生主动参与实践；三是关注学生全身心地参与，调动眼、耳、口、鼻、脑等多种不同的感官，发挥学生的整体认知功能。这样，才能初步形成以资源为核心、以活动为主翼、以学生为主体、以问题为主导、以探究为主线、以发展为主题的具身学习实践范式，开发情境性支架、知识性支架、资源性支架和评价性支架，为学生自主学习探究提供支持。

4.课程评价

乡土课程在本质上仍然是育人，旨在促进学生"知、情、意、信、行"的统一，乡土课程把知识与能力、过程与方法、情感态度与价值观念的有机统一作为教育过程关注的重点。这里的"知"主要是对乡土环境、乡土文化、乡土问题和未来发展等的认知；这里的"情"主要是乡土情怀，是对乡土文化的认同；这里的"意"主要是立足乡土，立志建设家乡，并为此坚持不懈、不断追求；这里的"信"主要是文化自信，对乡土文化的自尊心和自信心；这里的"行"主要是自觉践行建设家乡的使命。通过乡土课程的实施，学生在这五个方面达成的状况和程度是乡土课程评价的重要指标。

（三）建构了乡土课程资源库

乡土课程资源直接影响着乡土课程的开发和实施，教师实施乡土课程的效果在很大程度上也取决于乡土课程教学资源的储备量。可以说，没有丰富的乡土课程资源就不可能形成乡土课程特色，没有足够的乡土课程教学资源的积累也不能有效地推进和实施乡土课程。同时,乡土课程在课程建设、师资培训等诸多方面需课程资源的跟进和完善。因此,为有效推进乡土课程的建设和发展,有必要以资源库的形式对乡土课程资源进行管理。

1.传统资源库

传统资源库是指一些主要以物质形式直接呈现的乡土课程资源的总和。其主要有以下几类资源组成:教材、纸质参考资料、参考书籍、光盘以及政策、法律法规等。不同类型的资源,其作用和价值不同,使用的方式也不同,如表3-5所示。

表3-5 传统资源库的类型和作用

序 号	资源类型	作 用	举 例
1	教材	在乡土课程实施过程中,直接作用于教师的教和学生的学	《房山——我为你骄傲》《房山文化》《房山区地理》《高中地理综合实践》各学科教材
2	纸质参考资料	在乡土课程建设与实施过程中,为课程的开发与教师的教学提供支持	各场馆宣传册、"乡土志"等典籍资料
3	参考书籍	在乡土课程建设与实施过程中,能够促进课程建设,深化教师对乡土的认知	《地方课程概论——兼谈〈房山文化〉开发与实施》《乡土课程理论与实践探索》《学科乡土资源选辑》等
4	光盘	通过计算机技术将课件、影像、图片等教学资源刻录成光盘,在乡土课程实施中可以直接利用	《遇见房山》宣传片、《房山文化》BDS录课集《地方课程优秀教学设计合集》等
5	政策、法律法规	能够使师生对课程形成正确认识,并促进行为的改进	《区域地方课程规划》《区域课程教材管理办法》等

2.网络资源库

网络资源库是指利用信息科技手段,对课程资源进行整合,最终建成共享式资源仓库。这种资源仓库是依托计算机网络建立的,可以通过互联网访问实现共享、互动。无论是何种形式的网络乡土课程资源库,与传统乡土课程资源库相比,在服务、资源、平台、管理等方面都彰显了其强大的功能优势。

(四)建立了高效性的乡土课程开发与实施保障机制

建立政府、教育行政、研究院(所)、文史部门、课程中心、教研机构统筹协调的运行机制,是有效开发与实施乡土课程的重要保障。课程开发与实施保障机制结构图示可参见图2-1(此处从略)。

(五)形成了一套促进乡土课程育人的区域运行模型

可参见图2-2及说明,此处从略。

四、成果创新点

（一）乡土课程育人理念创新

重新发现乡土课程的育人价值——让心灵在"返乡"中"远行"。乡土是"精神家园"的归属，正所谓"心安之处是吾乡"。乡土课程的育人之道在于它有助于学生对生命意义的寻根，充满了社会主义核心价值观的浸润，有助于中华优秀传统文化的弘扬。这些都为乡土教育注入了新的时代内涵。

（二）乡土课程开发的创新

不同的时代背景有不同的改革要求，房山区乡土课程建设从乡土志到乡土教材，再到以乡土课程为主的地方课程，然后到场馆课程、主题实践课程，从认知乡土到行走乡土，再到超越乡土，不断地与时俱进，持续深化，迭代升级，从乡土1.0走向了4.0，最终形成了"返乡·远行"的乡土课程体系。

（三）乡土课程实践的创新

在实践中，建构了"独立授课+学科融合+场馆学习+项目学习"学习方式的"组合拳"，形成了全域性、全场性、全员性和一体化的乡土课程实践范式，打造了一种具有良好示范辐射作用的乡土课程育人实践新样板。

五、实践效果

（一）学生

小学、初中、高中一体化的"认知乡土""行走乡土""超越乡土"课程实践厚植了学生的家国情怀，促进了学生素养的提升，激扬了学生的生命张力，有助于学生对生命意义的寻根。

1.厚植了学生的家国情怀

学生对乡土历史、人文、自然、科技等有了较好的认知，从2009年开始，学校每年与房山区规划局联合举办"知房山、爱房山"知识竞赛，至今已有12届。2020年，全区各个年级共605人参加，评出了一等奖60名、二等奖205名、三等奖340名。此项活动在一定程度上强化了中小学生对家乡的认知。

2008年，房山区教委成立了龙乡诗社，开办了《龙乡新芽》刊物。这是一本属于房山区中学师生的乡土文学类杂志，旨在为有文学爱好并喜欢用文字来传播文化、倾诉自己感情、书写自己人生、发表自己见解的学生和教师搭建一个平台。这个平台为中小学生提供了一个书写家乡人和家乡事的平台，使他们可以尽情表达自己对家乡的热爱。例如，一个学生在文章中写道："当我们研究家乡时，家乡好像也在凝视我们；当我们遇见家乡时，我们也遇见了自己。家乡就在我们的心里，不在文字上，它只是被记录在文字里，它是由人的心里放射出来，由人的心灵承载，也由人的心灵传承下去。我们就是那个传承者。"寥寥数语，表现出了主人翁的责任感和使命感。从中我们可以看出，学生已经开始去思考自己的成长与家乡的关联。

从 2018 年开始，房山区团教工委、房山区少工委办公室、盛通文博大讲堂每年联合举办一次区教育系统"做传承中华文化的新时代先锋"展演暨《演说中国》，决出各年龄组金、银、铜奖及优秀稿件等。活动通过稿件组织、演说指导，让学生真正了解和热爱我们自己的文化，立足家乡文化，讲好身边故事；引导全区青少年、青年教师自觉肩负起传承与发展中华优秀传统文化的历史责任，成为中华优秀传统文化的继承者、弘扬者和建设者；让每一位优秀的小小讲解员、小小演说家、小小传承人成为家乡的代言人和文化使者，将房山区最具特色的优秀文化发扬光大。

例如，一位大学生在演讲时分享了这样一个案例："今天上了一堂建筑课，当老师将一张石函拓片的图放出来时，我竟然有种无法言说的亲切感。莫名欣喜，难道是分泌了多巴胺？感觉是老相识了，可是我并没有去过藏此石函的云居寺啊。后来在课间休息时，我忽然想到，这是从小学、初中、高中学校都会发的作业本，也就是房山区学生专属的'知房山、爱房山'特色系列作业本，整套包括周口店系列、云居寺系列、上方山系列、堂上村系列、十渡系列、四马台系列、石花洞系列等。真是教育要趁早啊，就算每个作业本看一眼，看了十二年也早已不知不觉深入大脑了，幸好房山区的景点还比较有人文特色，否则连自己都不知道隐藏着什么样的记忆。所以，当我看见石函那一刻，我真的感觉自己是一个陌生人，隐性记忆突然被唤醒，跑了出来。"

这些年，房山区中小学生对社区、社会发展的关注度明显高了。每年的各项提案和建议多达上百条，尤其在 2017 年房山吉祥物设计征集中，提交了 706 份房山吉祥物设计方案。虽然学生的提案没有起到决定性的作用，但是提供了很多重要的参考。

2020 年，首都文明办、市教委、团市委、市妇联、关工委联合在全市未成年人中广泛开展了"学习和争做美德少年"活动，培育树立、宣传表彰"新时代好少年"典型，引导未成年人见贤思齐、向上向善、孝老爱亲、忠于祖国、忠于人民，努力成长为能担当民族复兴大任的时代新人。全市共推出 2020 年首都"新时代好少年"30 名，房山区获奖人数占全市的十分之一，也创造了小、初、高全学段学生全覆盖的记录。

2021 年，从全区抽取了 1500 名学生进行抽样调查，结果显示：有 87%的学生能说出 3~5 个家乡历史遗迹，有 95%的学生能说出 2~3 个家乡特产，所有的学生都去过《没有共产党就没有新中国》歌曲诞生地，有 75%的学生能讲述自己家乡的故事，有 87%的学生为自己的家乡感到自豪，有 84%的学生愿意为家乡建设贡献自己的力量，有 55%

的学生毕业后愿意回到家乡工作。从中可以看出，这些学生有了更为深沉的爱国之心、家乡之思、报国之志、担当之勇以及人文之情。

2.促进了学生素养的提升

美国教育家埃德加·戴尔认为，学生的学习应从其获得的直接经验开始，学生如果缺少足够的具体经验就去学习抽象概念，会面临很多困难。[6]乡土课程的学习主要采取的是具身学习，即以"让身体可见"为着眼点，以"让身体动起来"为着力点，强调身体参与性、情境性、协调性和生成性，是"身心融合""知行合一"的学习。

例如，在"汉白玉文化"的学习中，教师先引导学生了解天安门、金水桥、华表、天坛、颐和园十七孔桥、人民英雄纪念碑的栏板、毛主席纪念堂及堂内的毛泽东雕像等的建筑材料，让学生搜集相关信息，知道这些建筑的石材主要来自自己的家乡，激发他们的自豪感。然后，带领学生走进中华石雕艺术园和北京石窝雕塑艺术学校，为其提供一个真实的汉白玉开采、运输、古建加工以及石材雕刻的情境，让学生身临其境地去触摸、去感受、去体会，调动自己的全身感官，用眼观、用耳闻、用鼻嗅、用手触，围绕自己感兴趣的问题，并结合所学知识进行探究，了解一代代石匠是如何用坚硬的材料创造出古代建筑的，认识到汉白玉不仅是一种石材，还是一种艺术，更是一种文化现象，进而得到直接经验并分享给其他同学，提高发现问题、分析问题和解决问题的能力。

尤其在学科课程乡土资源（政治、历史、地理）教学中，这个优势更为突出，连续三年，学生的政史地中高考成绩稳步提升。

3.激扬了学生的生命张力

以身边的资源为内容，更能感染学生，激发学生强烈的情感体验，更能使学生在精神理念、志趣才能、心理品质等方面得到其他课程无法获得的益处，更能激扬学生的生命张力，使他们既能抱得住梦想，又能记得住乡愁，努力行走在追梦的道路上。以后无论他们走到哪里，都能知道自己来自哪里、自己是哪里人、自己的根之所在；无论遇到什么狂风大浪，他们都能坚强地屹立着，风吹不倒，浪打不翻。他们能屈能伸，有较强的社会适应能力，能实现从"乡土爱"到"国家爱"的根本转变，从而成为民族的脊梁，担当国之大任。

以房山区毕业生许小龙为例，他是房山区体校的一名摔跤教练，在从一无所有到成为金牌教练的过程中，他凭着一股执着，将摔跤这项运动在房山区发展壮大，在他身上体现的是一种永不言败的精神。当时，开展业余训练的条件非常艰苦，没有训练馆，连一块杠铃片都没有。面对困难，他并没有泄气，而是选择扎根房山，立志要在艰苦的条件下，为房山的摔跤事业打出一片天地。没有队员，他就骑着自行车，到房山的中小学校去找，踏遍了房山的山山水水；没有训练馆，他就带着队员在田径场上练，在树荫下练，天气好了就练技术，天气不好的时候就在房间里练力量。他把自己的训练经验和理论知识相结合，形成了一套适合学生的训练方法，并把这些贯穿到日常训练中，手把手教给学生。无论风吹日晒，他都坚持与队员一起练习，他认为只有这样才能言传身教，让自己的教学更有说服力。功夫不负有心人，经过多年努力，房山摔跤队异军突起，势不可挡。从2007年开始，房山摔跤队连续10年蝉联北京市摔跤项目团体总分第一名，队员获得北京市市级比赛冠军166个，向上级体校、北京体育大学等输送了近50名优秀人才。

（二）教师

经过多年的乡土教育实践，教师对育人有了更深刻的思考，对文化传承有了更重要的责任。作为一种课程实施的精神力量，乡土课程教师的教育观除了在教师的职业道德观、学生的发展观、教学互动观、课程生命观等方面应该具备的素养外，还突出了"乡土性"，即"为了家乡事"的职业观、"为了家乡人"的学生发展观、真实乡土情境中的教学互动观。

1."为了家乡事"的职业观

乡土课程教学活动的变革对教学目标的再定位重在对社会性教学目标的关注，特别强调对"认识家乡""热爱家乡"的关注，同时要在促进学生个体发展的基础上，重视对社会性功能目标的关注。这就对教师的职业道德提出了更高的要求。教师的教育对学生是一种无言信息和强大的力量，而这种榜样力量的本身就是为了服务学生。乡土课程教师本身要有强烈的家乡意识，要以对家乡的满腔热情关注家乡的发展现状，探究乡土教学对家乡发展的效应，即乡土课程呼唤教师要有社会发展的责任感。

2."为了家乡人"的学生发展观

乡土课程实施的意义不只是传授知识或培养能力，更重要的是面向全体学生，培养在知识、能力、情感态度和价值观等方面全面、和谐发展的人。乡土课程教师同样要根据课程目标的要求，对学生的认知、情感体验和行为培养等进行全面的关注，面向全体学生，努力培养他们独特的才能和志趣，塑造他们的创造个性，激发他们强烈的热爱家乡和建设家乡的情感意识，使他们的情感、态度、价值观和行为习惯等发生质的变化。

3.真实乡土情境中的教学互动观

乡土课程偏重研究性的学习方式，而这样的学习方式所呈现出的鲜明的课题性、探究性、开放性、实践性和自主性等特征提高了对教师的综合性要求。交往互动的教学观认为，教学是教师的教和学生的学的统一，这种统一的实质就是交往。这样的一种交往互动并不局限于师生之间，还可以是学生与家长、学生与农户、学生与管理者之间的互动等。

教师对课程有了更深的理解，在乡土课程开发与实施中，教师的课程开发与实施能力明显提升，跨学科教学意识明显增强，利用乡土资源促进课程达标度明显提高。教师通过亲自实践、切身感悟、深入反思、自主探究，从不懂乡土课程开发到能够创造性地应用和实践乡土课程，在逐渐掌握了乡土课程教育教学规律的基础上，不断对教育教学规律进行把握和探求，进而发展为乡土课程的研究者和课程开发者，实现了专业能力的进步与发展，在最近几年的北京市课程建设优秀成果评比中，取得了一、二等奖的好成绩。例如，2015年覃遵君老师的《地方教材的精品化开发与实施》、2017年苏万青老师的《历史课程资源开发与利用》、2019年陈玉萍老师开发的《节气课程》、2021年郭冬红老师的《培养有"根"的人——乡土课程的创新实践》陆续被评为北京市课程建设优秀成果一等奖。发表的相关论文达至上百篇，苏建忠、王建、闫丽红、高淑琴等几位教师因为多年的实践参与，被评上了特级教师、正高级教师。

（三）教研员

乡土课程教研员的专业素养包括乡土课程理论素养、乡土课程理论在实践中的演绎能力、丰富的乡土知识、乡土课程开发指导能力和引领能力、课程综合教研能力、亲和力和人格魅力。乡土课程教研员在基层学校开展乡土课程开发实践指导不仅能提高学校乡土课程的开发质量，还有助于促进基层教师的专业成长，更有助于提高乡土课程教研员的课程专业素养，让其找到自身专业的发展方式、发展目标和发展路径。

1.在培训指导中提高了理论素养

乡土课程开发是一项复杂的系统研究，对基层学校教师来说，这确实是一项望而生畏、举步艰难的创新工作。在开发乡土课程时，学校领导和教师往往会感到迷茫，缺乏思路和方向。在这种情形下，乡土课程教研员应下基层学校展开深度调研，与学校领导和教师进行对话，了解学校乡土课程的发展现状和愿景，帮助学校分析校情和周边可挖掘的乡土资源，帮助学校厘清乡土课程的发展思路，对学校乡土课程的发展方向做宏观指引。

2.在设计实践中提高了演绎能力

乡土课程纲要的设计是骨干教师和教研员或小组合作设计的某一门乡土课程的具体方案，是包含乡土课程背景、乡土课程目标、乡土课程内容、乡土课程实施、乡土课程评价、乡土课程管理与保障等几个元素的某门课程的大纲或计划书。乡土课程纲要是教研者层面的乡土课程设计，体现了设计者的乡土课程理念、专业素养和教学理论。

3.在合作开发中提高了指导能力

乡土课程教研员要与教师一起合作开发乡土课程。首先，教研员要与教师一起学习大量有关乡土资源方面的跨学科专业知识，更新自身的知识结构，并开展集中研讨，引领大家对课程主线、课程内容框架、课程内容广度和深度等做全面、系统的思考。其次，教研员要认真研读各种教学书籍中有关教学目标设计的内容，对教师开展"教学目标设计"的通识性集体培训指导。然后，教研员对教师进行分工，让每个教师承担一个单元的研究任务，写出一个单元的目标，包括知识与技能、过程与方法、情感态度与价值观，写出这一单元中每节课的教学内容和教学设计，并要求教师根据目标和内容收集、整理相关课程资源，按样稿，设计一个单元的教材内容。最后，教研员要针对教师目标设计中出现的问题和每个单元每一课的活动设计与教师进行一对一的个别对话与指导。

所以，在乡土课程的开发与实施中，教研员也要充分表现出对自己家乡的认同和在关键时刻的责任与担当。

（四）区域

与乡土文化、与当地生活融会贯通是中小学课程与教学值得倡导的改革方向之一，也是尊重教育规律、回归教育本源的重要举措之一。唯有扎根本土，融通生活，才有底气和定力去仰望课程改革的星空。通过多年的乡土教育实践，我们在融通乡土生活中建立了培养家国情怀的德育机制，形成了一股促进课标深度达成的潜在力量，探索了把跨学科知识、技能、方法在实践层面进行综合应用的特殊价值等。所以，乡土育人课程实践为深化区域课程改革打开了一个重要突破口。

从区域乡土教育理念体系的构建到课程、教学、评价、资源、机制一体化的实践路径，这种乡土教育的特色育人模式不仅丰富了乡土教育的理论，还为中国的乡土教育提供了一个新案例。

六、影响力

（一）在全区推广使用

"返乡·远行"系列乡土课程均在全区范围内推广使用。其中，"认知乡土课程"中的《房山文化》(初高中)、《房山——我为你骄傲》《房山区地理》《高中地理综合实践》作为中小学的必修课程，被纳入学校三级课程体系；有三分之二的学校将"行走乡土课程"纳入学校综合实践课程；有三分之一的学校将"超越乡土课程"作为项目式学习的重要资源。

（二）成果相继出版和公开发表

围绕乡土课程的研究，2018年编写的《地方课程概论——兼谈〈房山文化〉开发与实施》、2020年编写的《乡土教育的理论与实践探索》、2017—2019年编写的四门地方教材（同上）与教参、《学科乡土教学资源（政治、历史、地理）》等均先后正式出版。几年间，公开发表了12篇关于乡土课程开发与实施的研究论文。其中，有7篇系列论文公开发表在全国中文核心期刊《中学政治教学参考》上，有5篇分别发表在《基础教育教参》《思想政治课教学》《北京教育学院学报》《天津教育》《学科教研》期刊上。这些研究成果为全国范围内的乡土课程开发与实施提供了重要参考与借鉴，在全国产生了一定的影响，发挥了更大的社会效益。

2012年《房山文化》地方教材的开发与实施、2015年研究成果《地方课程的精品化实践研究》、2017年《乡土资源与学科的融合实践研究》等荣获北京市基础教育课程建设优秀成果一等奖。《房山文化》教材多次获奖，2015年荣获北师大国内合作办学平台颁发的二等奖，2012年、2016年两次荣获北京市基础教育课程建设优秀教材成果一等奖。

另外，一些乡土课程实践优秀课例多次获国家级一等奖。例如，良乡中学张军的"饮水思源"、青龙湖中学于瑞萍的"现代都市农业"、周口店中学李永华的"周口店北京人遗址生态环境变迁考察活动方案"等为全国范围内的校本课程开发与实施提供了重要参考与借鉴，发挥了更大的社会效益。

（三）受到社会和媒体的广泛关注

2009年10月，以"可持续发展教育：国际发展趋势和中国实践模式"为主题的第四届可持续发展教育国际论坛在房山区举行。会议达成了"推进可持续发展教育：国际教育改革与创新""在可持续发展教育中培养具有可持续发展意识与能力的新一代公民，具备中国可持续发展教育10年实践的核心特征"等基本共识。会议通过了《培养具有可持续发展教育意识的新一代公民——中国可持续发展教育10年回顾》等重要文件。

2012年，北京市优质课程资源建设"名师同步课程"BDS讲座录课（12课时），并通过歌华有线电视和网络同时向全市播放，学生可随时收看。

2014年，北京市首都特色地方课程开发与管理模式实验研究项目走进房山研讨会在房山区召开。来自16个区县和房山的地方课程子项目组、市级项目实验校以及房山区各中小学的干部教师代表共计300余人参加本次会议。这次活动向北京市展示了四位一体互动的课堂，实现了多学科融合、多视角切入，打破了学科壁垒，使用了翻转课堂，真正体现了地方课程的五大基本品质。

2016年4月21日，与北京市基础教育研究中心地理室联合组织了以"利用身边资源，提升核心素养"为主题的市级研讨活动，共做课9节，全市各区县150多位教师参加，效果良好。

2017年，在北京市第二届地方教材展示交流会上，房山区的乡土教材、乡土读本及其他相关资源向全市展览。

2018年10月，"纪念周口店遗址发现100周年暨史前文化遗产保护、研究与可持续发展国际会议"在北京房山举行，来自联合国教科文组织、17个国家和中国的100多位专家学者出席了为期三天的会议。

房山区的堂上村有"没有共产党就没有新中国"纪念馆、黄山店村有"红色背篓精神"传承教育基地等众多重要的红色资源,这些不仅是极其珍贵的历史文化遗产,还是极其难得的精神财富,铭记着中华儿女英勇奋斗的光辉历程,传承着红色革命精神。2021年,我们迎来了中国共产党成立100周年,房山举办了"红色文化创意设计大赛",旨在通过文化创意为红色精神传承赋能,同时将房山红色文创推向新的高度。

房山是唐代"苦吟"诗人贾岛的故里,诗人的"推敲"创作态度影响了唐末五代以来的诗歌创作。作为贾岛故里的房山留下了很多与贾岛有关的事物,如贾岛峪、贾岛松、贾岛墓、贾公祠等,全区充盈着古典诗词文化传统。2021年3月25日,房山区启动"贾岛杯"全球华人诗词大赛活动。该活动以"贾岛故里,诗韵房山"为主题,是房山"中华诗词之区"创建工作的支撑项目,涵盖诗集出版、经典诵读、采风创作、文艺演出、颁奖大会等系列分项活动,旨在以诗词为媒,汇聚四面八方有识之士和文化英才,聚焦房山,吟诵贾岛,传承经典,共同感受中华传统文化之美,歌咏时代,歌颂人民,祝福祖国,凝聚中华民族精神力量。

七、反思与展望

乡土教育的实践效果很难立竿见影,育人方式变革也是一个深刻、持续、整体的渐进过程,在全员育人的背景下,教师对乡土的认识和理解以及跨学科素养都有待提升,教师培训和教研任务繁重,教师从理念到行为的深刻改变将是一个不断深入的过程,将激发每一位学生的内动力,培养其文化认同和文化自信任重而道远。

随着北京城市总体规划赋予房山区"三区一节点"(首都西南部重点生态保育及区域生态治理协作区、科技金融创新转型发展示范区、历史文化和地质遗迹相融合的国际旅游休闲区和京津冀区域京保石发展轴上的重要节点)的功能定位,我们将继续深化乡土课程建设。

《房山文化》课程教材系列开发与实施研究报告

《房山文化》项目课程组

《房山文化》地方教材开发及实施已近9年,很有必要做一次回顾与反思。这份研究报告主要从基本概况、主要背景、总体设计、过程与效果、教材特点、主要创新点及发展前景七个方面进行呈现,期望为地方课程的开发与实施提供参考与借鉴。

房山是镶嵌在北京西南部的一块瑰丽的碧玉。在这里,有着闻名中外的世界文化遗产——周口店北京人遗址;在这里,建立过北京历史上最早的方国都城——西周燕都;

在这里，创造了历经千载、绝无仅有的石刻经典；在这里，留下了贾岛、高克恭等历代文人墨客远去的背影和不朽的作品；在这里，流传着精彩纷呈的民间文学与民间艺术；在这里，更不乏十渡浮峦、上方云梯、奇异石花、倒挂银狐等令人叫绝的靓丽景观……

房山文化源远流长，贯通古今；房山文化博大精深，底蕴厚重。开发与实施《房山文化》地方课程不仅有利于完善课程体系，推动课程改革，还对弘扬房山文化、提升人文素养、发挥育人功能具有重要而独特的作用。因此，这一项目得到了市区教育行政部门和教科研机构的高度重视，使课程教材的开发与实施能够顺利推进。

一、《房山文化》地方课程开发与实施的基本概况

地方课程又称地方本位课程，是指地方教育部门、教科研机构或课程教材开发者根据国家课程政策，以国家课程标准为基础，在一定的教育思想和课程观念的指导下，根据地方经济、政治、文化的发展水平及其对人才的特殊要求，充分利用地方课程资源而开发、设计、实施的课程。

《房山文化》课程系列教材是由房山文化项目组利用房山区域文化资源开发的一套由北京市教委立项、审查通过的中学地方教材，分为初中全一册和高中全一册，有配套的教师教学用书，整套教材教参共4本。

《房山文化》课程教材的开发与实施大体上经历了两个阶段。

第一阶段（2007年9月至2014年2月）为初步开发与实施阶段。2007年9月启动，主要是开发和编写《房山文化》（初、高合用本）教材，2010年9月，北京市教材审查委员会初审通过，于2011年10月由中国劳动社会保障出版社出版发行，同时编印了配套的《房山文化教师教学用书》（初、高合用本），从2012年2月开始，在房山区各中学全面投入使用。2013年2月对教材进行过一次修订和再版，这本教材在房山区进行了长达4年的实验教学。

第二阶段（2014年3月至2015年9月）为系列开发与实施阶段。从2014年3月开始对教材进行系列开发，到2015年3月，《房山文化》（初中全一册）新教材编写完成，报送北京市教委立项并初审通过，经过近半年修改定稿，到2015年9月，新编的《房山文化》（初中全一册）、修订的《房山文化》（高中全一册）及配套的《房山文化教师教学用书》（初中全一册）、《房山文化教师教学用书》（高中全一册）共4册全部编写完成，改由首都师范大学出版社正式出版发行，供房山区2015—2016学年度各中学和职业高中统一使用，进行了新一轮教材实验。

二、《房山文化》课程系列教材的开发背景

（一）国际背景

国际社会关注跨文化教育和多元文化教育是我们开发《房山文化》的国际背景。从20世纪80年代起，联合国教科文组织开始关注跨文化教育和多元文化教育。1996年，联合国教科文组织在一份专题报告中强调，通过跨文化教育可以促进国际理解，并可以在学校教育、课程与教学过程中进行跨文化教育。国际社会倡导的跨文化教育的目的不仅在于促使各国儿童尊重自身文化背景，还倡导理解其他文化，增强彼此间的团结与容忍，引导他们以开放的心态面对世界的文化差异。跨文化教育鼓励各种文化之间相互交流，促进国际理解与沟通，减少冲突，促进世界和平，已被认为是创建多元化社会、尊重平等人权的有效工具之一。[7]

多元文化教育已经成为国际社会普遍重视的课程。美国已经把社会研究课列为四门核心课程之一，并规定社会研究课主要包括以下内容：政治与社会、人类与文化、历史与发展。美国社会科教育的具体内容就有"多元文化教育"这一项。[8]法国、英国、新加坡等国家都十分重视对青少年进行多元文化和传统文化教育。

因此，如何从培养学生对多元化世界的适应和发展能力的角度出发，努力创设良好的多元化教育环境，不断探索对中学生进行多元文化教育的途径成为教育的当务之急。

（二）国内背景

贯彻落实党和国家关于基础教育实行三级课程管理的重要精神，在普通高中增设"文化生活"必修课，是我们开发《房山文化》的国内背景。1999年6月，《中共中央 国务院关于深化教育改革全面推进素质教育的决定》发布，明确提出："调整和改革课程体系、结构、内容，建立新的基础教育课程体系，试行国家课程、地方课程和学校课程。改变课程过分强调学科体系、脱离时代和社会发展以及学生实际的状况。"[9]

2001年5月，《国务院关于基础教育改革与发展的决定》发布，明确指出："实行国家、地方、学校三级课程管理。"[10]随后，教育部发布《基础教育课程改革纲要（试行）》，提出："改变课程管理过于集中的状况，实行国家、地方、学校三级课程管理，增强课程对地方、学校及学生的适应性。"[11]

从2003年开始，我国进入新一轮课程改革，比较突出的课程改革成果之一就是增设了一些与文化相关的课程和内容。比如，在普通高中开设"文化生活"。在新课程标准中，明确将"确认文化多样性的价值，树立尊重不同民族文化的观念"作为"文化生活"的内容目标之一。我国"文化生活"课程的开设具有重要的意义与价值。通过这门课程，中学生可以了解日渐丰富的文化生活，学会尊重文化多样性，懂得文化传承、文化交融

和文化创新的意义,大力弘扬中华民族优秀文化。

贯彻落实国务院、教育部关于"开发和实施国家、地方、校本三级课程管理"的精神,充实新课程资源,完善新课程体系,推进新课程建设,为国家课程"文化生活"的开设打下一定的基础,这是我们决定编写《房山文化》地方教材的国内背景。

(三)地域背景

完善基础教育课程体系结构,推介和传承房山文化,培养地方所需人才,推动区域经济、文化、社会发展,是我们开发《房山文化》教材的地域背景。为实行国家、地方、学校三级课程管理,北京市部分区(县)已经自主开发了一些地方教材,积累了许多成功经验。但是,直到2007年,房山区还没有一本自主开发的地方课程。房山文化源远流长、博大精深,文化资源极为丰富,很有必要开发一本专门介绍房山文化、具有地域特色的地方教材,既可以延伸、拓展和补充国家教材,又能推介和传承房山文化,还能提高学生的人文素养,推动地方精神文明和经济社会发展,可谓一举多得,这也是我们致力于开发《房山文化》教材的初衷。

正当《房山文化》教材初审通过、修改出版之际,《北京市中长期教育改革和发展规划纲要》(以下简称《纲要》)正式颁布。《纲要》明确指出:"进一步深化基础教育课程改革,推动形成学科门类设置科学完善、课时安排合理、内容符合素质教育要求的课程体系。建立科学的三级课程评价机制,形成富有特色的地方课程、校本课程。"《纲要》关于三级课程的规定使我们更加坚定了开发、实施与推进《房山文化》地方课程的决心和信心。

三、关于地方课程相关概念的界定

课程(curriculum)一词最早出现在英国教育家斯宾塞(Spencer)的《什么知识最有价值?》(1859)一文中。它是从拉丁语"currere"一词派生出来的,意为"跑道"(racecourse)。根据这个词源,最常见的课程定义是"学习的进程"(course of study),简称"学程"。英国牛津字典、美国韦伯字典、国际教育字典等普遍都是这样解释的。[12]随着课程理论的发展,课程内涵也随之发展。一般来说,比较公认的观点认为,课程是指学校学生所应学习的学科总和及其进程与安排。广义的课程是指学校为实现培养目标而选择的教育内容及其进程的总和,包括学校教师所教授的各门学科和有目的、有计划的教育活动。狭义的课程是指某一门学科。

地方课程是相对于国家课程和校本课程而言的,主要是从课程分级管理的角度进行的一种划分。随着世界范围内课程管理体制走向决策分享,无论采用中央集权还是地方分权课程管理体制的国家,"地方"作为行政主体,无一例外地涉及地方课程的开发与管理。

关于地方课程的界定，学术界在认识上还存在着一些差异，但基本上都认为地方课程是为了保障和促进课程适应不同地区需要，由地方根据国家课程管理政策和当地的政治、经济、文化、民族发展水平及其对人才的特殊需要，充分利用地方课程资源而开发、设计和实施，并由地方管理的课程。因此，地方课程又称地方本位课程，它是不同地方对国家课程的补充，反映了地方对学生素质发展的基本要求，具有鲜明的地域色彩。

对于地方课程的界定，其具体内容可以从以下五方面来理解：

第一，从依据看，地方课程的开发及实施的基本依据如下：一是根据国家课程管理的相关政策；二是根据当地经济、文化、社会发展水平；三是根据当地对人才的特殊需要。因此，它能较好地服务地方。

第二，从目标看，地方课程的开发及实施是为了适应不同地区发展的需要，以为当地发展培养特殊需要的人才为目标。地方课程关注的不是国家对人才的宏观的、统一的要求标准，而是本地区经济、政治、社会、文化等发展所面临并亟待解决的问题。它既要致力于解决本地区存在的实际问题，又要致力于进一步提高本地的办学水平与教育教学质量。

第三，从主体看，地方课程的开发及实施是以本地区的教育行政部门、专业研究者和教育工作者为主体。因为其对当地的实际问题有真切的体会和全面的把握，所以能确保地方课程的针对性、有效性和现实性，具有上级教育行政部门、全国课程教材专家无法替代的作用。

第四，从对象看，地方课程的开发及实施以本地特有的教育资源为对象，从当地实际出发，充分挖掘和利用当地各种教育资源，形成富有特色的地方课程。

第五，从归属看，地方课程归属于地方。在不违背国家课程目标的大前提下，地方课程的课程体系、结构、内容以及实施、管理、评价等由地方教育行政部门直接负责，对地方课程的管理、督导、考核属于地方各级教育部门的一项经常性工作。

四、地方课程开发与实施的意义

20世纪80年代中期，我国基础教育实行国务院统一领导，由地方负责、分级办学、分级管理的体制。一部分省、市试行了参照国家教学大纲、课程计划，由本省、市统一安排教材的做法，这必于地方课程。这种地方课程的特点是根据国家教学大纲、教学计划精神与要求，充分考虑学生整体素质的发展，强调本地区实际状况和政治、经济、教育发展水平，体现了学科知识的完整性、区域经济社会发展的必要性、学生个性发展的独特性三者之间的有机统一。可见，地方课程的开发与实施具有重要意义。

（1）地方课程的开发与实施成为沟通国家课程与学校课程的桥梁，有利于完善课程体系和管理机制，切实有效地推进新课程改革。

第一，从三级课程的地位和作用看，一方面，地方课程既是国家课程目标在特定社区条件下的具体化，又是对国家课程的补充；另一方面，地方课程是研制学校课程或校本课程的重要依据，校本课程不能完全脱离地方课程资源和区域发展实际来体现学校特色，它需要将地方课程具体化。

第二，从课程与学生、社会的关系看，地方课程是联系学生与社会的纽带。地方课程的设计特别强调学生与社会的联系，发挥地方和区域课程资源的教育作用，培养学生的社会责任感以及参与社会生活和社会实践的能力。

（2）地方教材更加贴近学生、贴近生活、贴近社会，充分体现了课程与实际相结合，有利于充分发挥地方教育资源的作用，促进地方人才的培养和教育质量的提高。

特别值得一提的是，在少数民族地区开发与实施地方课程可以弥补国家课程和统编教材脱离学生实际和地方生活生产实际等不足，对发展学生的个性特长、全面提高学生的素质起到了积极的作用。另外，还有利于培养学生的自尊心和自信心，有利于提高学生综合运用学科知识的能力，特别是参加社会实践活动的能力，也有利于提高民族地区教师的教科研能力、开发课程资源的能力和教学管理的能力。

（3）地方课程具有服务地方经济社会发展的独特功能。地方课程的开发与实施不仅有利于提升地方文化品位、传承地方优良传统和文化精神、推进地方精神文明建设，还有利于促进地方经济发展和民主政治建设。

《房山文化》作为中学地方教材，是国家课程"文化生活"模块的补充和延伸。它的开发与实施进一步完善了房山区基础教育课程体系，结束了房山区高中阶段无自主开发地方课程的历史，对于推介和传承房山文化、提高学生人文素养、推动房山精神文明建设和经济社会发展都具有独特的作用。

五、编制《房山文化课程指导纲要》与课程定位

（一）编制课程指导纲要

课程纲要是教材编写的纲领性文件，教材编写要体现课程纲要。因此，在教材编写之前，必须先形成课程纲要，教材编写必须在课程纲要指导下进行，否则，教材的编写就是盲目的、非理性的。

在《房山文化》地方教材编写之前，我们已经形成了初步的课程纲要。在教材编写过程中，我们不断地调整、充实和完善课程纲要。

《房山文化》地方课程的总体设计集中体现在《房山文化课程指导纲要》[13]上。《房山文化课程指导纲要》分为三个部分。

第一部分：概述，主要包括开发背景、课程性质、指导思想、基本理念、设计思路等。

第二部分：内容纲要，主要包括总体目标和内容目标。

第三部分：实施建议，主要包括教学、评价、教材编写和资源开发与利用等方面的建议。

2014年2月，在新一轮系列开发启动前夕，我们根据初中、高中两个不同学段的具体情况，分别制定了《房山文化课程指导纲要》的初中版和高中版，为两个学段教材的开发和课程的实施提供了直接依据和方向指引。

（二）课程的基本定位

课程定位是进行开发的基本前提。要开发一门课程，必须先进行认真思考和反复论证。要明确这是一门怎样的课程，它应当包含哪些主要内容，它的核心价值是什么，它的培养目标是什么，它应当有怎样的价值追求，等等，如果这些涉及课程性质、目标、任务与追求的基本问题没有弄清楚，就根本无法构建或形成一门课程，更谈不上具体构建课程的内容框架。因此，课程定位是进行课程开发的基本前提和重要基础。

在《房山文化》地方课程开发之前，从2007年初开始，我们用半年多时间对这门课程的定位进行了认真深入的思考和反复论证，初步确定了《房山文化》的课程性质、指导思想、基本理念、目标任务等。这为后续的材料选择和框架建构奠定了基础。

六、《房山文化》地方课程教材介绍

（一）《房山文化》（初中全一册）课程教材介绍

1.《房山文化》（初中全一册）课程定位

（1）课程的性质。《房山文化》是综合性、活动型、人文类的中学地方课程，旨在传承房山文化，弘扬房山精神，对中学生进行人文素养的培养与教育。《房山文化》（初中全一册）是一本对初中生进行马克思主义文化常识和房山区域文化常识教育的人文类地方课程教材。教材要求选取房山最典型的文化现象和文化事件，从物质文化和精神文化两大角度展示房山文化，让学生初步了解马克思主义文化常识，知道房山文化的一些知识，培养学生的人文素养，为学生参与文化生活奠定基础。

（2）课程指导思想。坚持以马克思主义文化观为指导，坚持立德树人，弘扬社会主义核心价值观，把人类文化的一般常识与房山文化的具体知识结合起来，把文化常识的学习、区域文化生活的参与、学生人文素养的提升作为重要的价值追求，加强学生文化生活与社会文化生活的联系，着力培养学生的文化自觉意识与文化生活参与能力。

（3）课程基本理念。

①从宏观方向上，坚持科学文化观教育、文化知识教育与地域文化常识教育相统一。马克思主义文化观教育始终居于人文类课程的指导地位，这是不能动摇的。初中生若能了解一些文化常识，可以为参与文化生活奠定基础；房山的中学生生活在这一特定地域，了解本地文化常识、参与本地文化生活是必需的。因此，必须坚持科学文化观教育、文化知识教育与地域文化常识教育相统一，这是人文类地方课程开发和实施必须牢牢把握的大方向。

②从价值追求上，坚持弘扬社会主义核心价值观与传承区域优秀文化相结合。社会主义核心价值观属于社会意识形态，是一种重要的精神文化现象，培育和践行社会主义核心价值观能够为实现中国梦提供精神动力和智力支持，学校课程设置特别是德育等人文类课程理所当然地要担负起这一使命。了解、认同、传承区域优秀文化是进行人文教育的重要载体。因此，坚持弘扬社会主义核心价值观与传承区域优秀文化相结合成为教材编写的重要价值追求。

③从内在逻辑上，坚持文化发展的普遍性与区域文化的特殊性相统一。人类文化发展具有普遍性规律，区域文化演进则有自身的特殊规律，把文化发展的普遍性与区域文化的特殊性相统一是《房山文化》地方文化类教材必须遵循的内在逻辑。

④从内容关联上，处理好区域文化积淀、传承、发展与创新的关系。任何文化都有其产生、积淀、传承、发展和创新的过程，没有文化创新就没有文化的发展，正确认识和把握其内在演进过程，处理好各个阶段的关系，也是地方文化类教材编写中必须遵循的基本原则。

2.课程设计的立意与思路

（1）教材编写的主要立意。本教材注重史、地、政多学科整合，是学生综合认识房山社会的载体。在内容上，注重问题研究；在活动设计上，注重灵活多样，关注学法指导。通过联系身边实际，贴近学生的生活经历和体验，尝试多种表达方式，教材变得新颖有趣，增强了可读性。这样可以使学生对教材产生兴趣，通过教材更好地了解房山，关心房山，增强热爱家乡的情感和责任心。

（2）教材编写的基本思路。《房山文化》（初中全一册）教材是在原《房山文化》（初高中合用本）基础上进行的再创作。《房山文化》系列教材初中、高中单列使教材的层次性更为明显，初中教材突出趣味性、常识性、生活性，高中教材偏重知识性、思考性、逻辑性。因此，在编写中必须对房山文化现象和文化事件进行重新审视、适当拆分、内容重构。

《房山文化》（初中全一册）教材大体上按照"文化渊源—文化积淀—文化传承与发展"为主线进行设计，选取了房山最为典型、最具影响的文化事件和文化现象，从物质文化和精神文化两个角度展示了房山文化的有关内容。

3.《房山文化》(初中全一册)内容结构

全书共设 5 个单元,每个单元设 2 课,共 10 课。每课下设 2~3 个框题,每个单元后面都设计了一个探究活动。

(1)宏观结构。本教材主要分单元、课题、框题三个层次,部分框题因涵盖内容较多,增设了目题。

单元——单元标题点明整个单元讲述的主题。每个单元都设导言,这样做的目的有两个:一是引入课题;二是简要概述单元的主要内容和意义。

课题——课题及内容是单元的组成部分,其内容具有相对独立性。每课设 2~4 个框题内容。

框题——框题的内容要求按课时容量进行设置,原则上每框内容用 1 个课时。每课中各框题在内容上联系紧密,框题内容作为每课内容的有机组成部分。部分框题中所设目题对讲述起到了提示作用。每一框内容的呈现尽可能采用情景、案例(故事、数据、寓言、图片等)导入,并提出启发学生思考或激发学生学习兴趣的问题,便于互动和探究。

(2)内容呈现。本教材内容分为正文和辅助文两个部分。正文是学习的主体内容,采用宋体字。辅助文主要由课文中的楷体字部分和"开窗栏目"组成,是对正文内容的拓展,有助于学生理解正文。开窗栏目及功能如下:

①活动平台,它的主要功能是引导学生开展一些课堂内外的实践性活动,以提升学生的实践能力和探究能力。

②知识链接,它的主要功能是提供知识性资源,以开阔学生的知识视野。

③文化时空,它的主要功能是介绍一些房山古今文化名人、文化事件和生动有趣并富有文化色彩的故事、寓言、传说等,以培养学生的人文素养。

④格言语录,它的主要功能是提供与正文或辅助文相关的名言和语录,以便学生更好地理解教材正文相关内容。

(3)探究活动。在每个单元之后,都设计一个主题探究活动。探究活动由活动目标、活动内容、活动资源、活动建议四个部分构成。探究活动的设置旨在培养学生的探究精神和探究能力。

表 3-6 《房山文化》（初中全一册）主体框架

单 元	分课标题	
第一单元 房山文化悠久	第一课 感受房山文化 探究活动 体验燕都青铜文化	第二课 房山文化渊源
第二单元 古寺宝塔云集	第三课 北方巨刹云居寺 探究活动 探秘石刻佛经	第四课 房山古塔冠京师
第三单元 艺术文化丰厚	第五课 文学书画精粹 探究活动 寻访贾岛足迹	第六课 民间艺术流
第四单元 行宫民居并存	第七课 京西离宫行宫 探究活动 走近民居大院	第八课 走进水峪古村
第五单元 文化传承发展	第九课 文化发展新标 探究活动 歌颂美丽家乡	第十课 文化建设新貌

4.《房山文化》（初中全一册）总体目标

《房山文化》（初中全一册）地方课程旨在满足房山区初中学段三级课程整体发展需要，从根本上改变房山区地方课程薄弱的局面，以发挥地方课程作为国家课程和校本课程之间的桥梁的作用。分学段开发与实施《房山文化》课程，形成初中、高中相互衔接的中学地方文化教材结构体系，有利于发挥文化类课程的整体育人功能，实现地方课程的终极性价值。课程通过对地方文化选择、传承与创新的推介，让广大师生乃至社会各界更多地了解房山，传承和弘扬房山区域优秀文化，实现地方课程的基础性价值。通过开发与实施《房山文化》地方课程，提高学生的人文素养，促进地方建设人才的培养，推动地方经济社会的发展，实现地方课程的实践性价值。

总的来说，本课程坚持以马克思主义文化观为指导，帮助学生了解房山的由来，理解房山文化的基本含义，了解房山历史文化的渊源，认识周口店北京人遗址、西周燕都遗址，了解房山古刹云居寺，认识房山古塔冠京师，了解昊天塔相关趣闻，认识房山古今文学书画代表人物及作品，了解房山民间传说和民间花会，认识房山的离宫行宫，了解房山古村落和民居大院，了解中华石雕艺术园、房山世界地质公园等房山文化新标，了解房山旅游文化节、群众文化活动、北京最美乡村等文化建设重要成果，让学生初步掌握一些文化知识，理解和认同房山文化，提升人文素养，为学生今后学习人文类相关课程和参与文化生活实践奠定基础。

5.《房山文化》（初中全一册）内容目标的操作建议

《房山文化》（初中全一册）内容目标的操作建议如表 3-7 所示。

表 3-7 《房山文化》(初中全一册)内容目标的操作建议

单 元	内容目标的操作建议
第一单元 房山文化悠久	◆开篇讲座：介绍大石窝镇的汉白玉和水头村文化建设成果，或者其他有代表性的房山文化，初步感受房山文化的价值与魅力 ◆调查走访：组织学生寻访长辈或查阅资料，说说自己所在乡镇或街区名称的由来，课上交流后，出一期板报 ◆分类：说出一些有关文化的词汇，试着进行分类，初步感受文化现象 ◆交流：组织学生以"'北京人'的一天"为题，描述一下"北京人"一天的生活情景 ◆参观：组织学生参观房山的博物馆或纪念馆，写一份观后感
第二单元 古寺宝塔云集	◆交流：查阅史料，了解云居寺石经的历史和文化价值，认识"石经归穴"的必要性 ◆设计：组织学生利用房山旅游资源，设计"房山历史文化一日游" ◆参观撰写：组织学生实地参观云居寺，加深对云居寺的了解和对云居寺内文物价值的认识，写一篇精彩的解说词，介绍云居寺的历史、文化和传说 ◆考察交流：参观1～2座古塔，了解其建筑特点和有关趣闻传说，分组展示交流
第三单元 房山艺术文化	◆交流：房山古代文化名人的趣事及作品 ◆讨论：分组收集朗诵贾岛的诗作，讨论贾岛诗文的风格及特点 ◆分享：制作PPT介绍房山书画名家的作品，培养审美情感，提高审美能力 ◆参观交流：参观房山区或者各乡镇举办的文学书画摄影展览，切身感受新时期房山文化发展的成就，激发自豪感和自信心 ◆搜集整理：搜集房山的民间传说与神话故事，整理汇编成小册子分享展示
第四单元 行宫民居并存	◆参观：参观房山的行宫或道观等古建筑，加深对房山古代建筑艺术的了解 ◆分享：调查乡族中的长辈，了解他们所知道的建筑装饰图案的寓意，课堂交流 ◆游记：结伴游房山的水峪村，感受"中国历史文化名村"所承载的内涵，写一篇见闻 ◆交流：制作PPT，分组介绍水峪村的古民宅、古石碾、古商道、古中幡的历史与今天，提出2～3条传承保护文化遗产的建议
第五单元 文化传承发展	◆展示：查找、整理房山世界地质公园的相关资料，全班交流展示 ◆查阅：了解房山汉白玉与北京建筑文化的关系 ◆收集与感悟：收集房山举办的农民艺术节、国际长走大会、音乐节等的相关资料，认识身边的文化活动，感受文化生活的丰富多彩 ◆列举与交流：分组收集房山的各级各类物质文化遗产和非物质文化遗产项目，在组内交流的基础上，全班分享 ◆欣赏与创作：了解房山优秀的作曲家及其歌唱房山的文艺作品，朗读歌词，学唱歌曲，并尝试作词或编曲

(二)《房山文化》(高中全一册)课程教材介绍

1.《房山文化》(高中全一册)课程定位

(1)课程的性质。《房山文化》(高中全一册)是一门进行马克思主义文化学常识教育的人文类课程，课程以房山区域的典型文化事件和文化现象为载体，展示了房山物质文化和精神文化积淀、传承、发展与创新的重大成果，帮助学生认识了文化的重要价值，提升了学生的人文素养。

《房山文化》（高中全一册）作为北京市高中地方课程，它是联结国家课程与校本课程的重要桥梁和纽带，是对国家课程"文化生活"的必要补充、拓展和延伸，是区域基础教育课程体系不可或缺的组成部分。

（2）课程指导思想。《房山文化》（高中全一册）课程坚持以马克思列宁主义、毛泽东思想和中国特色社会主义理论体系为指导，坚持马克思主义文化观，帮助学生认识文化的内涵和发展中国特色社会主义文化的重要性，初步了解房山精神文化、地理文化、历史文化、教育科技文化、艺术文化、房山文化发展等，认同房山精神，提升人文素养，培养房山建设与发展所需的人才，践行社会主义核心价值观，发展房山先进文化，为房山的物质文明、精神文明、政治文明、社会文明和生态文明建设提供精神动力和智力支持。

（3）课程基本理念。

①坚持马克思主义文化观教育与提升人文素养教育相统一。坚持马克思主义文化观，把马克思列宁主义、毛泽东思想和中国特色社会主义理论体系与房山当地文化发展的实际相结合，通过房山文化现象展示房山文化发展成果，揭示房山文化演进规律，认同房山文化精神，提升科学素质和人文素养，培养既有科学理论素养又有较高文化素养的人才。

②弘扬社会主义核心价值观与继承房山优秀文化传统相结合。建设社会主义核心价值体系就要巩固马克思主义指导地位，坚持不懈地用马克思主义中国化的最新理论成果武装全党、教育人民，用中国特色社会主义共同理想凝聚力量，用以爱国主义为核心的民族精神和以改革创新为核心的时代精神鼓舞斗志，用社会主义荣辱观引领风尚。社会主义核心价值观在社会主义核心价值体系中居核心地位，是规范和指引国家、社会和公民个人的行为准则。《房山文化》（高中全一册）课程坚持弘扬社会主义核心价值观，同时引导中学生了解房山文化传统，把握弘扬房山文化的价值与意义，识别、传承房山优秀文化传统，弘扬房山文化精神，把培育和践行社会主义核心价值观与继承、发扬房山优秀文化传统紧密结合起来，自觉地为发展房山优秀文化、建设物质文明和精神文明、实现中华民族伟大复兴的中国梦做出贡献。

③把文化的普遍性与文化的特殊性有机结合起来。中华文化与房山文化、中华民族精神与北京精神、北京精神与房山精神都是共性与个性、普遍与特殊的关系。中华民族精神的基本内涵如下：以爱国主义为核心，团结统一，爱好和平，勤劳勇敢，自强不息。北京精神概括为"爱国、创新、包容、厚德"。房山精神内容丰富，可以概括为"爱国、勤劳、坚韧、尚德"。从这三个层面的文化精神可见，具有共性、普遍性的中华民族精神寓于北京精神之中，并通过北京精神表现出来，中华民族精神、北京精神又寓于房山精

神之中，并通过房山精神表现出来。因此，把中华文化的普遍性与房山文化的特殊性有机结合起来是我们探讨和阐释房山文化时必须坚持的重要的指导性原则。

④处理好批判与继承、发展与创新的关系。没有文化的传承，就没有文化的积累，也就没有文化的发展，更谈不上文化的创新。文化的继承不是原封不动地承袭传统文化，因为传统文化中既有积极、合理的因素，又有消极、不合理的因素。因此，要有所淘汰、有所发扬，要批判地继承。保持和发扬传统文化中符合社会发展要求、积极向上的内容，改造和剔除不符合社会发展、消极落后的内容。继承传统文化的正确态度应该是取其精华，去其糟粕，批判继承，古为今用。

房山文化从内容到形式极为丰富，其中必然有许多积极合理的东西，也不免存在一些消极落后的东西。房山文化只有在继承的基础上才能发展，在发展的过程中得以更好地继承。因此，只有把握好房山文化继承与文化发展的关系，在批判的基础上加以继承，不断推陈出新、革故鼎新，才能做出正确的文化选择。

文化在交流的过程中传播，在继承的基础上发展，都包含着文化创新的意义。文化发展的实质就在于文化的创新。文化创新是房山文化进一步发展与繁荣的必然要求。处理好房山文化发展和创新的关系是房山文化呈现蓬勃生机与强大生命力的重要保证。

总之，把房山文化的批判与继承、发展与创新有机结合起来、辩证统一起来是我们开发这门课程的重要价值和基本追求。

2.课程设计思路

（1）《房山文化》课程开发立意。本课程注重史、地、政等多学科整合，是学生综合认识房山社会的载体。在内容定位上，突出问题探究；在呈现方式上，注重灵活多样，在结构安排上，采用专题分析；在教学方式上，关注学法指导。通过联系学生身边实际，贴近学生生活经历和体验，尝试多种表达方式，教材变得生动有趣、有亲切感、可读性强。这样，才能使学生对教材产生兴趣，通过教材更好地了解房山，关心房山，增强对家乡文化的认同度和责任心。

（2）《房山文化》教材编写思路。《房山文化》（高中全一册）教材是在原《房山文化》（初高中合用本）基础上进行的再创作。《房山文化》系列教材初中、高中单列使教材的层次性更为明显，初中教材突出趣味性、常识性、生活性，高中教材偏重知识性、思考性、逻辑性。

《房山文化》（高中全一册）教材遵循从抽象到具体的演绎思维逻辑。从一般文化到房山文化，再从房山文化到房山文化的各个具体方面，最后阐释了房山文化的传承、发展与创新，指明了房山文化的发展方向，力求逻辑严谨、思路清晰。

《房山文化》（高中全一册）教材主要从物质文化和精神文化两大视角出发，展现了房山精神文化、地理文化、历史文化、教育科技文化、艺术文化、房山文化发展等，为学生初步了解有关文化知识、了解房山文化、提升人文素养、积极参与房山精神文化建设奠定了基础。《房山文化》（高中全一册）单元设置的内在逻辑示意图如图3-8所示。

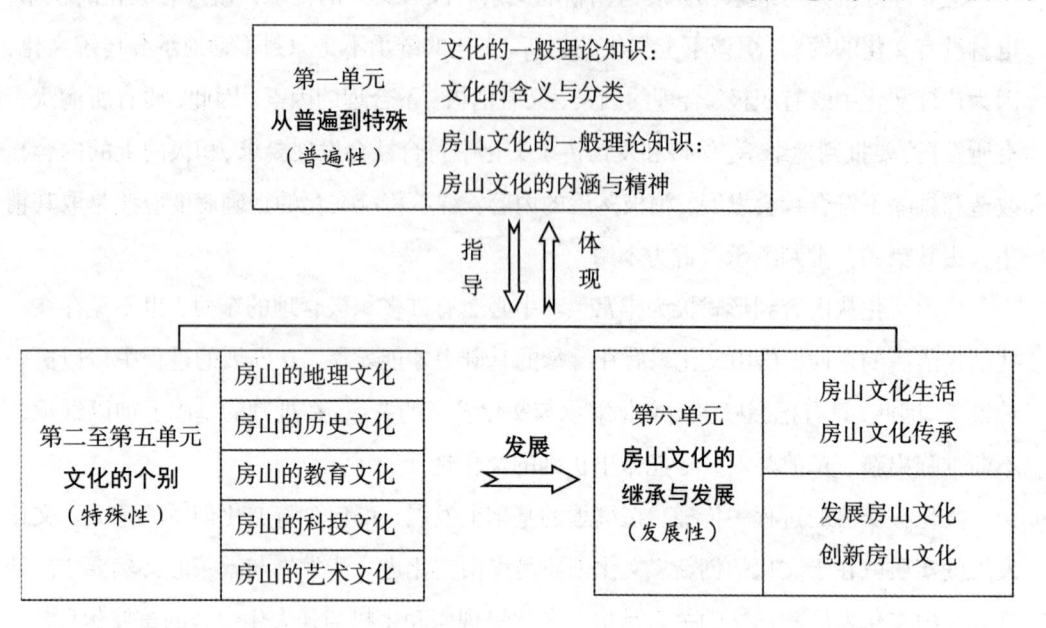

图3-8 《房山文化》（高中全一册）单元设置的内在逻辑示意图

3.《房山文化》（高中全一册）教材的内容结构

本教材共设有6个单元，分为13课。

本教材主要分单元、课题、框题三个层次。部分框题涵盖内容较多，增设了目题。

单元——单元标题点明整个单元讲述的主题。每个单元都设导言，这样做的目的有两个：一是引入课题；二是简要概述单元的主要内容和意义。

课题——课题及内容是单元的组成部分，其内容具有相对独立性。每课设2~3个框题内容。

框题——框题的内容要求按课时容量进行设置。每课中各框题在内容上联系紧密，框题内容作为每课内容的有机组成部分。部分框题中所设目题对讲述起到了提示作用。每一框内容的呈现尽可能采用情景、案例（故事、数据、寓言、图片等）导入，并提出启发学生思考或激发学生学习兴趣的问题，便于互动和探究。

教材在每个单元之后，都设计一个探究活动。探究活动都由背景材料、问题探讨、活动建议三个部分构成。探究活动的设置旨在强化教材相关内容，培养学生的探究精神和实践能力。《房山文化》（高中全一册）主体框架如表3-8所示。

表 3-8 《房山文化》(高中全一册)主体框架

单 元	分课标题、综合探究	
第一单元 走进房山文化	第一课 揭开文化之秘 探究活动 感悟房山精神	第二课 体味房山文化
第二单元 领略房山地理文化	第三课 地理环境对文化的影响 探究活动 体验房山山水文化	第四课 璀璨夺目的地理文化
第三单元 回首房山历史文化	第五课 古代房山的历史文化 探究活动 保护房山文化遗址	第六课 近代房山的历史文化
第四单元 纵观房山教育科技文化	第七课 古代房山教育科技文化 探究活动 聚焦房山教育发展	第八课 当代房山教育科技文化
第五单元 欣赏房山艺术文化	第九课 文学和书画艺术 探究活动 鉴赏房山艺术文化	第十课 塑形和建筑艺术
第六单元 继承发展房山文化	第十一课 摄影和音乐艺术 第十三课 房山文化发展创新	第十二课 房山文化薪火相传 探究活动 感受房山旅游文化节

4.总体目标和目标要求

（1）总体目标。以马克思主义文化观为指导，帮助学生了解文化的含义及分类，了解房山文化的含义及表现，理解房山精神，了解房山地理环境对文化的影响，了解房山历史文化的重大事件，了解房山教育科技文化的重大史实，了解房山的艺术文化及其影响，理解文化的传承、发展与创新的意义，懂得如何继承与发展房山文化。初步具备运用马克思主义文化观的知识与方法观察问题、分析问题、解决问题的能力，能够理解和认同房山文化，具备一定的文化知识和人文素养，初步形成正确的文化观和价值观。

（2）目标要求。以《房山文化》(高中全一册)第一单元的内容目标及提示与建议为例进行展示，如表 3-9 所示。

表 3-9 《房山文化》(高中全一册)内容目标及提示与建议

内容目标	提示与建议
第一单元 走进房山文化	
1.了解文化现象普遍存在 2.知道文化的基本特征 3.理解文化的含义 4.理解文化与经济、政治的关系 5.知道文化的分类及包含的内容 6.理解对文化价值判断分类的重要意义 7.具有区分文化现象与经济现象、政治现象等能力 8.能够运用相关知识对现实生活中的文化现象进行分类	◆分类：先说出大量有关文化的词汇，然后按一定标准进行分类 ◆比较分析：通过网络或书籍查阅关于"中华民族精神""北京精神"的表述，结合房山精神的表述，

续　表

内容目标	提示与建议
9.认同文化存在的普遍性，自觉从文化视角思考和看待社会现象 10.认同文化价值判断的重要性，自觉接纳健康有益的文化 11.了解房山承载着厚重的文化 12.明确房山文化的内涵 13.知道房山文化形式多样 14.了解中华民族精神和北京精神 15.理解房山精神 16.能够把握中华民族精神、北京精神与房山精神的关系 17.能够透过丰富多彩的房山文化现象概括出房山文化精神实质 18.认同房山文化丰富多彩、底蕴深厚 19.认同房山精神，自觉弘扬房山精神	通过比较，找出共同点和不同点 ◆交流与展示：收集体现房山精神的相关材料，通过分析与概括，形成自己的"房山精神"表述语 ◆举办讲座：走进房山文化

七、《房山文化》课程实施的总体建议

（一）教学建议

1.教学方法的选择建议

《房山文化》作为地方选修课程，应根据地方课程的特点，灵活地选择教法和自主地选择学法。比如，采取新课讲授、单元讲座、小组合作探究、单元检测、知识竞赛、与相关学科课程整合教学等形式，还可以让学生进行社会调查、社区服务、研究性学习等。

2.主要学习方法操作建议

（1）自主学习法。自主学习是学习者根据自己的学习能力和学习任务的要求，积极主动地调整自己的学习策略和努力程度的过程。自主学习具有以下基本特征。

一是参与的全程性。"自主"贯穿于学习活动始终，从学习目标的明确到学习重点的把握，从学习方法的选择到学习形式的确定，从学习过程的推进到学习反馈的进行，学生均在参与。在这些过程中，教师的引导是为了配合学生，绝不能越俎代庖。

二是参与的主动性。主动学习是自主学习的核心和本质，学生的主体性是学生在学习中体现出来的内在思想和外在行为上的独立与自主。在学习活动中，学生能自我计划、自我选择、自我监控。因此，在自主学习中，学生能表现出强烈的自我意识。

三是参与的情感性。自主学习建立在学生内在学习动机的基础上。在自主学习中，学生会投入情感，能在学习中挑战自我，证明自我，获得真知，享受快乐。

四是参与的有效性。自主学习要求学生掌握一定的学习策略，做到"会学"。衡量学生能否自主能动地进行学习，不仅要看学生是不是在积极主动地学习，还要看他们是不

是富有成效地学习。因此，在自主学习中，学生的一切学习活动不仅是必要的，还是有效的。

倡导自主学习是基于对学生的尊重，满足学生探究、体验、获得认可与欣赏的需要。提倡自主学习就是要打破传统教学"灌输"的特点，实现"主导"与"主体"关系的平衡，给学生足够的自主空间和足够的活动机会，使学生成为学习的主人，从而唤醒他们积蓄的潜能，激活他们封存的记忆，开启他们幽闭的心智，放飞他们囚禁的情绪，使学习活动带给学生理智的挑战、心智的拓展、心灵的放飞，使学生自由、健康、充分和全面地发展。

《房山文化》作为选修课，完全由学生自主选择。因此，我们提倡学生自主学习，让学生自主选择学习内容，自主选择学习方式，自主开展课内活动，自主安排学习时间，自主进行学习与活动评价等。本教材中的许多内容都可以考虑运用自主学习的方法去完成。

（2）实践探究法。这种方法强调学生通过实践活动增强探究和创新意识，学习科学研究的方法，提高综合运用知识的能力。作为一种教法或学法，实践与探究以活动为载体，以学生的经验和社区的生活为背景，在探究活动中演绎教材内容，补充和生成超越教材知识的内容。这种方法强调培养学生的创新精神、实践能力和探究能力。这种方法的突出特点如下：

一是面向实践，面向社会，突出实践性。实践活动以学生的现实生活和社会实践为基础，以活动为形式，以实践为根本，强调学生的亲身经历，让学生亲自参与、主动探索，在实践中感悟和生成知识，提高解决实际问题的能力。实践内容是丰富的，实践方式是多样的。实践并不仅意味着让学生做社会调查、参观、访问，更重要的是为学生营造实践情景，让学生在实践中发现问题、提出问题、解决问题，特别是在面对生活世界的各种现实问题时，能够综合运用所学知识，主动探索、发现、体验，亲力亲为，获得解决现实问题的真实经验，发展实践能力和创新能力，从而提升综合素质。

二是回归生活，经历生活，体现开放性。实践活动面向学生的整个生活世界，随着学生生活的变化而变化，强调学生亲身生活经历，体现了课程内容的开放性。

三是注重过程，立足发展，关注生成性。实践活动注重活动过程，立足学生思维与动手能力的发展。随着活动的不断展开，新的问题不断产生，新的主题不断生成，学生在这个过程中兴趣盎然，认识和体验不断加深，创造性的火花不断迸发，在活动和探究中体现出了知识的生成性。

四是以学生为本，落实自主性。实践活动和探究主题的选择要充分考虑学生的关注点、兴奋点，为学生自主性的充分发挥开辟广阔的空间。

（3）灵活选择其他方法。地方课程、乡土课程的实施可以灵活选择各种学习方法。比如，采用新课讲授、单元讲座、小组合作探究、单元检测、知识竞赛、调查报告、小论文、相关课程整合教学等形式，灵活组织教学活动。可组织1~2次参观考察活动，通过社会调查、实地考察进行研究性学习，写出调查报告或小论文，或通过板报、手抄报、幻灯片等方式进行展示。

结合各高中学校课程设置的实际情况，灵活安排《房山文化》（高中全一册）的教学活动。

（二）评价建议

1. 地方课程学习评价方式

地方课程的评价要以课程纲要和内容目标为依据，体现地方课程的特点，评价方式可以灵活多样。通过评价活动了解地方课程目标设定是否恰当，同时帮助师生进行总结与反思，改进教学和学习方式，促进师生共同发展。

《房山文化》课程的评价重视学生学习过程的评价，特别要关注学生在学习过程中的学习积极性，使学生不断获得学习地方课程的兴趣和发展的动力。在学业考核时，承认学生发展的差异性，采用多样化评价方式，不采用统一尺度和单一模式评价所有的学生。具体评价方式如下：

专题检测。专题检测的成绩作为平时成绩，按一定比例计入本模块学习成绩。检测卷采用开卷闭卷结合或者全开放形式，不采用全闭卷形式。

项目评议。按照不同项目将学生分成若干小组，由学生自主设计活动计划，让学生围绕真实的社会生活问题进行实地考察、资源收集、分析综合、信息表达，提交调查报告、研究报告或小论文等，最后对小组项目成果进行综合评议。

学习表现。学生参与学习活动的次数及表现情况按一定比例纳入总体评价。

综合检测。可采用综合性知识竞赛、开放式综合测试等方式。

多元评价。可采用学生个人评价与小组评价相结合，教师、学生、管理者、家长共同参与的多元主体评价方式，调动多元主体共同关注师生的共同发展和地方课程的发展与完善。

2. 地方课程评价的基本原则

（1）突出思想性和教育性。《房山文化》（高中全一册）课程的教学特别关注学生在对待文化现象上的情感、态度与价值观方面的表现和变化，重在提升学生的文化修养和人文素养。因此，对于学生的学习过程、讨论活动、调查报告、探究结果等方面的展示与评价都必须突出其思想性和教育性。

（2）体现鼓励性和肯定性。学生是学习和活动的主体。在《房山文化》（高中全一册）

教学中，学生既要参与课堂活动（动手、动脑、讨论交流等），又要参与课外实践性活动（收集整理资料、参与社会调查、制作展板等）。这些活动不仅可以让学生获得更多关于文化方面的认知，还对学生相关能力的发展和良好的情感、态度、价值观的形成都具有积极意义。比如，培养学生的沟通、合作、表达能力，提高学生搜集与筛选多种社会信息、辨识社会现象、透视社会问题的能力，使学生初步形成自主学习、持续学习的能力与品质。因此，应当给予充分鼓励学生参与各种活动。对于学生在活动中的表现，要从积极的方面、用发展的眼光给予充分的肯定性评价。

（3）具有开放性和多元性。《房山文化》（高中全一册）的教学评价不能拘泥于课堂，更不能只看卷面考试，应当使教师、学生、学校管理者、家长、社会有关人员都参与到评价活动中，形成一个开放的、多元的评价体系。通过学习《房山文化》（高中全一册）或参与相关活动，学生可以提升自己的认知，提高理解、分析和解决问题的能力，形成正确的情感、态度和价值观。这些都表明学习有成效、有收获，不必强求学生的认识理解是否完整、是否完全一致、是否达到了很高的境界。同时，鼓励学生根据自己的知识经验、认知水平和学习方式等进行以肯定为主的自我测评。

（4）形成性评价与终结性评价相结合。一般来说，终结性评价应建立在形成性评价的基础上，只有与形成性评价相结合，才能保证评价的真实、准确、全面。无论形成性评价还是终结性评价，都应当采取多种学习评价方式。《房山文化》（高中全一册）作为一门选修课，建议采用开卷测试方式，了解和评价学生对文化知识的掌握情况，还可采取更为灵活的方式，如谈话观察、描述性评语、项目（调查报告、研究性学习报告等）评议、学生自评与互评、课程学习与文化素养发展记录等，了解和评价学生的文化知识与能力素质以及人文修养发展的情况。

（三）教材编写建议

教材编写要体现地方课程的基本特点：一是注重科学性与教育性；二是体现社会性和生活性；三是具有典型性和代表性；四是突出地方性和时代性；五是彰显实践性和开放性；六是关注可读性和规范性。

总之，在本教材的编写中力求达到可读性与规范性之间的动态平衡，体现人文学科课程的基本要求。

第一，教材内容编排与呈现既要符合生活逻辑，又要符合知识逻辑。

第二，对问题的阐释力求观点正确、层次清楚、通俗易懂，不追求理论体系的完整性和系统性。

第三，活动设计既要具有互动性，又要体现知识生成的过程性。

第四，提出的问题注重启发性和思考性。

第五，资料来源力求真实、权威、典型、可靠。

第六，材料选用遵循知识性与教育性相结合的原则。

第七，语录选择力求贴切、准确。

第八，图片的选取尽量做到清新活泼，给人耳目一新的视觉效果。

（四）资源开发与利用建议

1.创造性地使用教材和教学用书

教材既是教师教学的文本，又是学生学习的文本；既是教学活动的依据，又是教学的工具箱和资源库。专门为教师编写的教学用书不仅对教师分析、把握教材起到了辅助作用，还提供了比较丰富的课程资源。因此，教师应当创造性地使用教材和教学用书，充分发挥其作用。

从宏观上讲，《房山文化》（高中全一册）教材应依据本课程纲要进行编写。它应当反映国家课程建设的有关文件精神，特别是要符合对相关课程补充、拓展和延伸的要求。本教材自主编排内容结构，自主选择相关资源，自主确定呈现方式。这种很强的自主性为教师创造性地使用教材提供了更大的空间。

从微观上讲，教材中教学活动的设计目的是引导学生进行探究，主动建构知识，发挥学生的主体作用。对教材中设计的教学活动，教师可以进行各种变通，既可以完全根据教材的设计进行教学，也可以结合本校实际补充另外的教学活动。教材中使用的材料难免滞后，因此教师需要不断更新材料，力求使用最新的素材，以增强课程的时代感。

2.结合实际创造性地开发和使用课程资源

课程资源的范围非常广泛，按其呈现方式的不同进行分类，可分为文字资源、音像资源、人力资源、实物资源、信息化资源和实践活动资源等。值得一提的是，房山文化资源非常丰富，博物馆、纪念馆、文化馆、地质公园等遍布全区。在教学中，教师要创造性地开发和利用各种课程资源，使教学能够紧密联系社会文化生活实际，紧密联系学生身边的房山文化生活和学生亲身参与的文化生活实际，跟上时代的步伐，增强本课程的吸引力和感染力。

八、《房山文化》课程开发与实施的过程和效果

（一）整体规划，系统设计

根据《国家中长期教育改革和发展规划纲要（2010—2020年）》[14]与《北京市中长期教育改革和发展规划纲要》文件精神，结合本区实际，把《房山文化》课程开发纳入课程整体发展和建构体系之中。在《房山文化》教材建设中，我们设计了三条技术路线：一是按照先学段内再学段间的顺序开发；二是严格按照课程开发程序来操作，研究制

定课程目标—制定课程指导纲要—编写教材教参—制订课程实施方案—课程教材实验—课程评价与优化;三是设计"编教研训一体化"的技术路线。三条技术路线保障了课程建设程序内在逻辑的合理性与课程实施程序内在逻辑的合理性。

(二)纲要引领,教材保障

2007年9月,《房山文化》教材编写项目启动后,项目组一方面开始广泛收集、深入分析和精心筛选相关课程资源,另一方面着手制定课程指导纲要,经过近一年的反复讨论、论证、修改,最后定稿形成《房山文化课程指导纲要》。在2014年初开始的系列教材开发过程中,我们仍然先着手制定课程指导纲要,论证完成并最终形成初中、高中两个版本的《房山文化课程指导纲要》。课程指导纲要的制定为《房山文化》教材的编写提供了直接指导,也对整个课程的开发与实施起到了统领作用。

在教材编写中,我们既注重体现地方课程的突出特点,又注重体现人文课程的基本要求。

编写组根据《房山文化课程指导纲要》,确定了教材内容框架和四级提纲(单元、课、框题、目题),据此,精选和组织材料,编写出教材《房山文化》《房山文化教师教学用书》,为实施地方课程教学提供了重要文本。

(三)纲要指导,督促实施

1.《房山文化课程指导纲要》提出实施建议,对课程实施起到了指导作用

比如,《房山文化课程指导纲要》(初中全一册)提出了具体的教学建议。

2.积极实践和主动探索,形成了行之有效的教学方式

地方课程的实施方式主要包括教师教的方式和学生学的方式两个方面,这两个方面相互关联,统一于整个教学过程之中。从地方课程的性质看,地方课程更多的是体验性、探究性、实践性的课程,需要学生从生活和活动中去认识周围世界。从地方课程的内容看,地方课程更多的是一种生产教育、生活教育,地方课程的设计特别强调学生与生活的联系,注重发挥地方资源和社区资源的教育作用,其内容充满生活性、区域性。从地方课程的目标看,它更强调课程与学生生活、当地社会发展的联系,是关注生活世界的一种课程形态。为此,我们认为地方课程教学不能囿于传统的以教师、教材、课堂中心的教学方式,而应当走向社会,走向生活,成为一种灵活自由、生动活泼且具有自主性、开放性、实践性和探究性的活动课程。正因为地方课程资源的广泛性、反复性、异质性和散在性,它的实施方式也应多元化。

为有效实施《房山文化》地方课程,2011年12月,房山区教委印发了《房山区中小学地方课程实施方案》,各实验学校根据全区实施方案,结合各校特点,制订了具体的实施方案。比如,北京师范大学良乡附属中学(以下简称"北师大良乡附中")制定的

《房山文化地方课程实施方案》就具有示范性。

在实施过程中,《房山文化》地方课程直接置于区教委中教科、区课程中心的领导下,依托课程项目组的引领,主动争取市课程中心专家的指导,经过实验学校的实践与探索,形成了以下四种基本的课程实施方式。

一是独立开课。为了保证师资、保证课时、保证实效,部分学校安排专门的教师进行独立授课,共计18学时。例如,北师大良乡附中在高一下学期集中开课,进行专题讲座,良乡第三中学等学校开展专题教学等,都具有典型意义。

二是学科联动。地方课程在内容上与国家课程有密切联系,在具体实施过程中,学校把有关内容进行分解,让相应学科教师承担教学任务,这样既节约了时间,又避免了简单的重复。围绕同一个主题,多学科共同参与,是值得采用的一种教学方式。比如,北师大良乡附中历史、地理、政治三科联合,围绕《房山文化》中的"燕都文化"这个主题,从不同的学科视角引领学生进行社会实践与合作探究,取得了很好的效果。

这种课堂注重教师、学生、专家的多边互动,实现了课外实践与课堂探究相结合,多视角切入,跨学科综合,穿越了学科壁垒,真正体现了地方课程的区域性、探究性、综合性、开放性和发展性特点。这种课堂从学生的立场出发,改善学生的学习状态,打破限定性学习的束缚,呈现出更有创造力的学习生态,立足综合实践探究,探索多种学习方式,演绎精彩灵动课堂,让学生生命深处潜在的探求新知的欲望被充分点燃和释放出来,生命活力得到了充分绽放。这个精彩的课例充分展示了地方课程的意义和价值,即地方课程作为沟通国家课程和校本课程的桥梁,不仅有效地补充了学生的学习资源,还改善了学生的学习方式,拓展了学生的学习空间,使课程真正成了学生树立文化自信与文化自觉、培养本土情怀、提升人文素养的有效载体。

三是活动整合。地方课程的实施与学校开展的各项教育活动紧密结合,可以使学校通过开展活动解决问题,不再占用课堂教学时间重复教学,这样既有效利用了教学时间,又体现了课程教育目标与学校教育目标的一致性。例如,良乡第三中学开展的"知房山,爱房山"征文活动和摄影活动、"我知房山,我爱房山"手抄报比赛等,房山区实验中学的社会实践活动"走进世界地质公园",首都师范大学附属房山中学的主题探究活动"走进永定河",北师大良乡附中打破学科边界、政史地三科融合的"燕都文化探究"综合实践与研究性学习,这些综合实践活动与专题学习探究相结合的课程实施方式不仅为学校教育提供了更广泛的载体,还明显增强了课程的实效性。比如,在讲授"房山精神"内容时,首都师范大学附属房山中学的政治教师带领学生走进北京八方达公交公司835车队,实地采访见义勇为英雄司机韩扬师傅,指导学生制成PPT文稿,获得了北京市中小学生师生电脑作品二等奖。此外,还开展了"我爱房山"学生、家长一起读书的活动,将学生及家长的优秀作品通过校园广播的形式定期播放,都收到了很好的效果。

四是文化渗透。部分学校注重传统历史文化及特色区域文化在学校文化管理中的地位及作用,将房山文化、区域文化的精髓转化为文化力并运用到学校文化管理之中,形成了一种运行机制,产生了深刻的影响。比如,良乡第四中学从建校之日起,就秉承着"教育既要面向未来,又要传承历史文明;既要面向世界,又要坚持民族文化之根本;既要融入时代潮流,又要扎根本土文化"的宗旨,确立了"汲取、融合、创新"的学校文化建设思路,提出了"文化育人"的办学理念,及时汲取本土区域文化,将房山文化中的一些相关内容和学生的课程实践成果在学校宣传栏或者其他醒目的位置轮流展出。又如,北师大良乡附中结合房山文化,制作了"平西抗日战争系列展板"进行布展。这些都成了学校显性文化和管理文化的重要组成部分。

总之,地方课程的实施仍然处在探索阶段,没有固定的模式和现成的经验,教师在实施过程中有较大的自主性和灵活性,而且具有差异性的客观存在决定了课程实施不能采用固定模式,在各种不可预知的条件变化的影响下,它应当是一个不断创新的实施过程。

3.以《房山文化课程指导纲要》课程理念和评价建议为指导,进行科学合理的教学评价

要想有效推动课程实施和课程改革,离不开科学合理的教学评价。在教学评价中,我们坚持遵循下列基本原则:一是评价中突出思想性和教育性;二是评价要体现鼓励性和肯定性;三是评价方式应具有开放性和多元性;四是形成性评价与终结性评价相结合。

(四)培训反馈,提升课程

要想有效实施地方课程,对师资进行培训是非常必要的。培训不仅可以帮助教师准确理解地方课程的地位和作用,还能够使教师掌握这门课程的基本定位、内容结构和实施方式。

截至 2016 年 4 月,房山区教委中教科和《房山文化》项目组先后组织了 3 次全区范围的《房山文化》课程教师培训。在培训会上,领导发表重要讲话,邀请专家做关于地方课程开发与实施的专题报告,教材主编、编者对教材进行了系统介绍,并提出了具体实施建议,发布了房山区关于地方课程教学设计、教学录像课及课件评优的通知,为参加培训的教师提供了相关教学资源。

区课程中心和项目组组织了多次《房山文化》等地方课程实施教学交流和教研活动,提升了教师有效实施《房山文化》的课程水平与能力。

为全面了解《房山文化》在各校的实施情况,包括是否开课、课时安排、授课方式、教师的学科背景、是否参加过培训、困难与问题、意见或建议等,项目组每年都要在学

校进行一次调研，并及时进行反馈，以此作为教材修订和改进教学的重要依据。

项目组还召开了《房山文化》教师座谈会，对《房山文化》在学校实施的情况、教学设计中遇到的困难以及对地方教材在开发与编写方面的意见和建议进行了交流和分享。这样的座谈会既是课程实施经验交流会，又是课程开发与教材编写的意见征集会，为《房山文化》教材的编写与修订提出了大量建设性意见和建议。

根据跟踪调研和反馈意见，项目组对《房山文化》教材做到了"每年一小改，三年一大修，五年成系列"，不断更新、丰富和完善教材内容，推动了课程逐步提升、日趋成熟。

（五）开发实施，交相推进

《房山文化》教材初步开发完成后，经过4年的教学实验，积累了一定的教育教学和教材建设的经验，在一定程度上推动了房山区课程改革的步伐。但师生普遍认为，初中、高中合用一本教材，在选取和把握内容方面有一定难度，使用起来很不方便，建议初中、高中分学段编写教材。鉴于此，房山区教委责成编写组进行系列开发，分学段编写初中、高中单行教材。

《房山文化》教材的系列开发和形成初中、高中一体化的课程教材体系面临着一定的工作难度，但要深入课程改革又必须完成这项工作。项目组带着强烈的责任感和使命感，投入新一轮的开发与实施之中。迄今为止，《房山文化》课程教材开发与实施已近9年，具体进程如表3-10所示。

表3-10 《房山文化》课程教材开发与实施进程表

时　间	推进过程	效　果
2007.09	召开《房山文化》项目启动会	明确了开发任务和时间表
2008.02	《房山文化》（初、高中合用）初稿完成，获得房山区委组织部立项资助	得到房山区教委、房山区委组织部立项支持
2010.02	《房山文化》教材送市教委立项	通过市教委立项，初审通过，要求复核
2010.09	《房山文化》（初、高中合用）再次送审	通过市教材审查委员会初审
2011.10	《房山文化》（初、高中合用）由中国劳动社会保障出版社出版	正式出版发行
2011.12	房山区印发《房山区中小学地方课程实施方案》	为实施《房山文化》地方课程做准备
2011.12	房山区教委联合项目组开展《房山文化》（初、高中合用）教材教师培训（2.5天）	为教材实施准备了师资
2012.02	房山区各中学全面投入使用	教材进入实验阶段
2012.04—2012.07	项目组参加北京市BDS录课，制作涉及全书内容的12节录像课，由网络和歌华有线电视播出	为实施教材提供了丰富资源，推进了教学教研活动

续 表

2013.03	根据实际情况、反馈意见进行修订	使教材不断完善
2013.03—2015.02	房山区各中学继续实验教学，开展教学研究活动，跟进培训，提供教学资源，进行实施情况调查，收集反馈意见	教学教研取得一系列初步成果
2014.03—2015.09	教材系列开发：①新编《房山文化》（初中全一册）；②完成《房山文化》（高中全一册）修订工作；③完成两本教材配套教参的编写	《房山文化》教材教参（4本），由首都师范大学出版社出版发行
2016.02	房山区各中学、职业高中全面投入使用，进入新一轮教材实验教学	进入新一轮教材实验
2016.04	房山区教委中教科、房山区课程中心举办全区《房山文化》课程培训，学校教学主管和任课教师参加	为新教材实验准备师资
2016.05	市课程中心进行地方课程实施调研活动	推动地方课程的实施

（六）成果固化，辐射推广

几年来，项目组边实践探索，边总结经验教训，并逐步凝练固化出教材开发与实施的系列成果（表3-11），在市区辐射推广，引起了强烈的社会反响。

表3-11 《房山文化》开发与实施的主要成果简表

时 间	项目内容	取得成果
2012.07	录制北京市优质课程资源建设"名师同步课程"BDS录像课12节	录制完成BDS录像课12节，并通过歌华有线电视和网络同时播放
2012	《房山文化》地方教材	获房山区教育工会教育创新工程最高成果奖、房山区教委课程建设优秀成果一等奖
2012	《房山文化》地方课程资源建设	获北京市基础教育课程建设优秀成果一等奖
2014.05	《房山文化》课例展示——"燕都文化初探"	在"北京市地方课程现场会——走进房山"现场会做了精彩展示，并获得北京市优秀教学设计一等奖
2015	《房山文化》地方教材	获北师大国内合作办学平台颁发的教材优秀成果二等奖
2015.05	感动·心动·行动——《房山文化》地方课程开发与实施	项目负责人、教材主编在北京市10年地方课程建设总结大会上进行了典型发言，引起强烈反响
2012—2014	《房山文化》地方课程开发与实施相关研究论文9篇	其中6篇系列论文公开发表在全国核心期刊《中学政治教学参考》上，有3篇分别发表在《基础教育参考》《思想政治课教学》《北京教育学院学报》上，在全国产生了一定的影响

九、《房山文化》课程教材的主要特色

地方课程是地方根据本地区政治、经济、文化和社会发展的特点和需要，设计开发

的适应本地区学生发展并有利于促进社会发展的课程,它弥补了国家课程和校本课程内容方面的不足,克服了国家课程脱离地区实际的缺陷,解决了校本课程内容上相对单一、过于狭窄的问题,极大地丰富和完善了课程体系。因此,地方课程显现了不同于国家课程和校本课程的鲜明特色。探讨和把握地方课程的基本特点有助于我们更好地开发和实施地方课程,促进整个课程体系的进一步发展和完善。

(一)地方课程基本特点概述

关于地方课程的特点,国内外学者已有过一些研究。一般是从课程目标、课程内容、取材角度、课程实施等方面进行论述。

(1)从地方课程的目标看,一是所培养的人才具有特殊性,二是所解决的问题具有针对性。

(2)从地方课程的内容看,一是突出地方性,二是注重生活性,三是体现人文性,四是具有综合性。

(3)从地方课程的取材看,一是具有本土性,二是具有真实性,三是具有广泛性,四是具有选择性。

(4)从地方课程的实施看,一是讲求灵活性,二是突出开放性,三是注重实践性。

(5)从笼统的视角看,地方课程还具有以下特点:地域性、民族性、文化性、针对性、适切性、灵活性、探究性、开放性、实践性、建构性、综合性等。

(二)《房山文化》教材的主要特色

1.注重科学性与教育性

科学性是教材的生命,教育性是教材的目标。科学性是思想性和教育性的前提。缺乏一定的科学性,就没有说服力,就达不到教育的目的。在教材编写中,必须注重科学性与教育性的有机统一。其基本要求如下:基本观点表述正确,基本材料真实可靠,基本分析符合逻辑,整体内容具有丰富的思想内涵,对学生的思想和行为具有导向和引领作用。

2.体现社会性和生活性

《房山文化》教材资料基本取自房山,来源于房山社会生活,来源于学生身边,特别是关注房山的文化生活。问题的阐释和材料的选取尽量要考虑到中学生不同阶段的知识经验、生理心理发展状况和认知水平,尽量控制难度,使之贴近学生生活,力求做到社会性与生活性的统一。

3.重视典型性和代表性

房山文化底蕴深厚、丰富多彩,历史文化事件纷繁复杂,要完整、系统地一一介绍,在篇幅上不允许,只能选取某些角度或侧面,引述一些具有典型性、代表性的重大事件或材料，印证某一文化现象或相关知识理论。

4.突出地方性和时代性

在选取与房山文化相关的内容和材料时，要体现重人文思想、重核心价值、重时代精神、重地方特色的原则。教材从历史文化、地理文化、教育文化、科技文化、艺术文化、产业文化等不同角度出发，展现了房山的文化传统和人文精神，具有鲜明的地方特色。同时，教材选取不同时代具有典型意义的事例，突出了所选材料的时代特征，把地方性与时代性有机地结合起来。

5.显现实践性和开放性

《房山文化》教材在每框内容中都精选一些案例，设置一些情景，提出一些问题，便于引导学生开展探究活动，让学生探讨一些开放性的问题，体现了实践性和开放性的特点。教材中设置了一些栏目，如"知识链接""文化时空""活动平台"等，以便开阔学生的知识视野。每个单元后面专门设置"探究活动"，以引导学生综合运用教材知识分析、解决实际问题，对教材内容具有拓展、深化或提升作用。

6.彰显人文性和规范性

教材是学生学习的重要文本和载体。《房山文化》这本教材的编写力求生动有趣、图文并茂，让学生爱不释手。在处理书面语言、生活语言和教材语言的关系时，尽量不使用说教性的语言，从而增强了语言的亲和力。提供适量的图片、资料，增强了教材的可读性和可视性，也彰显了深厚的人文关怀。

规范性是教材编写的基本要求。《房山文化》这本教材严格按照教材编写体例、呈现方式等要求进行编写，在保证科学性和规范性的前提下，力求图文并茂，版式活泼，融知识性、趣味性、教育性于一体。总之，在本教材编写中，力求实现可读性与规范性的动态平衡。具体体现在以下几方面：第一，教材内容编排与呈现既要符合生活逻辑，又要符合知识逻辑；第二，对问题的阐释力求观点正确、层次清楚、通俗易懂，不追求理论体系的完整性和系统性；第三，活动设计既要具有互动性，又要体现知识生成的过程性；第四，提出的问题注重启发性和思考性；第五，资料来源力求真实、权威、典型、可靠；第六，材料选用遵循知识性与教育性相结合的原则；第七，语录选择力求贴切、准确；第八，图片的选取尽量做到清新活泼，给人耳目一新的视觉效果。《房山文化》（初中全一册），在量上总体要小一些，更注重图文并茂、生动活泼。每框2~3页，正文内容占总文字量的1/3，图片占总版面的1/3左右。

7.强调综合性和灵活性

一是强调综合性。《房山文化》教材以"大文化"的视角，从物质文化和精神文化两个角度展现房山文化。《房山文化》教材在内容安排上，涉及房山的思想文化、地理文化、历史文化、教育文化、科技文化、艺术文化（建筑艺术、塑形艺术、文学艺术等）、产业文化等多个方面。因此，必然涉及多领域、多学科的理论和知识，带有明显的综合性。这就要求相关学科的研究者和开发者共同努力，团结协作，形成整体合力。同时，在实施过程中，政治、地理、历史、语文等不同学科的教师要共同承担相关内容的教学任务，更好地发挥教材综合性和整合性功能。

二是强调灵活性。《房山文化》教材的灵活性表现在多个方面。其中，最为突出是表现在灵活处理教材规范性与可读性的关系上。

比如，专题一第一节第一框"文化的含义"采用"活动框"导入，教材是这样呈现的：

在我们身边，几乎每时每刻都发生着许许多多与文化密切相关的事情，如收看电视，观看演出，阅读报刊书籍，参观各种展览，欣赏艺术作品，游历名胜古迹，利用网络学习……

紧接着配有一组图片：故宫建筑、房山石雕、京剧欣赏、网络学习。随后设置了两个问题：你身边还有哪些活动与文化有关？请列举一二。说说你所了解的"文化"是什么？

又如，专题一第二节第一框"房山文化的表现"也采用了"活动框"导入，先提供了一组四幅图片：周口店北京人遗址、汉白玉雕祭器、元宵节花会、崔立根作画。接着设置了一个问题：请你列举1~2个反映房山文化现象的实例。随后正文导入：

当你漫步在房山，无论是城镇，还是乡村，都能感受到房山文化无处不在，都会陶醉于房山文化的浓烈氛围之中。

随处可以看到各式各样的古代建筑或仿古建，如牌坊牌楼、寺庙宝塔、民居小院；

随处可以听到优美动人且充满神秘色彩的寓言、传说、故事；

随处可以领略到遍布房山的世界级、国家级文化遗存；

……

再如，专题五第一节第一框"文化艺术"是这样引入的：

有一位诗人曾写下："独行潭底影，数息树边身。"（自注："二句三年得，一吟双泪流。知音如不赏，归卧故山秋。"）从这两句脍炙人口的诗中，可见诗人锻句炼字的精雕细琢。

在这里给学生留下了一个悬念——"诗人是谁？"随后设置"活动框"，提供两幅图片：一幅是石楼镇示意图（贾岛出生地），另一幅是贾公祠。然后提出两个问题：在房山石楼镇二站村有一个贾公祠，你知道这个贾公是谁吗？你是否知道他的一些名作呢？请列举一二。最后采用辅助文材料和"文化时空"栏目介绍贾岛及其代表作品。

在教材编写中，是讲求规范性还是追求可读性，这往往是一个两难的选择。在《房山文化》教材的编写中，我们既注重内容选取得当，叙述科学准确，又尽量做到清新活泼，给人耳目一新的视觉效果，力求达到两者的动态平衡，体现了恰当处理两者关系的灵活性。

十、《房山文化》课程开发与实施的主要创新点

（一）填补了房山区地方课程文化类教材初中、高中系列开发的空白

直到2007年，房山区还没有本区自主开发的地方教材，《房山文化》教材的开发填补了房山区文化类课程开发的空白。2015年8月，完成了《房山文化》系列教材开发，从而形成了房山区域文化类课程的完整体系。

（二）坚持指导纲要的引领，走出了一条规范化的开发道路

《房山文化》地方教材的开发有着清晰的思路和流程，先制定《房山文化课程指导纲要》，以此为依据，确定教材编写框架和提纲，然后进行教材和教参编写，使《房山文化》地方教材走出了一条规范化的开发道路。

（三）构建了独特而全新的课程结构和内容体系

《房山文化》教材突破了国家教材《文化生活》的内容框架，大胆地进行了拓展和延伸。

《房山文化》（高中全一册）教材从物质文化和精神文化两个全新的视角展示了房山精神文化，构建了相对完整的内容体系，为高中生全面了解和认同房山文化提供了重要文本。

《房山文化》（初中全一册）教材以"文化渊源—文化积淀—文化传承与发展"为主线，展示了房山文化的丰富内容，为初中生了解房山文化提供了规范教材。

（四）阐释了具有地方特色的新概念和新观点

《房山文化》教材提出并阐释了"房山精神""房山地理文化""房山历史文化""区域文化""燕都文化""石雕文化""汉白玉文化""溶洞文化""旅游文化"等一系列具有房山地方特色的新概念和新观点，介绍了许多具有房山地域特色、鲜为人知的文化轶闻趣事。

（五）体现了跨学段、跨学科与学科实践整合的新要求

采用跨学段、跨学科进行中学地方课程开发对于我们来说还是第一次尝试。在《房山文化》系列教材开发过程中，我们进行分初中、高中两个学段编写教材的探索，同时在每个学段教材中体现了语文、历史、地理、政治、文化、经济等多学科内容的综合，在此基础上，还突出了教材实施与学科实践的整合特征。这些都充分体现了新课程全面深化改革的基本理念。

（六）提升了中学生的人文素养

学生的人文素养不是自发形成的，教育是培养学生人文素养的重要途径。《房山文化》课程的开发与实施有利于中学生初步了解文化，认识房山文化和房山精神，认同房山区域文化的价值和意义，为培养房山区中学生良好的人文素养提供了重要的教育文本和实践活动指引。

（七）推介和传承了房山文化

房山文化源远流长、底蕴深厚，在中国乃至世界文化史上都具有极高的地位和价值。但在《房山文化》教材开发之前，房山的学生对房山文化了解甚少。《房山文化》教材的开发与实施对推介和传承房山文化，促进物质文明和精神文明建设，推动房山区域经济、社会、文化发展发挥了不可低估的作用。

十一、《房山文化》课程的发展前景

（1）把小学相关课程的开发纳入中学《房山文化》教材体系之中，形成了完整的、一体化的《房山文化》系列教材。

（2）在打造《房山文化》精品化教材的同时，更好地发挥了精品化教材的育人功能。

（3）推动地方物质文明和精神文明建设，为传承与弘扬房山文化和房山精神提供了智力支持。

（4）发挥《房山文化》课程教材在更大范围的辐射作用和影响力，为地方课程建设提供了有益的经验。

开发实施乡土课程，全面发展素质教育[15]

——以"房山区乡土课程开发与实践研究"为例

郭冬红　周长凤　覃遵君

乡土课程在世界范围内经历了近 300 年的发展与演进，在我国也有 100 多年的历史，在课程体系中占据着独特地位，并发挥着重要作用。乡土课程或乡土教材作为延续乡土文化的重要载体，对培养学生的文化认同和文化自信不可或缺。开发和实施乡土课程的一个重要价值取向就是引发学生对乡土的关怀和珍爱，帮助学生获得区域文化、历史等方面的认知，激发学生的家国情怀，培育学生的人文精神，进而传承乡土优秀文化，创新发展乡土文化。这里以房山区开发与实施乡土课程（特别是《房山文化》）为例，说明乡土课程开发与实践的重要价值和意义，阐释建构乡土课程内容体系在全面发展素质教育中的重要作用。

一、房山区乡土课程的研究背景与发展现状

（一）房山区乡土课程建设的背景与现状

从 2005 年开始，房山区教委为贯彻国务院"实行国家、地方、学校三级课程管理""鼓励地方开发适应本地区的地方课程，学校可开发或选用适合本校特点的课程"的政策精神，开始进行乡土课程的开发与实验，并以地方课程和校本课程的方式呈现出来。

到 2011 年，以北京市地方教材方式开发出来的乡土教材主要有 3 种，即独具房山乡土特色的《房山区地理》（中学通用）、《房山——我为你骄傲》（小学用）、《房山文化》（初高中合用），并先后在房山全区投入实验。经过几年实验、修改和拓展，《房山文化》教材经过拆分和重编，再开发形成《房山文化》（初中全一册）教材、教参 2 册，《房山文化》（高中全一册）教材、教参 2 册。到 2015 年，房山区开发完成系列地方教材共 6 册，先后由北京市教委初审或审定通过，在房山全区中小学相应学段投入使用。其中，由《房山文化》教材编写组组编、特级教师覃遵君主编的《房山文化》地方教材先后两次荣获北京市基础教育地方课程优秀教材成果一等奖。

（二）新时代对乡土课程建设提出了新要求

2019 年 6 月 23 日，《中共中央 国务院关于深化教育教学改革全面提高义务教育质量的意见》印发，明确提出："深化课程育人、文化育人、活动育人、实践育人、管理育人、协同育人""全面发展素质教育"。2019 年 6 月，《国务院办公厅关于新时代推进普通高中育人方式改革的指导意见》印发，要求"优化课程实施，完善学校课程管理，加强学校特色课程建设"，明确提出"构建全面培养体系"。

中共中央、国务院的这两份文件为乡土特色课程建设指明了方向，它既是新时代中小学全面深化课程改革和教育教学方式改革的政策依据，又是实施国家课程、开发和实施地方课程与校本课程、建设乡土特色课程的行动纲领。

二、乡土课程开发与实施研究的价值与意义

（一）乡土课程研究凸显了知识重新构建的重要价值

乡土课程研究有助于开发、丰富与发展乡土知识。乡土课程中包括着极为丰富的乡土知识，这些乡土知识是一种具有地域文化特质的知识形态及构成方式。乡土性知识理论的确立也进一步证实了乡土性知识对人们生存生活、区域生态保护、地方经济社会发展乃至整个人类的生存发展的理论价值。从这个意义上说，乡土课程的研究、开发与发展对开发、丰富与发展乡土性知识理论具有重要的理论价值。

（二）乡土课程开发与实施有助于促进学生全面发展

乡土课程的开发与实施坚持以学生为本，能够开阔学生的知识视野，引导学生有意义地进行学习，提高学生参与社会生活实践的能力，培养学生的家国情怀和人文精神，促进学生素质全面发展，突显独特的育人价值。

（三）乡土课程开发与实施有助于建立和完善课程体系

从学校层面看，把乡土文化和本地生活融会贯通，充分挖掘和利用身边可触、可感的教育资源，增强学生的实践和体验，引导他们思考未知和探究问题，是中小学课程改革与教学改革倡导的方向。学校针对学生发展的需要，将乡土文化传承纳入学校课程整体规划之中，既可以作为独立设置的乡土文化课程，又可以融入国家课程或地方课程校本化转化过程中，有助于提升学校课程体系的构建能力，形成独具特色的办学模式。

从区域层面看，建构符合本地实际的课程体系是全面深化课程改革的当务之急。为此，一是要克服国家统一课程的诸多弊端，开发和实施乡土课程或地方课程，以实现对国家课程的有益补充、延伸与拓展；二是优化教育权力，重新配置教育资源，顺应世界课程分级管理的发展趋势，构建具有中国特色的基础教育课程管理模式。

（四）乡土课程开发与实施有助于促进教师个性化专业发展

实践证明，乡土课程的开发与实施都离不开教师。乡土课程的开发过程也是教师研究和探索的过程，这个过程伴随着教师的有意义学习，这种基于问题解决、不断反思和主动改进的学习可以有效地促进教师个性化专业素质的养成，促进教师自身专业发展。

（五）乡土课程开发与实施有助于传承本土文化，促进社会进步

开发和实施乡土课程必然会涉及本地经济、政治、文化、社会、生态等状况，本地诸方面的资源都会成为地方课程的直接来源。因此，乡土教材的开发与实施对于推介地方特色、传承乡土文化、弘扬人文精神、推动"五位一体"建设都具有不可替代的特殊作用。

三、建构乡土课程内容体系，推进全面发展素质教育

（一）突出乡土地域特色，建构乡土教材内容框架

在房山乡土课程开发与实施中，乡土课程一般以富于深厚区域特色的地方课程和校本课程来呈现，以乡土教材（地方教材、校本教材）为载体。而乡土教材开发的关键在于建构教材框架和确定教材内容。

（二）构建乡土特色内容体系，全面发展素质教育

加强乡土特色课程建设，体现乡土课程的独特优势（内容分析，此处从略）。

精心构建乡土课程内容，推动素质教育全面发展。

1.编写指导纲要必须充分体现全面发展学生素质的要求

在编写乡土教材的过程中，要先建构内容框架，然后选择知识点和相关事例，形成课程（教材）编写指导纲要，具体呈现出"内容要点"和"学习要求"。这些内容的选择必须充分体现全面发展学生素质的各项要求，以实现其育人功能。

2.乡土教材内容的构建必须充分体现全面发展素质教育的要求

一是突出政治素质。乡土教材内容的选取必须突出思想政治素质，重在引导学生衷心拥护中国共产党的领导和中国特色社会主义制度，认同祖国，认同中华民族，认同中华文化，认同社会主义核心价值观，立志做社会主义建设者和接班人。比如，《房山文化》教材凝练了"爱国、勤劳、坚韧、尚德"的房山精神，传扬了房山人民反帝爱国、争取民族独立解放的革命精神，颂扬了抗战"老帽山六壮士"，介绍了《没有共产党就没有新中国》歌曲在房山区霞云岭乡堂上村的创作过程……对于提升学生的思想政治素质具有十分明显的作用。

二是提升知识素养。在提升学生的知识素养、智育水平上，乡土课程和教材必须做到以下几点：第一，开阔知识视野，着力培养认知能力；第二，促进思维发展，具备科学精神；第三，学会运用知识，激发创新意识。《房山文化》教材说明了文化含义及分类，介绍了房山精神、房山人文地理，介绍了喀斯特地貌、汉白玉的形成，讲述了周口店"北京人"、燕都兴衰、房山"三大书院"、云居寺、宝塔建筑艺术、贾岛诗作、书画艺术等，涉及多学科、多领域的相关知识，开阔了学生的知识视野，提升了学生的知识素养。

三是重视能力素养。培养学生的能力素养是乡土课程开发和乡土教材使用的重要目标。这就要求在课程实施中，让学生提高运用相关知识分析、解决实际问题的能力，提高参与社会实践的能力，激发主动创新的能力，培养合作学习与共同探究的能力。在"探究燕都遗址"乡土课程教学中，让学生自主设计研究性学习方案，实地参观、考察，收集、整理、分析材料，探究多学科、多领域（历史、地理、文化、考古、工艺、文学、文字、美术等）的相关问题，打破了传统学科的界限，有效地提升了学生的能力素养。

四是凸显审美素养。乡土课程和乡土教材同样关注培育学生的审美经验、审美情趣、审美理想和审美能力，让学生在欣赏美、鉴赏美的过程中展现学习、探究、拓展的创造美。比如，在《房山文化》地方课程教材的学习中，让学生从房山人民丰富多彩的精神生活中发现精神之美，提炼、概括房山精神之美；让学生在观光地理名胜时感受、发现和领略地理之美，描写美不胜收的自然风光，抒发爱乡赞美的家国情怀；让学生在参观贾岛祠、观赏贾岛生活组画的过程中欣赏仿古建筑群之美，鉴赏诗作意境之美和艺术之美。

新时代对教育教学和课程改革提出了新的、更高的要求。要全面贯彻党的教育方针，落实"立德树人"的根本任务，必须坚持以习近平新时代中国特色社会主义思想为指导，全面深化教育、教学和课程改革，树立科学的教育质量观，坚持德育为先、全面发展、面向全体、知行合一，健全"立德树人"落实机制，着力在坚定理想信念、厚植爱国主义情怀、加强品德修养、增长知识见识、培养奋斗精神、增强综合素质上下功夫。

乡土课程建设是国家整体课程建设的重要组成部分，如何构建具有中国特色的课程体系，优化课程实施，完善学校课程管理，加强学校特色课程建设，如何构建全面培养体系，落实"立德树人"的根本任务，促进学生全面发展，仍然是包括乡土课程（地方课程、校本课程）在内的整体课程建设亟待深入探讨和解决的问题。我们只能在不断探索中前行，在全面深化改革中奋进。

第二节　房山乡土课程开发与实施相关专著

一、《地方课程概论——兼谈〈房山文化〉开发与实施》[16]专著概述

（一）本书写作背景

20世纪80年代末以来，世界上大多数国家中单一的国家课程或校本课程开发模式都陆续退出了历史舞台，开始实行国家、地方、学校分级课程管理，分享课程决策权，基础教育课程决策分享成为世界性潮流。

在我国，早在1958年教育部就发出通知，各地可以自编教材，很多地方教育部门和学校都开展了编写本地中小学教材和教学参考书的工作，这是我国地方课程和地方教材开发的起源。

1999年6月13日，《中共中央 国务院关于深化教育改革全面推进素质教育的决定》发布，明确提出："调整和改革课程体系、结构、内容，建立新的基础教育课程体系，试行国家课程、地方课程和学校课程。"这为我国实行课程三级管理提供了政策依据。

2001年5月29日，《国务院关于基础教育改革与发展的决定》发布，明确指出："实行国家、地方、学校三级课程管理。"2003年，教育部为贯彻落实国务院实行国家、地方、学校三级课程管理的要求，特制定《地方课程管理指南》，进一步规范了地方课程的开发与管理。

在国际和国内实行三级课程管理的大背景下，21世纪初，基础教育工作者就开始了地方课程开发的研究与探索，收集、积累了大量地方课程资源，选定了地方课程的开发方向，2007年通过北京市教委正式立项，开发了《房山文化》地方课程。经过4年努力，到2011年，我们编写完成了第一本《房山文化》（初高中合用）地方教材，再经过4年，又开发完成了《房山文化》（初中全一册、高中全一册）系列教材教参（共4册）的编写，在初审通过后，正式全面使用。

为了总结多年来我们进行地方课程开发与实施的经验教训，回应地方课程开发与实施实践中的困惑和问题，为有志于地方课程的开发者和实施者提供有益的借鉴，我们特编著这本《地方课程概论——兼谈〈房山文化〉开发与实施》。

（二）本书主要研究内容

《地方课程概论——兼谈〈房山文化〉开发与实施》是一本系统论述地方课程开发与实施相关理论和具体实践的专著。它介绍了地方课程开发与实施的国际国内背景，阐释了地方课程开发与实施的价值和意义，从课程改革潮流和发展趋势上，展现了当今世界地方课程的开发机制与基本模式，以著者亲历的《房山文化》地方课程开发与实施为典型案例，深入、系统地探讨了地方课程开发与实施的基本内涵、内容选择、主要特征、程序方式、基本原则、评价与管理等，回答了在地方课程开发与实施中必然会遇到的各种问题，为课程研究者特别是地方课程开发者、实施者及组织管理者提供了可资借鉴的重要文本。全书共分十章，从理论与实践的结合出发，全面系统地介绍和阐释了地方课程开发与实施的有关问题。各章具体内容如下：

第一章介绍了地方课程开发与实施的国内、国外和地域背景，论述了地方课程研究的相关概念，阐释了研究的价值、意义及方法。

第二章介绍了当今世界和中国课程改革趋势与地方课程开发机制。

第三章探讨了地方课程的定位、特征、程序、开发的主要方式、内容选择和基本原则。

第四章介绍了地方课程开发的评价体系与评价方法。

第五章从理论上探讨了地方课程实施的价值、流程和原则。

第六章从实践上探索了地方课程实施的准备、途径、方法及应注意的问题。

第七章探讨了地方课程实施评价的意义、体系和方法。

第八章探讨了地方课程开发与实施的组织和管理。

第九章提供了中外地方课程的典型案例，特别是《房山文化》课程纲要和教材样章。

第十章展示了地方课程专题研究的报告和论文。

（三）本书内容框架

第一章　绪论

  第一节　地方课程开发与实施的背景

    一、国际背景

    二、国内背景

    三、地域背景

  第二节　地方课程研究的相关概念综述

    一、地方课程研究的主要概念

    二、国家课程、地方课程、校本课程的关系

  第三节　地方课程研究的价值与意义

    一、地方课程研究的价值

二、地方课程研究的意义
　第四节　地方课程研究的思路与方法
　　一、地方课程研究的思路
　　二、地方课程研究的方法
第二章　课程改革趋势与开发机制
　第一节　当今世界课程改革的潮流
　　一、世界各国走出单一课程开发与决策模式
　　二、"新课程运动"促使课程管理回归分权
　　三、基础教育课程决策分享成为世界性潮流
　　四、国外地方课程的新趋向
　第二节　我国三级课程体系的建构
　　一、我国地方课程的起源与演进
　　二、我国三级课程体系的形成与发展
　第三节　地方课程开发机制及基本模式
　　一、国外地方课程开发机制与基本模式
　　二、我国地方课程开发机制与基本模式
第三章　地方课程开发的探讨
　第一节　地方课程的基本定位
　　一、地方课程的性质定位
　　二、地方课程的功能定位
　　三、地方课程的目标定位
　　四、地方课程的内容定位
　　五、地方课程核心价值的定位
　　六、地方课程资源利用的定位
　第二节　地方课程的基本特征
　　一、突出地域性
　　二、关注人文性
　　三、注重针对性
　　四、体现适切性
　　五、重视实践性
　　六、讲求探究性
　　七、突出开放性
　　八、注意灵活性
　　九、具有建构性
　第三节　地方课程开发的基本程序
　　一、地方课程开发的基本条件

二、地方课程开发的程序
　第四节　地方课程开发的主要方式
　　一、国外的几种开发模式
　　二、我国地方课程开发的主要方式
　第五节　地方课程开发的内容选择
　　一、地方课程内容的含义和来源
　　二、地方课程内容的主要特点和筛选流程
　第六节　地方课程开发的基本原则
　　一、方向性与科学性相结合
　　二、思想性与知识性相结合
　　三、普遍性与特殊性相统一
　　四、多元性与一体性相统一
　　五、传统性与现代性相结合
　　六、开放性与实践性相统一
第四章　地方课程开发的评价
　第一节　课程评价相关理论概述
　　一、地方课程开发评价的核心概念
　　二、地方课程开发评价的取向分析
　　三、地方课程开发评价的相关理论
　第二节　地方课程开发的评价体系
　　一、地方课程开发评价的理论依据
　　二、地方课程开发评价的基本原则
　　三、地方课程开发评价的主要内容
　　四、地方课程开发评价的具体框架
　　五、地方课程开发评价的机制构建
　第二节　地方课程开发评价的方法
　　一、地方课程开发评价方法论
　　二、开发评价的基本步骤
　　三、开发评价的具体方法
第五章　地方课程实施的理论探讨
　第一节　地方课程实施的价值和意义
　　一、地方课程实施的价值
　　二、地方课程实施的意义
　第二节　地方课程实施的基本流程
　　一、课程实施的一般流程
　　二、地方课程实施的基本流程

第三节　地方课程实施的基本原则
　　　　一、地方课程实施原则确定的依据
　　　　二、地方课程实施的基本原则
第六章　地方课程实施的实践探索
　　第一节　地方课程实施的准备
　　　　一、影响地方课程实施的因素
　　　　二、实施地方课程的相关准备
　　第二节　地方课程实施的途径与方法
　　　　一、地方课程的实施途径
　　　　二、地方课程的实施方法
　　第三节　地方课程实施应注意的问题
　　　　一、地方课程既不能越位也不能弱化
　　　　二、地方如何真正分享课程管理权
　　　　三、构建合理的地方课程内容体系
　　　　四、探讨实施地方课程的有效形式
第七章　地方课程实施的评价
　　第一节　地方课程实施评价的价值与意义
　　　　一、对地方课程实施评价的价值
　　　　二、对地方课程实施评价的意义
　　第二节　地方课程实施的评价体系
　　　　一、地方课程实施评价的理念
　　　　二、地方课程实施评价的基本原则
　　　　三、地方课程实施评价的主要内容
　　　　四、地方课程实施评价的机制构建
　　第三节　地方课程实施评价方法
　　　　一、地方课程实施评价的目标
　　　　二、地方课程实施评价的操作性原则
　　　　三、地方课程实施评价过程
　　　　四、地方课程实施的评价方法
　　　　五、地方课程实施评价中存在的问题
　　　　六、课程实施评价发展展望
第八章　地方课程的组织与管理
　　第一节　地方课程的组织形式
　　　　一、地方课程组织的含义
　　　　二、地方课程组织的原则和要素
　　　　三、地方课程的组织方法

第二节 地方课程的领导与管理
　　一、地方课程领导与管理体制
　　二、地方课程开发的领导与管理
　　三、地方课程实施的领导与管理
　　四、地方课程评价的领导与管理
　　五、提高地方课程领导与管理能力
　　六、附录：《教育部地方课程管理指南》

第九章　地方课程的典型案例
　第一节　国外的地方课程设置
　　一、加拿大地方课程开发指南及说明
　　二、美国地方课程的实施
　第二节　我国的地方课程建设
　　一、北京市中小学地方课程建设
　　二、部分省级地方课程建设
　第三节　《房山文化》地方课程设计
　　一、《房山文化课程指导纲要》（高中全一册）
　　二、《房山文化课程指导纲要》（初中全一册）
　　三、《房山文化》地方教材样章

第十章　地方课程的专题研究
　第一节　《房山文化》地方课程研究报告
　　一、《房山文化》系列开发与实施研究报告
　　二、地方课程《房山文化》教材学年实验报告
　第二节　《房山文化》地方课程专题研究论文
　　一、地方课程自主开发与实施势在必行
　　二、地方课程开发力求定位准确
　　三、地方课程设置结构与内容体系建构
　　四、地方课程务求特色鲜明
　　五、地方课程开发的总体建议
　　六、地方课程实施的总体建议

二、《区域课程教学改革的实践探索》[17]专著概述

（一）本书内容概述

　　这是一本系统探讨区域课程开发与教学改革的专著。该书从理论与实践结合出发，介绍了我国课程改革的主要背景、发展方向，明确了适应新课程改革必须树立的课程理念和基本观念，以房山区域课程改革为例，探讨和回答了课程改革相关的重大理论问题。

（二）本书内容框架

第一章　绪论

 第一节　课程改革成就未来

  一、课程改革的主要背景

   （一）国外课程改革发展与现状

   （二）我国课程改革的基本历程

  二、新时代引领深化课程改革的方向

   （一）我国全面深化课程的政策导向

   （二）我国新课程改革的总体目标

   （三）我国新课程改革的基本理念

   （四）我国新课程改革的根本任务

  三、新课程改革要求转变课程观念

   （一）新的教师观成就教师专业发展

   （二）新的学生观促进学生全面发展

   （三）新的教材观推动教材走向成熟

   （四）新的环境观助推课程生态改善

 第二节　区域课程改革的实践行动

  一、区域课程改革的基本认知

   （一）区域在课程改革中的作用

   （二）区域课程改革的现状

  二、区域课程改革的行动路径

   （一）区域课程改革的基本理念

   （二）区域课程改革的一般原则

   （三）区域课程改革的整体思路

   （四）区域课程改革的实践模型

  三、区域课程改革的成效反思

   （一）区域课程改革的成效

   （二）区域课程改革的问题与反思

第二章　基于学校内涵发展的课程建设

 第一节　课程规划编制

  一、对学校课程规划的整体思考

   （一）课程规划的意义与价值

   （二）学校课程规划现状

  二、课程规划编制的实践

   （一）课程规划编制的基本理念

   （二）课程规划编制的整体思路

　　　　（三）课程规划编制的实践
　　三、课程规划的成效与反思
　　　　（一）课程规划的成效
　　　　（二）课程规划的问题与反思
　第二节　课程实践创新
　　一、学校课程整体建设的实践创新
　　　　（一）学校课程整体建设的实践创新成效与经验
　　　　（二）学校课程整体建设的实践创新反思与展望
　　二、国家课程校本化的实践创新
　　　　（一）国家课程校本化的实践创新成效与经验
　　　　（二）国家课程校本化的实践创新反思与展望
　　三、校本课程开发与管理的实践创新
　　　　（一）校本课程开发与管理的实践创新成效与经验
　　　　（二）校本课程开发与管理的实践创新反思与展望
　　四、特色课程建设的实践创新
　　　　（一）特色课程建设的实践创新成效与经验
　　　　（二）特色课程建设的实践创新反思与展望
　第三节　课程资源建设
　　一、课程资源观
　　　　（一）课程资源概念的再认识
　　　　（二）课程资源之于课程建设的作用
　　　　（三）学校课程资源的分类
　　二、课程资源建设模式
　　　　（一）课程资源建设的途径
　　　　（二）课程资源建设的主要原则
　　　　（三）课程资源有效利用的策略
　　　　（四）课程资源建设模式的构建
　　三、课程资源建设的趋势
　　　　（一）课程资源建设的信息化发展
　　　　（二）课程资源建设的智能化发展
　　　　（三）课程资源建设的生命化发展
　第四节　课程评价研究
　　一、课程评价的基本认识
　　　　（一）课程评价的理念
　　　　（二）课程评价的内涵
　　　　（三）课程评价的模式

二、课程评价工具的研发
　　（一）学校课程评价的现状
　　（二）区域课程诊断工具的开发
三、课程评价工具的使用
　　（一）课程评价工具的实践操作
　　（二）课程评价工具的问题与改进

第三章　基于学科核心素养的课程教学
　第一节　核心素养的理解
　　一、学生核心素养含义
　　　（一）核心素养的定义
　　　（二）培育核心素养的价值与意义
　　二、学科核心素养
　　　（一）学科核心素养的特点
　　　（二）核心素养与学科核心素养的关系
　　三、学科核心素养与学科课程建设
　　　（一）学科核心素养与学科课程目标
　　　（二）学科核心素养与学科课程内容
　　　（三）学科核心素养与教师课程能力
　第二节　核心素养导向的教学观重建
　　一、核心素养导向的教学观概述
　　　（一）核心素养导向的教学观的界定
　　　（二）核心素养导向的教学观重建的价值和目标
　　　（二）核心素养导向的教学观的基本内容
　　二、重建核心素养导向的教学观的基本途径
　　　（一）以教师为中心向以学生为中心转变
　　　（二）以课堂为中心向以活动为中心转变
　　　（三）以教材为中心向以经验为中心转变
　第三节　核心素养导向的教学策略
　　一、核心素养导向的教学策略概述
　　　（一）核心素养导向的教学策略的内涵
　　　（二）核心素养导向的教学策略的价值追求
　　二、以核心素养导向的教学策略的基本内容
　　　（一）以核心素养导向的教学设计策略
　　　（二）核心素养导向下的教学实施策略
　　　（三）核心素养导向下的教学评价策略
　　　（四）核心素养导向下的教学实践案例

第四章　基于学生发展的过程性评价
　　第一节　促进学习品质提升的教学评价
　　　　一、促进学习品质提升的教学评价概述
　　　　　（一）促进学习品质提升的教学评价的内涵
　　　　　（二）促进学习品质提升的教学评价的价值与意义
　　　　二、促进学习品质提升的教学评价的主要内容
　　　　　（一）基于学生获得的评价指标体系
　　　　　（二）基于学生学习体验的学业表现
　　　　　（三）基于学业评价的学习品质养成
　　第二节　关注学习效果的监测与评价
　　　　一、关注学习效果监测与评价概述
　　　　　（一）关注学习效果监测与评价的内涵
　　　　　（二）关注学习效果监测与评价的意义
　　　　二、关注学习效果诊断与评价的体系与机制
　　　　　（一）建构常规教学质量监测与评价的体系
　　　　　（二）形成常规教学质量监测与评价的机制
　　　　三、建构不同类型质量监测与评价分析模型
　　　　　（一）常规教学质量监测与评价的目的和意义
　　　　　（二）常规教学质量监测与评价的类型和特点
　　　　　（三）常规教学质量监测与评价的基本模型
　　　　四、探索网络化环境下监测与评价新路径
　　　　　（一）监测与评价网络化推进实践探索的价值与意义
　　　　　（二）不同考试功能定位的考试评价理论框架
　　　　　（三）探索全过程网络化监测与评价的现实路径
　　第三节　基于五育并举的综合素质评价
　　　　一、五育并举综合素质评价概述
　　　　　（一）综合素质评价的基本内涵
　　　　　（二）五育并举综合素质评价的价值与意义
　　　　二、综合素质评价体系建构与实践探索
　　　　　（一）基于学校办学理念的评价体系建构
　　　　　（二）基于学生平台数据的分析与评价
　　　　　（三）基于学习过程表现的多样化评价

注释

[1]房山区教师进修学校.房山——我为你骄傲[M].北京:首都师范大学出版社,2010;覃遵君.房山文化（初中全一册）[M].北京:首都师范大学出版社,2015;覃遵君.房山文化（高中

全一册）[M]. 北京:首都师范大学出版社, 2015;石桂梅.房山区地理[M]. 北京:中国地图出版社, 2010.

[2]郑盛娜.泰勒原理对现代课程与教学的启示[J].中国教育研究.论丛,2006(00):98-99.

[3]泰勒.课程与教学的基本原理[M].台北：桂冠图书公司，1981.

[4]李臣之.校本课程开发[M].北京师范大学出版社,2015:14-15.

[5]中华人民共和国教育部发布.中小学德育工作指南[EB/OL].(2017-08-22).https:// www.moe.gov.cn/srcsite/A06/s3325/201709/t20170904_313128.html.

[6]汤文径,丁仍明.戴尔理论与电化教育——读《视听教学法》[J].图书馆工作,1989(1):50-51,38.

[7][12][17]覃遵君.地方课程概论——兼谈〈房山文化〉开发与实施[M].北京：首都师范大学出版社，2018.

[8]思想政治课程标准研制组.普通高中思想政治课程标准(实验)解读[M].北京:人民教育出版,2005.

[9]中共中央,国务院.中共中央 国务院关于深化教育改革全面推进素质教育的决定[EB/OL].（1999-06-13）.https: //baike.so.com/doc/7855686-8129781.html.

[10]国务院.国务院关于基础教育改革与发展的决定[EB/OL].(2001-05-29). https://www.gov.cn/gongbao/content/2001/content_60920.htm.

[11]中华人民共和国教育部.基础教育课程改革纲要(试行)[EB/OL].(2001-06-08). https://baike.so.com/doc/6728196-6942477.html.

[13]覃遵君,苏万青.房山文化教师教学用书（初中全一册）[M]. 北京:首都师范大学出版社, 2015;覃遵君,苏万青.房山文化教师教学用书（高中全一册）[M]. 北京:首都师范大学出版社, 2015.

[14]国家中长期教育改革和发展规划纲要工作小组办公室.国家中长期教育改革和发展规划纲要（2010-2020年）[EB/OL].(2010-07-29).http://www.moe.gov.cn/ srcsite/ A01/s7048/201007/t20100729_171904.html.

[15]郭冬红,周长凤,覃遵君.开发实施乡土课程 全面发展素质教育——以房山区乡土课程开发与实践研究为例[J].中学政治教学参考, 2020(37): 69-72.

[16]郭冬红.区域课程教学改革的实践探索[M].吉林大学出版社,2021.

第四章
房山乡土课程
典型案例

第一节 ◇

房山乡土课程开发与实施相关教材

第二节 ◇

房山乡土课程开发与实施相关资源

第四章　章节提要

◇ **第一节　房山乡土课程开发与实施相关教材**

本节主要介绍了四本（套）房山区乡土课程教材。

第一套《房山文化》（初中全一册、高中全一册）。《房山文化》是以地方课程资源为载体的综合性、活动型地方课程，旨在传承房山文化，弘扬房山精神，对中学生进行人文素养的培养与教育。《房山文化》（初中全一册）对学生进行了马克思主义文化常识和房山区域文化常识教育，让学生初步了解马克思主义文化常识，知道房山文化的一些知识，培养学生的人文素养，为学生参与文化生活奠定了基础。《房山文化》（高中全一册）旨在帮助学生了解房山文化的有关知识，使学生能够初步运用马克思主义文化观的知识与方法观察问题、分析问题、解决问题，理解和认同房山文化，具备一定的文化知识和人文素养，初步形成正确的文化观和价值观。

第二本《房山区地理》。该本教材主要介绍了房山区地理位置和行政区划、房山区复杂多样的自然环境（地形、气候、河流）、房山区的经济发展、房山区旅游资源与旅游业、房山的社会事业发展、房山区生态环境的保护与美化等，地域特色非常鲜明。

第三本《房山——我为你骄傲》。该本教材简略地介绍了房山的地理位置、悠久历史、丰富特产、旅游资源、民俗文化，能够帮助小学生初步了解房山、认知房山，使他们初步树立热爱家乡的乡土情怀。

第四本《房山区高中地理综合实践活动设计》。该本教材以国家课程为基础，以地方资源为依托，强调自主学习和合作学习，突出了地理信息技术手段的实际操作应用，引领了中学地理实践活动的发展方向，主要体现出了前瞻性、科学性、乡土性的原则。

◇ **第二节　房山乡土课程开发与实施相关资源**

本节重点介绍了房山区开发与实施的两大类乡土课程资源及案例：第一类为资源类乡土课程；第二类为项目类乡土课程。

第四章 房山乡土课程典型案例

第一节 房山乡土课程开发与实施相关教材

一、《房山文化》教材介绍

(一)《房山文化》(初中全一册)[1]教材介绍

1.本教材的基本定位

(1)本课程的性质。教材坚持以马克思主义文化观为指导,坚持立德树人,弘扬社会主义核心价值观,把人类文化的一般常识与房山文化的具体知识结合起来,把文化常识的学习、区域文化生活的参与、学生人文素养的提升作为重要的价值追求,着力培养学生的文化自觉意识与文化生活参与能力。

(2)本课程的基本理念。

第一,从宏观方向上,坚持科学文化观教育、文化知识教育与地域文化常识教育相统一。

第二,从价值追求上,坚持弘扬社会主义核心价值观与传承区域优秀文化相结合。

第三,从内在逻辑上,坚持文化发展的普遍性与区域文化的特殊性相统一。

第四,从内容关联上,处理好区域文化积淀、传承、发展与创新的关系。

2.本课程教材的结构体系

(1)宏观结构。本教材主要分单元、课题、框题三个层次。部分框题因涵盖内容较多,增设目题。

本教材共设5个单元,每个单元分为2课,共10课,每个单元后面设计一个"探究活动"(表4-1)。

表 4-1 《房山文化》（初中全一册）内容结构框架

单元	课标题	框标题	
第一单元 房山文化悠久	第一课 感受房山文化	一、房山的由来	二、房山的文化
	第二课 房山文化渊源	一、北京猿人遗址	二、西周燕都遗址
	探究活动 体验燕都青铜文化		
第二单元 古寺宝塔云集	第三课 北方巨刹云居寺	一、寺庙大观 三、石经瑰宝	二、云居"三绝"
	第四课 房山古塔冠京师	一、唐辽宝塔众多	二、昊天古塔奇闻
	探究活动 探秘石刻佛经		
第三单元 艺术文化丰厚	第五课 文学书画精粹	一、一代诗人贾岛	二、书画名家辈出
	第六课 民间艺术流传	一、民间花会	二、民间传说
	探究活动 寻访贾岛足迹		
第四单元 行宫民居并存	第七课 京西离宫行宫	一、敕建明代离宫	二、修建行宫之谜
	第八课 走进水峪古村	一、移民与古民宅	二、古石碾与古商道
	探究活动 走近民居大院		
第五单元 文化传承发展	第九课 文化发展新标	一、中华石雕艺术园 三、红歌诞生纪念馆	二、房山世界地质公园
	第十课 文化建设新貌	一、房山旅游文化节 三、最美乡村享殊荣	二、群众文化谱新篇
	探究活动 歌颂美丽家乡		

（2）内容要求（表 4-2 至表 4-6）。

表 4-2 《房山文化》（初中全一册）第一单元内容要点和具体要求

第一单元 房山文化悠久	
内容要点	具体要求
1.房山的地理位置	了解房山的地理位置
2.房山名称的由来	了解房山名称的来历及区划的演变
3.身边的文化活动	了解文化现象普遍存在
4.文化活动区别于政治活动、经济活动	知道文化是人类社会特有的现象 理解文化的含义
5.文化的含义	知道文化的具体表现形式
6.文化的内容和形式	知道文化是人们社会实践的产物，是人类智慧和创造力的体现
7.房山承载着厚重的文化	初步具有区分文化现象与经济现象、政治现象的能力
8.房山文化的影响	认同房山文化丰富多彩、底蕴深厚
9.房山古代文化遗址遍布	认识周口店、燕都等房山重大历史文化

续　表

第一单元　房山文化悠久	
内容要点	具体要求
10.周口店北京人遗址考古发掘	了解周口店北京人遗址的发掘过程
11.周口店北京人遗址的珍贵价值	认识周口店北京人遗址的巨大历史文化价值
12.我国青铜时代所处的历史时期	了解西周燕都遗址考古的主要发现
	了解青铜器堇鼎
13.西周燕都遗址考古	了解大型墓葬及带有"候"铭文青铜器发现的意义
14.西周燕都遗址在北京建城历史上的突出地位	理解西周燕都遗址发掘的重大文化价值
	能从北京人会使用火、制造石器等考古发现中初步学会区分历史事实与历史结论
	重视乡土历史文化学习，培养热爱乡土文化、热爱中华文化的情感

表 4-3　《房山文化》(初中全一册)第二单元内容要点和具体要求

第二单元　古寺宝塔云集	
内容要点	具体要求
1.房山境内寺庙遍布	知道房山区境内被列为市级及区级保护文物的寺庙数量
2.云居寺的位置及修建年代	了解云居寺的修建历史及规模
3.云居寺的规模	知道云居寺成为佛教圣地的原因
4.云居寺国宝众多	知道云居寺的佛经、佛塔
5.云居寺"三绝"	知道云居寺有"北方巨刹""北京旅游之最"的美誉
6.云居寺石经	了解石经雕刻的起因、过程及意义
7.房山区内现存古塔的基本情况	知道佛经"三绝"及纸经和木版经的影响
	认识房山石经的历史和文化价值
8.房山古塔按其结构的分类	了解"石经归穴"的重要性
9.房山区内的唐塔	了解房山现存古塔的数量、种类及保存的情况
10.唐代密檐式砖塔与辽代密檐式砖塔	了解房山区内唐塔的数量及影响
	知道房山典型唐塔的形制特点
11.昊天塔的建筑式样	了解唐代密檐式砖塔与辽代密檐式砖塔各自的特点
12.昊天塔的地位及影响	了解昊天塔的形制特点，认识昊天塔的历史与文化价值
	能够区分寺院宝塔的不同形制
	初步感悟坚忍不拔、锲而不舍的石经精神
	认识房山文化资源的丰富多样，树立文化遗产保护意识性

表4-4 《房山文化》（初中全一册）第三单元内容要点和具体要求

第三单元 艺术文化丰厚	
内容要点	具体要求
1."苦吟"诗人贾岛 2.在唐代，贾岛诗词自成一家 3.房山古代书法艺术的发展情况 4.房山古代绘画艺术的发展情况 5.房山古代绘画艺术的代表人物及作品 6.中华人民共和国成立后房山书画创作事业的发展 7.房山民间花会渊源 8.房山民间花会丰富多彩 9.狮子会的起源和表演形式 10.跑跷会的起源、表演形式及表演特点 11.房山的民间传说	了解贾岛生平 体会贾岛诗词的创作风格 知道房山存世最古的文字是甲骨文 认识青铜器上铭文的价值 了解云居寺的书法作品 知道为房山留下过墨宝的三位古代书法家 了解镇江营遗址出土的"人面陶模" 了解元代房山著名画家高克恭的绘画风格及著名画作 了解现代房山书画创作事业的发展情况 能够从形式上区分文学艺术和书画艺术 认同房山古代文学书画艺术的地位，培养对文学书画的兴趣爱好，发现美，欣赏美 了解房山民间花会的渊源和演变 了解房山民间花会流传至今的主要形式 认识民间花会在房山文化发展中的作用 了解狮子会和跑跷会两种常见花会的表演形式 说出几个流传较广的房山民间传说的名称 知道无论哪一种形式的民间传说都是人民群众生产生活的直接反映 了解养儿峪的传说故事 初步认识房山民间艺术的价值，喜爱房山的民间艺术文化

表4-5 《房山文化》（初中全一册）第四单元内容要点和具体要求

第四单元 行宫民居并存	
内容要点	具体要求
1.房山区内明朝行宫 2.明代离宫的建筑特点 3.黄辛庄行宫的修建 4.房山区内清代修建的四座行宫 5.南窖乡水峪村的历史 6.水峪村"四绝" 7.水峪村王家大院的建筑风格与建筑特色 8.水峪村的古石碾与古商道	了解明代离宫的修建与衰落 了解明代离宫的建筑式样及特点 了解岫云观古建筑的价值 了解黄辛庄行宫修建的历史 知道房山区内四座行宫的地理位置 了解房山行宫等的建筑艺术 了解水峪村的地理位置及历史 知道水峪村"四绝" 认识水峪村有代表性的古民宅 了解古石碾的数量和用途 能从水峪村众多的文物古迹中认识水峪村悠久的历史、厚重的文化 通过认识古民宅、古石碾与古商道感受水峪村独特的文化魅力，增强保护文化遗产的意识，以实际行动保护、传承、发展房山文化

表 4-6 《房山文化》(初中全一册)第五单元内容要点和具体要求

第五单元 文化传承发展	
内容要点	具体要求
1.北京地区最大的石雕主题公园	知道房山区大石窝镇的中华石雕艺术园是北京地区最大的石雕主题公园
2.石雕艺术园的建筑特色	了解石雕艺术园大门及园内的建筑特点
3.房山汉白玉在建筑中的特殊地位	能说出石雕艺术园内具有代表性的石雕作品
4.大石窝汉白玉石作工艺	能说出几个采用房山汉白玉建造的古建筑和中华人民共和国成立后修建的全国十大建筑
5.红歌诞生地——房山区霞云岭乡堂上村	了解大石窝的石材及雕刻产品的国际影响力
6.房山是平西抗日根据地重要组成部分	了解大石窝汉白玉石作工艺
	知道大石窝石作文化村落已入选国家级非物质文化遗产
	了解《没有共产党就没有新中国》诞生的历史背景
	通过观看图片或者实物感受房山汉白玉雕刻的艺术

(二)《房山文化》(高中全一册)[2] 课程介绍

1.《房山文化》(高中全一册)课程的基本定位

(1)本课程的性质。《房山文化》(高中全一册)是一门进行马克思主义文化学常识教育的综合性、活动型的人文类课程,课程以房山区域的典型文化事件和文化现象为载体,展示房山物质文化和精神文化积淀、传承、发展与创新的重大成果,帮助高中生认识文化的重要价值,提升他们的人文素养。

(2)本课程的指导思想。本课程坚持以马克思列宁主义、毛泽东思想和中国特色社会主义理论体系为指导,坚持马克思主义文化观,帮助高中生认识文化的内涵和发展中国特色社会主义文化的重要性,初步了解房山精神文化、地理文化、历史文化、教育科技文化、艺术文化以及房山文化发展等,认同房山精神,提升人文素养,培养房山建设与发展所需人才,践行社会主义核心价值观,发展房山先进文化,为房山的物质文明、精神文明、政治文明、社会文明和生态文明建设提供精神动力和智力支持。

(3)本课程的基本理念。一是坚持马克思主义文化观教育与人文素养教育相统一;二是弘扬社会主义核心价值观与继承房山优秀文化传统相结合;三是把文化的普遍性与文化的特殊性有机结合起来;四是处理好批判与继承、发展与创新的关系。

(4)本课程教材的总体目标。坚持以马克思主义文化观为指导,帮助学生了解文化的含义及分类,使他们知道房山文化的含义及表现,理解房山精神,了解房山地理环境对文化的影响,了解房山历史文化的重大事件,了解房山教育科技文化的重大史实,了解房山的艺术文化及其影响,理解文化的传承、发展与创新的意义,懂得如何继承与发展房山文化。

能够初步具备运用马克思主义文化观的知识与方法观察问题、分析问题、解决问题的能力，能够理解和认同房山文化，具备一定的文化知识和人文素养，初步形成正确的文化观和价值观。

2.《房山文化》(高中全一册)教材编写思路

(1)本课程教材的编写思路。《房山文化》(高中全一册)教材注重知识性、思想性、综合性、思考性、逻辑性、开放性和实践性。

《房山文化》(高中全一册)教材遵循从抽象到具体的演绎思维逻辑。从一般文化到房山文化，再从房山文化到房山文化的各个具体方面，最后阐释房山文化的传承、发展与创新，指明房山文化的发展方向，力求逻辑严谨、思路清晰。

(2)本课程教材的学业要求。《房山文化》(高中全一册)教材主要从物质文化和精神文化两大视角出发，展现房山精神文化、地理文化、历史文化、教育科技文化、艺术文化以及房山文化发展等，为学生初步了解有关文化知识、了解房山文化、提升人文素养、积极参与房山精神文化建设奠定了基础。

3.《房山文化》(高中全一册)教材的内容结构

(1)《房山文化》(高中全一册)教材的内容结构。本教材共设有6个单元，分为13课，每课下设框题。每个单元之后设计有一个"探究活动"(表4-7)。

表4-7 《房山文化》(高中全一册)内容框架

单元	课标题	框标题	
第一单元 走进房山文化	第一课 揭开文化之秘	一、文化的含义	二、文化的分类
	第二课 体味房山文化	一、房山文化内涵	二、房山文化精神
	探究活动 感悟房山精神		
第二单元 领略房山地理文化	第三课 地理环境对文化的影响	一、房山地理环境的差异	二、多彩地理文化的影响
	第四课 璀璨夺目的地理文化	一、领略房山地理风光	二、湿地公园和名果之乡
	探究活动 体验房山山水文化		
第三单元 回首房山历史文化	第五课 古代房山的历史文化	一、北京人的"祖根" 三、折射兴盛的"金陵"	二、北京最早的"都城"
	第六课 近代房山的历史文化	一、参加义和团反帝斗争 三、投身人民解放事业	二、谱写抗战光辉篇章
	探究活动 保护房山文化遗址		

续 表

单 元	课标题	框标题	
第四单元 纵观房山 教育科技 文化	第七课 古代房山教育科技文化	一、古代教育兴起	二、古代科技源起
	第八课 当代房山教育科技文化	一、当代教育演进	二、现代科技发展
	探究活动 聚焦房山教育发展		
第五单元 欣赏房山 艺术文化	第九课 文学和书画艺术	一、文学艺术	二、书画艺术
	第十课 塑形和建筑艺术	一、塑形艺术	二、建筑艺术
	第十一课 摄影和音乐艺术	一、摄影艺术	二、音乐艺术
	探究活动 鉴赏房山艺术文化		
第六单元 继承发展 房山文化	第十二课 房山文化薪火相传	一、参与文化生活	二、传承房山文化
	第十三课 房山文化发展创新	一、发展文化事业	二、创新房山文化
	探究活动 感受房山旅游文化节		

（2）《房山文化》（高中全一册）教材的内容目标与教学建议（表 4-8 至表 4-13）。

表 4-8　《房山文化》（高中全一册）第一单元内容目标及提示与建议

内容目标	提示与建议
第一单元　走进房山文化	
1.了解文化现象普遍存在 2.知道文化的基本特征 3.理解文化的含义 4.理解文化与经济、政治的关系 5.知道文化的分类及包含的内容 6.理解对文化价值判断分类的重要意义 7.具有区分文化现象与经济现象、政治现象等能力 8.能够运用相关知识对现实生活中的文化现象进行分类 9.认同文化存在普遍性，并自觉从文化视角思考和看待社会现象 10.认同文化价值判断的重要性，自觉接纳健康、有益的文化 11.了解房山承载着厚重的文化 12.明确房山文化的内涵 13.知道房山文化形式多样 14.了解中华民族精神 15.认识房山精神 16.能够透过丰富多彩的房山文化现象初步概括出房山文化的精神实质 17.认同房山文化丰富多彩、底蕴深厚 18.认同房山精神，自觉弘扬房山精神	◆分类：先说出大量有关文化的词汇，然后按一定标准进行分类 ◆比较分析：通过网络或书籍查阅关于"中华民族精神""北京精神"的表述，结合房山精神的表述，通过比较，找出共同点和不同点 ◆交流与展示：收集体现房山精神的相关材料，通过分析与概括，形成自己的"房山精神"表述语 ◆举办讲座：走进房山文化

表 4-9 《房山文化》（高中全一册）第二单元内容目标及提示与建议

内容目标	提示与建议
第二单元　领略房山地理文化	
1.了解房山地理环境的差异及特点 2.理解地理环境与文化的关系 3.知道房山东西部地理差异与地理文化特色 4.了解房山的山水文化、洞穴文化、农耕文化、石雕文化 5.能够根据房山自然地理环境特点，分析房山不同地形形成的文化现象 7.能够通过搜集相关资料，从某一个侧面展示房山地理文化 8.根据房山地理文化的特点，体会到房山地理文化丰富多彩，颇具特色 9.介绍典型地理文化，使学生认同房山地理文化的重要性 10.了解房山具有代表性的地理风光 11.知道"北方小桂林"的主要景观特色 12.了解房山溶洞的形成和特性 13.能够阐释房山洞穴资源的意义 14.了解房山红叶新宠坡峰岭 15.知道房山磨盘柿的生长条件与基本特点 16.了解房山湿地公园的人文景色 17.了解磨盘柿商标的文化符号及"磨盘柿"文化景观的意义 18.知道京白梨产生的文化现象 19.参观和调查房山世界地质公园某一景观，能够对景观进行描述或介绍 20.认同房山地理文化丰富多彩、文化底蕴深厚 21.理解与认同房山地理条件造就的地理文化和房山精神	◆交流：让临近房山八景的学生简要介绍这些景点的特点 ◆展示：查找并整理房山湿地公园相关资料，并在全班交流和展示 ◆探究：房山地理环境与房山文化、房山精神之间的关系 ◆考察：对房山世界地质公园某一景点进行考察，写出考察报告 ◆设计：利用房山旅游资源，设计"房山一日游"线路

表 4-10 《房山文化》（高中全一册）第三单元内容目标及提示与建议

内容目标	提示与建议
第三单元　回首房山历史文化	
1.了解周口店北京人遗址的重要价值 2.知道周口店北京猿人、新洞人、田园洞人的差异与联系 3.了解镇江营新石器时代文化遗址的典型意义 4.了解燕都建立的文化背景 5.了解燕都选址的基本依据 6.知道燕都历史文物特别是青铜器的重要价值 7.知道燕都在北京建城历史上的突出地位 8.了解金朝皇陵兴衰的简要过程 9.知道营造金陵的基本用意 10.通过了解北京人遗址考古发现，特别是用火、制造石器，初步具备区分历史事实与历史结论的能力	◆交流：以"北京人的一天"为题，描述"北京人"一天的生活情景 ◆提出建议：就近考察一景区的环境污染情况，提出治理的对策与建议 ◆考察：实地考察一处文化遗址，写一份考察报告 ◆参观：参观房山的博物馆或纪念馆，写一份

续　表

内容目标	提示与建议
第三单元　回首房山历史文化	
11.了解建立西周燕都的史实，形成从特定历史条件出发分析历史现象的能力	观后感
12.通过对周口店北京人遗址、燕都遗址、镇江营遗址、金陵遗址等的了解，树立自觉保护文物古迹和历史文化的意识	
13.通过了解房山重大遗址和历史文化，培养热爱乡土文化、热爱中华文化的情感	
14.知道良乡地区义和团抗击八国联军的事迹	
15.了解平西抗日根据地斗争的概况	
16.了解房山十渡老帽山抗日六壮士的事迹	
17.了解解放战争中房山地区的重大战役	
18.知道房山人民为解放战争所做的贡献	
19.能够对房山人民在义和团运动、抗日战争、解放战争中的英勇表现做出概述	
20.能够通过房山近现代抗争史提炼出体现房山精神的本质内容	
21.通过学习房山近代抗争史，激发和增强爱家乡、爱祖国、爱人民的情感	

表 4-11　《房山文化》（高中全一册）第四单元内容目标及提示与建议

内容目标	提示与建议
第四单元　纵观房山教育科技文化	
1.了解房山古代教育文化的起源和历史	◆单元讲座：介绍房山教育科技文化成果
2.了解古代官学县学	
3.知道房山著名的"三大书院"	◆查询：房山古代兴办教育的相关的人和事
4.了解在房山古代教育兴起和发展中做出贡献的人物	
5.知道房山古代科技文化的发展源于人类生产生活实践	◆参观：参观房山文庙或良乡大学城等，写一篇见闻
6.了解石器打造、青铜铸造、车辆制造等在房山古代科技史上的代表性成果	
7.了解房山当代教育的演进情况	◆讨论：结合实例，讨论交流"科技发展对文化发展产生的影响"
8.了解私立学校兴起的情况	
9.知道房山简易师范创办对房山的重大影响	
10.了解改革开放以来房山教育取得的重大进展	◆交流：结合亲身感受或身边事例，谈谈"教育改变人生"或"教育改变生活"
11.了解良乡大学城兴建对房山教育、经济、社会发展的重大作用	
12.知道"智汇城"的创办及重要作用	
13.了解房山现代农业科技、工业科技的发展概况	
14.知道中国原子能科学研究院的创建与发展对房山的影响	
15.参观和考察良乡大学城、智汇城等，写出观后感或调查报告	
16.通过了解现代房山教育科技文化的发展，增强文化自信	
17.认同现代房山教育和科技的发展，立志为房山教育科技文化发展做贡献	

表4-12 《房山文化》(高中全一册)第五单元内容目标及提示与建议

内容目标	提示与建议
第五单元　欣赏房山艺术文化	
1.知道文学的含义，了解房山古今文学艺术概况 2.了解贾岛的创作风格及其影响 3.了解房山历代文学艺术的代表人物及作品 4.了解书法艺术的含义，知道房山古今书画艺术概况 5.了解高克恭、董其昌等房山历代书画名家及作品 6.了解房山当代书画艺术的代表人物及作品 7.了解房山塑形艺术的形式 8.了解房山汉白玉石作和雕刻工艺，知道汉白玉在建筑中的特殊地位 9.知道云居寺的佛经"三绝"及其影响 10.理解并认同"石经精神" 11.了解房山摩崖造像、景泰蓝、根雕等塑形艺术 12.了解房山民居的建筑艺术形式，了解帝王行宫的建筑艺术 13.能够区分寺院宝塔的不同形制，知道房山典型寺院和宝塔的形制特点 14.知道房山具有代表性的民居小院和牌坊亭台等 15.能够区分塑形艺术和建筑艺术的不同形式 16.能够深切感受汉白玉文化、塑形艺术和建筑艺术的魅力 17.了解房山的摄影艺术发展情况、代表性人物及作品 18.了解音乐艺术的含义，知道房山音乐艺术特色和代表性人物及作品 19.懂得音乐的重要作用，知道红歌创作的重要影响 20.具有初步区分各种艺术文化现象的能力，具有初步欣赏和审美能力 21.认同房山艺术文化在房山文化中的地位和作用	◆交流：房山古代文化名人趣事及作品 ◆讨论：当代房山文化作品与房山文化传统的关系 ◆分享：收藏作品和精美照片，感受艺术的魅力 ◆查阅：房山汉白玉与北京建筑文化 ◆参观交流：参观1~2处寺庙，然后对特色、趣闻等做简要介绍 ◆搜集整理：搜集房山的民间故事、神话、传说，然后整理汇编成小册子 ◆探究：房山有哪些艺术形式？如何挖掘和保护房山的艺术文化

表4-13 《房山文化》(高中全一册)第六单元内容目标及提示与建议

内容目标	提示与建议
第六单元　继承发展房山文化	
1.了解房山的文化生活 2.知道房山民间文化的形式及影响 3.了解传统节日的意义，懂得民族传统节日对文化传承的功能 4.了解文化传承的含义和主要形式、 5.了解物质文化遗产和非物质文化遗产的重要性，知道房山相关重要项目 6.能够区分房山文化传承的不同形式及作用 7.具有初步鉴赏和评价房山传统文化的能力 8.感受房山传统文化的价值与魅力，认同并喜爱优秀传统文化 9.感悟房山文化资源的重要性，树立对优秀传统文化的自豪感	◆列举：你身边的文化活动 ◆交流：先查阅房山的物质文化遗产和非物质文化遗产项目，然后进行交流 ◆写建议书：调查房山文化遗产，写一份"保护、开发和利用文化遗产"建议书

续 表

内容目标	提示与建议
第六单元　继承发展房山文化	
10.正确认识传承、发展与保护的关系，增强文化遗产的保护意识 11.了解房山文化事业发展的现状 12.理解文化发展的实质和核心都在于文化创新 13.明确发展房山文化的基本要求 14.理解房山文化创新的根本途径，懂得如何实现房山文化的创新 15.能够结合实例分析说明如何传承房山文化和创新房山文化 16.关注房山文化发展，树立"文化兴区"的责任感和使命感 17.对于本土传统文化，要处理好传承与创新的关系，树立文化创新意识	◆讨论：房山的各种文化现象与哪些产业密切相关 ◆设计方案：设计房山旅游文化课

二、《房山区地理》[3]教材介绍

北京市房山区开发与实施的《房山区地理》主要介绍了房山区地理位置和行政区划、房山区复杂多样的自然环境（地形、气候、河流）、房山区的经济发展、房山区旅游资源与旅游业、房山区社会事业发展、房山区生态环境的保护与美化等，地域特色非常鲜明。

（一）教材指导思想

《房山区地理》地方课程教材坚持以可持续发展观为指导，帮助学生认识所生活的地理环境，熟悉房山的自然地理和人文地理最显著的特点，全面了解房山区的位置、自然、经济、发展各个方面的整体面貌，使他们通过野外观察、考察、调查、观测等逐步养成收集和处理地理信息的能力、地理观察和区域分析能力，提升创新精神、合作学习和实践能力，初步树立正确的资源观、环境观、人口观，懂得协调人类发展与环境的关系，增强爱国、爱家乡的情感。这为培养房山建设与发展所需要的人才、促进房山经济社会发展提供了精神动力和智力支持。

（二）教材编写原则

（1）内容要突出地理学科的特色，体现区域性和综合性，既要比较全面地反映房山区地理环境的状况，又要突出房山区域特征。

（2）作为教材，《房山区地理》不能等同于课外科普读物，要突出教学过程中的指导，将其真正作为一本教材来使用。

（3）要发挥乡土地理取材于本乡、本土的特点，注重学生的参与和实践，让学生在做中学习地理知识，通过实际操作发展技能，通过亲身实践了解人与环境的关系。

（4）要针对学生的年龄特点，增强趣味性和可读性，激发学生探究乡土地理的兴趣，促进学生自主学习。

（5）要关注房山区的发展变化，引导学生关注家乡的经济发展与环境之间的关系，渗透可持续发展的观点。

（三）教材体系及结构

《房山区地理》教材以部门地理阐述为主线，介绍了房山区的位置、自然、经济、发展等，从自然地理和人文地理两大视角出发，反映了房山区地理环境的整体面貌。

《房山区地理》分为7章，共19节，有38个框题，每一章章首专设"思考"，每一节多设"做一做""阅读""多知道一点""学以致用"等栏目。

第一章　首都的西南门户
　　第一节　位置、面积和行政区划
　　第二节　京郊人口大区
　　第三节　便捷的交通

第二章　多种多样的自然环境
　　第一节　地形多样　岩溶地貌典型
　　第二节　四季分明的季风气候
　　第三节　宝贵的水资源

第三章　发展中的都市型现代农业
　　第一节　农业发展概况
　　第二节　农业发展布局
　　第三节　农业发展前景

第四章　转型中的房山工业
　　第一节　工业发展概况
　　第二节　工业发展前景

第五章　蓬勃发展的旅游业
　　第一节　北京之源　地学摇篮
　　第二节　首都重点旅游休闲度假区

第六章　蒸蒸日上的商业、教育和卫生事业
　　第一节　蓬勃发展的商业
　　第二节　优先发展的教育事业
　　第三节　快速发展的卫生事业

第七章　房山的未来
　　第一节　房山区在北京市的功能定位
　　第二节　新型城镇化建设

（四）教材主要特点

1. 体现综合性

《房山区地理》以部门地理阐述为主线，介绍了房山区的位置、自然、经济、发展各个方面，反映了房山区地理环境的整体面貌。同时，在编写的过程中，强调房山区地理环境各部分之间的联系，如复杂多样的地形、季风气候与农业的关系，丰富的自然资源、便利的交通与工业发展之间的关系，体现了地理环境各要素之间相互联系和相互制约，体现了综合性。

2. 突出地方性

《房山区地理》仅有37页，要反映房山区地理环境的全貌，我们不可能把所有相关内容都详尽地写出来，但可以抓住房山区地理环境的特色，突出区域特征，体现出乡土教材的地方性。例如，在人口和行政区划上，强调京郊人口稠密区的特点；在交通上，突出现代交通便利的特点；在自然环境上，有多种多样的地形，突出岩溶地貌的典型特点；在农业上，强调产业结构的调整，由以种植业为主向都市型现代农业发展；在工业上，利用交通便利、开放的发展环境，由资源型传统产业向新型工业发展。另外，还有得天独厚的旅游资源等。

3. 注重实践性

地理学是一门实践性很强的科学。地理学科的特点决定了教师在教学中不仅要把地理实践的成果、基础理论、基本方法交给学生，还要求学生必须走出课堂，到大自然中去，到社会实践中去。乡土地理环境为地理教学提供了最直接、最方便的场所。《房山区地理》体现了地理学科特点，设计了17项可供各类学校选择的课外调查、观察、考察题目，把中学地理课程标准规定的很多基本训练要求结合房山区地理的相关内容加以落实。

4. 反映时代性

《房山区地理》作为一本教材，其内容要先保证科学性。资料来源于房山区委、区政府各部、委、办、局等单位，一些数据、资料引自《北京市房山区统计年鉴》和《北京统计年鉴》。编者要对数据、资料反复调查核实。随着房山区社会环境的不断变化和经济建设迅速发展，《房山区地理》中的很多数据和资料需要及时更新。例如，房山区农业结构调整、工业园区、旅游景点及线路、交通运输的建设、文教卫生的发展、房山区的规划等内容都要随着房山区社会经济的发展变化而及时调整。

5. 呈现多样性

在教材内容的呈现方式上，我们参考和借鉴了人教版初中地理教材和北京版初中地理教材，减少了正文的叙述，增加了"思考"（7项）、"做一做"（26项）、"阅读"（12

项）、"多知道一点"（9项）、"学以致用"（14项）等栏目，实现了呈现方式的多样性，力求生动活泼，符合初中学生的年龄特点。

这些精心设计的课内、课外活动为教师组织学生进行实践提供了方便，为学生围绕乡土地理学习开展探究性实践创设了情景，有利于培养学生的创新精神和实践能力。

6.增强趣味性和可读性

为了使教材吸引学生，提高学生的阅读兴趣，我们采取了以下做法：

（1）文字叙述力求简洁、生动，特别是在活动设计和问题设计上，考虑学生的年龄特点，使用学生乐于接受的语言。

（2）分布图色彩鲜明，突出重点。《房山区地理》中共有16幅地理分布图，每幅图力争主题鲜明，尽量不用综合性地图。例如，课本第7页的《房山区的主要农产品分布图》的背景就是行政区的边界，突出了各乡镇的农产品特色。

（3）增加景观图、统计图，使教材内容呈现更加直观。《房山区地理》共有景观图35幅、统计图10幅，要精心选择每幅图，在保证真实反映教材内容的前提下，图片美观。

（4）增加漫画、框架图等，使版面生动、活泼。"思考""做一做""阅读""多知道一点""学以致用"等栏目都设计了一个特有的生动的漫画图标。有些文字叙述内容的呈现采用框图的方式，如课本第15页"房山区发展农业的有利条件"、课本第21页"房山区发展工业的有利条件"等。

（5）在排版上实行图文混排。在仅37页的《房山区地理》中，各类图像就有66幅，使教材页页有图，多数页面的图像占版面的三分之一以上。《房山区地理》中大量各种类型的图像与文字相配合，加上中国地图出版社专业的排版和印刷，呈现在学生面前的是一本栏目多样、图文并茂和色彩鲜明的教材，它能吸引学生的目光，激发学生的学习兴趣。

三、《房山——我为你骄傲》[4]教材介绍

（一）教材具有鲜明的乡土性

《房山——我为你骄傲》（小学）是房山区较早开发的地方课程，这本教材以房山本乡本土资源为载体，具有鲜明的地域性和乡土性，是房山区乡土课程的重要呈现形式。本教材分为5个单元，简略地介绍了房山的地理位置、悠久历史、丰富特产、旅游资源、民俗文化，能够帮助小学生初步了解房山、认知房山，初步树立热爱家乡的乡土情怀。

（二）教材的内容结构

第一单元　引言

第一课　首都的西南门户——房山区

第二单元　悠久的历史

　　第二课　根祖房山

　　第三课　古迹名人

第三单元　丰富的物产

　　第四课　煤炭

　　第五课　石材

　　第六课　土特产品

第四单元　丰厚的旅游资源

　　第七课　自然风光

　　第八课　红色旅游

　　第九课　特色旅游

第五单元　独特的民俗文化

　　第十课　民间音乐和舞蹈

　　第十一课　民间武术

四、《房山区高中地理综合实践活动设计》[5]教材介绍

（一）教材开发的主要背景

2016年9月，编写组以《中国学生发展核心素养》和2017年9月教育部《中小学综合实践活动课程指导纲要》为指导，编写《房山区高中地理综合实践活动设计》，突出强调学生综合运用本学科相关知识进行分析和解决现实问题的能力，提升学生的综合素质，着力发展学生的核心素养，特别是社会责任感、创新精神和实践能力。

2018年，教育部颁布高中课程改革的实施意见，其中高中地理课程改革中明确强调地理的四项核心素养，即人地协调观、综合思维、区域认知和地理实践力。地理实践力是地理课堂教学的有效延伸和课堂教学效果的验证，综合实践活动是落实地理实践力的主要手段。

（二）教材开发的主要原则

以国家课程为基础，以地方资源为依托，强调自主学习和合作学习，突出地理信息技术手段的实际操作应用，引领中学地理实践活动的发展方向。具体来说，主要体现出以下三个方面的原则。

1.前瞻性

以最新的国家课程改革指导纲要为基础，强调动手与动脑相结合，突出活动的思维力度和真实感，同时以最新的地理信息技术应用为手段，摆脱了教材的滞后性。

2.科学性

以高中地理科学的核心素养为指导,针对实地地理现象,在观察的基础上,立足探究地理规律和方法,更重要的是在实践活动中突出理论与实践的联系以及科学方法的灌输和培养。

3.乡土性

《房山区高中地理综合实践活动设计》根植于房山区地理环境,乡土感强,学生对本区域内的知识比较熟悉,容易形成共鸣,也符合地理课程标准中与地方资源相结合的原则,学生学习起来较容易。

(三)教材的内容框架

《房山区高中地理综合实践活动设计》设置为三篇九章,内容框架如表 4-14 所示。

表 4-14　《房山区高中地理综合实践活动设计》教学活动安排建议

篇　次	章　次	节　次	
第一篇 地理信息技术应用	第一章 学习地理信息技术	第一节	天地图实际操作
		第二节	两步路的应用
	第二章 测定校园构成要素	第一节	国旗杆地理坐标
		第二节	校园面积的测量
	第三章 学会表达地图信息	第一节	校园平面图绘制
		第二节	校园外定向越野
第二篇 世界地质公园探秘	第四章 在参观中思考地质奇观	第一节	地质公园博物馆
		第二节	溶洞王国石花洞
	第五章 在探究中发现岩石成因	第一节	房山岩浆侵入体
		第二节	建筑雕刻汉白玉
	第六章 在考察中论证地壳变迁	第一节	探寻半壁山地貌
		第二节	复原古地理环境
第三篇 地理区位实践研究	第七章 在实践中认知时空格局	第一节	研共享单车布局
		第二节	析空气质量差异
	第八章 在访问中体会区域认知	第一节	砾岩与葡萄酒庄
		第二节	京白梨主题公园
	第九章 在调查中学习策略方法	第一节	房山文物的分布
		第二节	房山集市的区位

(四)教材的主要特点

1.活动设计的层次性

在内容的安排上,以人地关系为主线,体现了由浅入深、由低级到高级的演变过程。首先,从学生如何使用地理信息技术手段入手,使学生掌握先进、高效的研究手段;其次，从校内的综合实践活动到校外的实践活动，以案例的形式出现，在研究案例的过程中强调与地理课堂教学相结合，印证、拓展地理知识，总结地理规律；最后，渗透地理核心素养，着力对地理时空观念、区域认知的方法与地理实践研究的策略和方法进行探索，突出地理课程核心素养的落实，使学生逐步学会地理学的思维方式和解决问题的策略。

2.实施的可操作性

本教材的另一个特点是可操作性，选取能够充分反映典型地理问题的素材进行编写，剔除干扰因素对学生学习、操作的影响。在每一节编写上都力求简明扼要，突出分解每一部分的教学内容，力求使学生按照教材编写的顺序按部就班地完成实践任务。同时，在综合实践活动方案设计上，不仅设计了实践目标，还设计了"可容纳人数""活动时间""安全性"等栏目供活动实施者参考。

3.突出学科延展性和探究功能

在中学地理现行教材中，反映现代信息技术发展的 GIS 技术仅仅停留在简单地介绍，没有涉及实质操作方面的内容，由于目前学生使用的智能手机功能非常强大，加之社会上各种具有操作层面的地理信息技术 App 层出不穷，因此有必要补充此方面的内容。本综合实践活动在此方面进行了有效拓展，先讲解了两个地理信息技术软件的具体操作，然后在地理案例的研究上使用了几款软件对地理问题进行探究，从而使研究得到了有效延展，这也是时代的要求。

4.培养家国情怀和育人价值

中学地理课堂教学的目的不仅是传输地理常识，还要培养学生的爱国主义情怀。在此方面，本综合实践活动以家乡具体的案例为背景，让学生在自己的实践操作过程中达到了解家乡、热爱家乡的目的，从而实现地理学的育人价值。此外，在板块设计方面，本综合实践活动在案例研究之后设立了可持续发展思考栏目，使学生为自己家乡的发展贡献聪明才智。

（五）教材实施的建议

（1）本书是为房山区高中在校生编写的，适合具有一定高中地理知识的学生使用，第一篇"地理信息技术应用"适合自高中入学后学生进行综合实践活动。第二篇"世界地质公园探秘"适合在高一年级上学期学习地质知识之后学生进行综合实践活动考察。第三篇"地理区位实践研究"适合高二和高三选考地理的学生进行能力的提升，以便提升地理学科素养。

（2）由于本书基于项目任务的编写方式，在每一章中安排了大量的实践任务，这些任务要求学生在实践活动之前进行阅读，了解本次实践活动的地点、要求和基本任务，对于比较困难的问题，学生可以提前进行思考。

（3）在综合实践活动时，学生必须携带本书，在研究每一项任务时，把自己对问题研究的结论填写在横线上或空白处。对于自己在实践活动过程中发现的新问题，也需要记录在本章的空白处，以便丰富、完善对本节内容的认识。

（4）本书既是开展综合实践活动的教学依据，又体现了教学过程的设计理念。因此，在使用本书的时候，教师需要提前完成该节实践活动所涉及的任务。如果教师对实践活动涉及的地区不了解，就需要提前对该地区进行考察，对涉及的地点及时记录，对项目任务进行思考、研究，只有这样，才能带领学生进行实践活动，并达到理想的实践效果。

第二节　房山乡土课程开发与实施相关资源

一、房山资源类乡土课程

（一）编写依据

为了新课标的有效实施，学科核心素养的落实，学生能够在真实情境中增强体验性，同时为了更好地完成国家课程，使国家课程区本化，学生能够学以致用。

（二）编写说明

1. 资源名称

资源选择说明：可以针对一个单元或主题、针对某一课时、针对某一子目进行选择，资源名称自拟。

2. 对接课标

2017版新课标，写清必修×《×××》（哪个模块），选择性必修×《×××》（哪个模块），并具体写出对应的内容要点，如1.4×××，1.5×××。

3. 对应教材

写清×版本，第×单元，第×课，第×目，对应的点是什么。

4. 资源内容

每一个材料写清材料1、材料2、材料3……

材料选择要求：

（1）图表类（图片类）资源，要求图片清晰，有图片内容说明、图片来源、图片使用意图等。

（2）文字类资源，要有时间、地点、人物、事件过程、方法、策略、影响等基本要素。

（3）材料形式要多样，内容有思想性、可读性、趣味性，能够拓展学生的知识面，能够提升学生的思维能力，使学生形成正确的情感、态度、价值观。每一个材料最后注明资料来源，并用一句话概括选择材料的意图。

5. 使用建议

（1）资源使用对象：明确提示资源使用的对象，如教师用于教学，学生用于自学或阅读等。

（2）方法策略提示：包括使用的方法、路径、步骤、策略。

（3）目标达成效果提示：包括具体要达到什么效果，或成果的呈现。

备注：资源类要求史地政学科编写初、高中各一本，每个学科至少50页，并按初高中的教材顺序设计所选资源。

（三）普通高中学科课程乡土资源选辑（历史学科）

这里以高中历史学科为例，展示房山乡土资源与历史学科内容的对接点、切入点和渗透点。《历史 必修 中外历史纲要（上）》[6]对应房山区乡土资源的要点选辑如下。

第一单元 从中华文明的起源到秦汉统一多民族封建国家的建立

  资源1 周口店北京人遗址

  资源2 镇江营遗址

  资源3 琉璃河西周燕都遗址

第二单元 三国两晋南北朝的民族交融与隋唐统一多民族封建国家的发展

  资源4 唐朝张氏墓志

  资源5 云居寺

  资源6 贾岛遗迹

第三单元 辽宋夏金多民族政权的并立与元朝的统一

  资源7 良乡昊天塔

  资源8 张坊古战道

  资源9 金朝陵墓

第四单元 明清中国版图的奠定与面临的挑战

  资源10 良乡郊劳台

  资源11 房山水稻种植

第五单元 晚清时期的内忧外患与救亡图存

  资源12 房良地区的义和团运动

第六单元 辛亥革命与中华民国的建立

  资源13 民国时期房山采煤业的发展

第七单元 中国共产党成立于新民主主义革命兴起

  资源14 五四运动时期良乡地区的请愿活动

第八单元 中华民族的抗日战争和人民解放战争

  资源15 房良地区的民族抗战

  资源16 平西抗日根据地

  资源17 房山地区抗战胜利

资源 18 房良地区解放斗争
资源 19 房山支援北平解放

第九单元 中华人民共和国成立和社会主义革命与建设
资源 20 房山首届人代会
资源 21 中国原子能科学研究院
资源 22 房山的"背篓商店"

第十单元 改革开放与社会主义现代化建设新时期
资源 23 房山韩村河
资源 24 良乡高教园区

二、房山乡土课程项目类开发

（一）项目类开发方向

房山乡土课程项目的开发聚焦人文素养，按照历史文化、自然生态、风土人情、活力新区四大板块设计 10 个项目（表 4-15）。

表 4-15 房山乡土课程项目开发计划表

序号	项目名称	学科	负责人
1	龙乡"源文化"遗址调研	历史、地理、政治	从略
2	房山生态环境治理	地理、政治、化学、生物	从略
3	为房山名人立传（四史）	历史、政治	从略
4	论证新时期房山民生变迁	政治、历史、地理	从略
5	为房山非遗保护建言献策	相关学科	从略
6	设计家乡风土人情的艺术作品	相关学科	从略
7	规划房山研学线路	地理、历史、政治	从略
8	评析乡土文学艺术作品	语文、历史、艺术	从略
9	预测房山科技未来发展	相关学科	从略
10	我为房山未来教育绘蓝图	相关学科	从略

（二）项目类开发表

乡土课程项目类开发表如表 4-16 所示。

表 4-16 乡土课程项目类开发表

_____项目

项目名称		项目时长：	适合学段：	高中
本质性问题				
驱动性问题				
项目简介				
主要关联学科				
学习目标	关注高阶思维能力的培养			
核心知识与关键能力	尽可能从政策文件、课标、教材中寻找依据			
高阶认知策略	问题解决（ ）决策（ ）实验（ ）调研（ ）系统分析（ ）创见（ ）			
所需资源	1.政策文件 2.课标、教材 3.网站网页 4.地图等工具性 5.专家人力资源 6.技术资源等			
过程设计	1.入项活动 2.任务分解 3.问题解决（立足学生立场，如学生收集资料、学生调研、学生确定方案等）			
成果与评价	个人成果	评价内容与方式		
	团队成果	评价内容与方式		
反思与迁移				

（三）项目类开发设计样例

项目类开发设计样例如表 4-17 至表 4-22 所示。

表 4-17 房山区资源型产业转型的调研——项目式学习设计

项目名称	房山区资源型产业转型的调研	项目时长：8周	适合学段：高中
本质性问题	人口、资源、环境和发展的关系？区域如何实现可持续发展		
驱动性问题	为实现"绿色北京"目标，房山区由过去的能源基地转变为生态屏障，房山区的资源型产业的转型便成为必然。资源型产业如何转型？什么时候转，怎么转，转到什么产业上，转型中应该注意什么问题，转型之后的成效如何？房山未来的产业如何发展		

续 表

项目名称	房山区资源型产业转型的调研	项目时长：8周	适合学段：高中
项目简介	房山是京郊著名的"建材之乡""建筑之乡""煤炭之乡"，是北京市最大的能源基地，煤炭、矿山的开采及加工等资源型产业给房山带来了经济的发展，但长期资源型产业的发展也带来了一系列的环境问题、社会问题，如环境污染，地表塌陷，限制了产业升级，等等。本项目对房山区的资源型产业发展的状况、转型中面临的问题、转型中采用的措施、转型之后的成效等进行系统调查研究，总结经验，发现问题，形成调研报告。结合调研结果，分析房山区自身的优势和劣势，立足比较优势，对房山区产业结构进一步优化提出合理化建议		
主要关联学科	地理、政治、历史等		
学习目标	1.确定调查任务，通过查阅房山区政府网站、实地考察、走访、调查问卷等，形成基于实证和数据进行问题分析的意识，并学会调查研究的方法 2.分组调查房山资源型产业发展状况，明确资源型产业转型中面临的问题、转型中采用的措施、转型成效，总结经验，发现问题，形成调研报告 3.完成调查任务，分组汇报调查结果，形成分析该类问题的思路方法，并对房山区产业结构进一步优化提出合理化建议		
核心知识与关键能力	核心知识： 地理：工业区位的选择、工业生产活动与环境相互影响、产业转移对区域发展的影响等 政治：科学发展观、资源节约型、环境友好型 历史：产业转型、区域经济发展 语文：如何撰写调研报告 关键能力：信息搜集整理能力、研究能力、写作能力		
高阶认知策略	调研：学会系统分析，总结资源型产业转型的经验，为房山区未来的产业发展提出合理化建议		
所需资源	1.走访房山区发改委及相关部门 2.《北京市房山区统计年鉴》（统计数据） 3.实地走访调查		
过程设计	1.入项活动 讲一个故事：佛子庄乡上英水村近30年的产业发展历程 展示景观图：房山区佛子庄乡从"黑"转"白"再到"绿"，英水沟域实现美丽蜕变。（煤炭及相关产业—蘑菇及加工—生态文化旅游—精品民宿产业） 你做过调研吗？一般在什么情况下需要调研呢？我们究竟怎样开展调查呢？我们先要明确调查的问题是什么 2.任务分解 常用调研报告模式："现状""问题""对策" 房山区资源型产业转型的调研分为前期准备、组织实施、后期加工三个环节 （1）前期准备就是根据调研目的，拟定调查提纲、收集相关调查资料的过程，包括调研对象遴选、调研样本确定、调研方法使用、调研时间选择等		

续　表

项目名称	房山区资源型产业转型的调研		项目时长：8周	适合学段：高中
过程设计	\(2\)组织实施就是调研人员依照调查提纲开展调查研究的过程，通过一定的调研方法完成调研任务的过程 （3）后期加工就是在前期准备和调查的基础上，进行调查数据资料汇总分析，撰写形成调查报告的过程 3.调查任务 教师运用如下问题促进学生思考、调研 （1）资料调查：房山区资源型产业基本情况 ①查阅资料，了解房山区资源型产业包括哪些产业 ②通过图文资料分析房山区当时发展资源型产业的条件 ③房山区资源型产业发展中出现的环境问题、社会问题 （2）访问调查、问卷调查：房山区资源型产业转型中面临的主要问题 走访矿区转型的乡镇，如史家营乡、大安山乡等，进行调研。设计访问的提纲，设计调查的问卷，确定采访的人员。把谈话的内容录下来，然后进行整理。收回调查问卷。 （3）房山区促进资源型产业转型采取的措施 静态分析与动态分析相结合。通过静态分析对不同时期的资源型地区的替代产业选择进行比较分析，着眼动态、发展的观点，分析房山区产业发展过程中政策、法律、资源等的影响。 （4）评价房山区资源型产业转型的成效 ①观看南窖乡沟域经济规划专题片，初步了解房山区资源型产业退出后，在沟域经济发展方面的规划及取得的实际效果 ②宏观分析与微观分析相结合。宏观方面主要涉及分析房山区功能定位、法律法规、产业政策、金融政策等因素对产业转型过程中替代产业选择的影响；微观方面主要涉及分析区域内政府部门、企业、中介机构等对产业发展的作用，并结合区域资源、环境、区位、人才等方面进行优劣势分析 4.撰写调研报告 （1）搜集各种文献资料，摘取与调研课题有关的信息 （2）通过对房山区资源型产业转型的相关数据进行分析，结合理论分析，得出研究结论与相关政策建议 房山区资源型产业转型既要符合北京市的总体发展思路，又要与房山区的实际情况和经济社会现状紧密结合，同时深入分析资源型产业转型模式选择的关键因素，以及对产业转型产生重大影响的区域政策、财税体制等，为推进房山区资源型产业的转型提供操作性较强的对策与建议			
成果与评价	个人成果： 1.学会调查研究的方法 2.与组员合作交流，参与调研过程的修正与改进		评价内容与方式： 1.收集翔实可靠的材料 2.整理分析调研资料，选择合适的资料作为证据 3.能够提出合理的建议 4.分享个人想法，在积极思考、交流中提出问题	
	团队成果： 经验总结性调研报告		评价内容与方式：调研报告 1.对调研成果进行公开的宣传推广 2.简明汇报调查的目的和意义、调查的过程、调研的启示或者是调研成果的运用建议	

续 表

项目名称	房山区资源型产业转型的调研	项目时长：8周	适合学段：高中
反思与迁移	调查研究的过程是了解问题、分析问题和解决问题的过程，逻辑性、条理性很强，因此应该遵循的基本程序如下：准备工作、了解情况、分析研究和综合提炼 目前，房山区处于产业结构调整的战略转型关键期。下一步拟继续深入研究如何进一步解决传统产业退出带来的大量历史遗留问题和社会问题，以及发展高端制造业和战略型新兴产业面临的资本、技术、人才、制度、观念、配套设施、发展环境等问题		

表4-18 房山非遗保护建言献策——项目式学习设计

项目名称	为房山非遗保护建言献策	项目时长：8周	适合学段：高中
本质性问题	文化的传承与创新		
驱动性问题	在非遗的保护与传承中，如何既延续历史文脉，又适应时代需求？作为新时代公民，请你为房山非遗保护与传承建言献策		
项目简介	非物质文化遗产作为中华传统文化的重要组成部分，是中华民族文明体系的定力和凝聚力。新时代的非物质文化遗产担当着赓续文化传统，引领文化思潮，修复文化生态，坚定文化自信的文化使命。本项目整合语文、历史、政治等学科概念，关联多学科知识与能力，始终关注非物质文化遗产的有效保护与传承。学生在小组合作调查、走访、体验中获取信息，在调研、比较、分析中发现问题、解决问题，在对房山非物质文化遗产保护与传承有效策略的探索中加深了对新时代非遗文化价值的理解，增强了文化认同与文化自信，最终达成了延续历史文脉、适应时代需求的非遗保护与传承策略		
主要关联学科	语文、历史、政治、地理、音乐、美术、信息技术、综合实践活动		
学习目标	1.学生通过查阅资料、参观考察，搜集整理房山非物质文化遗产的相关资料，了解"非物质文化遗产"的内涵和人文价值 2.学生通过小组合作调查、走访、体验的形式，形成并锻炼沟通、协作能力。通过调研、比较、分析房山非物质文化遗产保护与传承的问题，探究解决策略，形成并锻炼发现问题、解决问题的能力 3.学生通过对房山非物质文化遗产保护与传承有效策略的探究，加深对新时代非遗赓续文化传统的认同，引领文化思潮，修复文化生态，坚定文化自信的价值理解，增强文化认同与文化自信，提升人文素养		
核心知识与关键能力	相关学科涉及的主要知识点： 语文：社会调查、分析与撰写调查报告、阐释见解的能力 历史：从唯物史观、时空观念、家国情怀等维度探究房山非物质文化遗产的历史价值 地理：从地理学科角度阐释房山文化的形成、发展与地理环境的关系 政治：参与调查、采访，形成并提升价值体认和社会参与能力 音乐：通过对房山民间艺术的实践体验、审美感知来获得文化理解和文化自信 美术：参与非物质文化遗产社会调查和体验，提升艺术素养和审美判断能力，加深对家乡非物质文化遗产的理解		

续 表

项目名称	为房山非遗保护建言献策	项目时长：8周	适合学段：高中
核心知识与关键能力	信息技术：充分运用现代信息技术参与非物质文化遗产社会调查，充分发挥信息技术革命对房山非物质文化遗产传承与创新的作用 综合实践活动：能从小组合作、社会调查中获得实践经验，提升对社会和自我之间内在联系的整体认识，逐渐形成价值体认、责任担当、问题解决、创意物化等方面的意识和能力 2.关键概念或能力 理解非物质文化遗产与人类文明多元化的关系；理解非物质文化遗产与文化自信的关系；理解文化的传承与创新的关系		
高阶认知策略	调研（√）：通过走访专业人士和社区调查，了解房山非物质文化遗产保护与传承的问题 系统分析（√）：通过系统分析文献资料、实地考察和走访的信息，达成有效策略 问题解决（√）：通过主动建构和探索知识与能力，促进问题的解决 创见（√）：对房山非物质文化遗产保护与传承提出创造性的见解和策略		
所需资源	《中小学综合实践活动课程指导纲要》、高中（语文、历史、政治等）课程标准、中国非物质文化遗产网、非遗传承人和文化创意产业从业者、信息技术设备等		
过程设计	1.入项活动 （1）入项准备 观看视频，从一度沸沸扬扬的中韩端午节"申遗"之争以韩国的胜利而告终引发思考 查阅中国非物质文化遗产网，了解联合国教科文组织积极推动世界各国保护和传承非物质文化遗产的目的。我国被列入联合国教科文组织非物质文化遗产名录（名册）的项目有哪些？房山区有多少项目名列其中 （2）驱动性问题 非物质文化遗产是我国悠久的历史长河中各族人民世代相承的传统文化重要表现形式，承载着民族精神与人类文明，对传承中华文脉、全面提升人民群众的文化素养、增强国家文化软实力、推进国家治理体系和治理能力现代化具有重要意义和不可替代的文化价值。房山区是坐拥世界级、国家级、市级和区级非物质文化遗产的大区，面临着非遗保护与传承的重要使命 在非遗的保护与传承中，如何做到既延续历史文脉，又适应时代需求？作为新时代公民，请你为房山非遗保护与传承建言献策 2.任务分解 本项目从挖掘房山非遗的内涵与价值入手，通过探究策略、走访调研、撰写调研报告、完善调研报告五个阶段开展实践探究，最终形成关于房山非遗有效保护与传承的调研报告 第一阶段：探究房山非遗的内涵与价值 学生通过房山区文化活动中心官网，了解房山非物质文化遗产的概况，通过书籍和网络搜索比较非物质文化遗产和物质文化遗产的不同，形成一份非遗项目的内涵与价值的研究简报 第二阶段：探究房山非遗保护与传承的策略 通过观看视频展播、参与房山区非物质文化遗产活动等来体验非遗的文化魅力。组建学习小组（两人一组），对共同感兴趣的非遗项目进行探究，设计"房山非遗有效保护与传		

续 表

项目名称	为房山非遗保护建言献策	项目时长：8周	适合学段：高中
过程设计	承"方案 第三阶段：根据"房山非遗有效保护与传承"方案进行走访调研 拜访非遗传承人或地方政府相关部门，走访文化创意产业从业者，开展社区访谈（调查问卷）等，将调查走访结果汇总、整理。撰写关于房山非遗有效保护与传承的调研报告 第四阶段：修订成果 第五阶段：公开成果 3.问题解决 第一阶段：探究房山非遗的内涵与价值 （1）任务：学生通过房山区文化活动中心官网了解房山非物质文化遗产的概况，通过书籍和网络调查比较非物质文化遗产和物质文化遗产的不同 （2）目标：厘清非物质文化遗产概念，探究房山非物质文化遗产的内涵与价值 （3）方式：查阅文献、比较分析 （4）成果：形成一份非遗项目的内涵与价值的研究简报 第二阶段：探究房山非遗保护与传承的策略 （1）任务 观看视频展播：了解非遗的创造、生产、表演等"活"的文化事实，进一步了解非遗的"活态性"与传承现状 参与房山区非物质文化遗产活动，体验非遗的文化魅力，记录体验的内容与感受 组建学习小组（两人一组），对共同感兴趣的非遗项目进行探究 各组以"房山非遗知多少"为主题，向社区居民和全校师生进行问卷调研，分析汇总数据。 召开研讨交流会，各组分享参观感受与调查数据，然后进行研讨，如非遗传承遭遇了什么危机、因何会遭遇危机、非遗传承的必要与可能、你的见解等，将研讨要点记录下来 （2）目标：研讨并分析非遗保护与传承的问题，探究非遗保护与传承的路径 （3）方式：参观体验、社会调查、分享交流、归纳整理 （4）成果：各组通过思维碰撞各自设计"房山非遗有效保护与传承"方案 第三阶段：根据"房山非遗有效保护与传承"方案展开进一步探究 （1）任务：拜访非遗传承人或地方政府相关部门，走访文化创意产业从业者，开展社区访谈（调查问卷）等，将调查走访结果进行汇总、整理 （2）目标：获取非遗有效保护与传承的第一手材料 （3）方式：访谈、分析归纳 （4）成果：撰写关于房山非遗有效保护与传承的调研报告 第四阶段：修订成果 邀请当地非遗专家和文化创意产业专业人员对各组调研报告进行评价、指导。根据修改建议，完善调研报告 第五阶段：公开成果 （1）汇报：学生两人一组，整理个人成果，制作PPT，汇报《房山非遗保护与传承的有效策略——X项目调研报告》 （2）记录：记录他人意见和观点

续 表

项目名称	为房山非遗保护建言献策	项目时长：8周	适合学段：高中
成果与评价	个人成果： 研究简报、访谈方案与记录	评价的知识与能力： 社会性实践，应用文撰写能力	
	团队成果： 项目实施计划、调查问卷、《房山非遗保护与传承的有效策略——X项目调研报告》	评价的知识与能力： 调查研究、社会性实践，应用文撰写能力，口头表达能力	
反思与迁移	撰写反思笔记 试着以中华传统文化中"规矩"的传承为主题建言献策		

表4-19 家乡风土人情的景观小品——项目式学习设计

项目名称	设计家乡风土人情的景观小品	项目时长：8周	适合学段：高中
本质性问题	文化的传承与创新		
驱动性问题	景观小品具有很强的艺术性和实用性，在一定程度上，带有地域文化特征的景观小品承担着传播本地区文化的角色，影响着城市的形象面貌和文化发展，可以促进城市特色的形成。假如你是一位景观设计师，如何将家乡的文化元素融入景观小品的设计呢		
项目简介	在对现代生活的追逐中，技术和生产方式的全球化使人们对传统的乡土文化和地域空间产生分离，地域文化的多样性和特色逐渐衰弱，传统文化也在逐渐消失。本项目从地域文化融入景观小品的设计入手，引导学生关注家乡的发展变化，通过考察、搜索、访谈等手段获取家乡地理环境、历史文化和社会风俗等方面的信息，深入挖掘地域文化的内涵与价值，提炼出独具地方特色的元素，通过团队协作探究地域文化元素对景观小品的启示，设计体现家乡风土人情的景观小品，使地域文化得到传承和创新发展		
主要关联学科	语文、历史、政治、地理、音乐、美术、信息技术、综合实践活动		
学习目标	1.学生通过查阅资料、参观考察，全面了解家乡特有的自然环境、人文环境和社会环境；通过查阅资料、实地调研家乡现有的景观小品，探究现有景观小品在设计中存在的问题 2.学生通过团队合作对地域文化资源进行挖掘和梳理，探究地域文化元素对景观小品的启示，针对问题，明确解决策略，培养并提升团队协作能力、建构能力、审美能力与创新能力 3.学生通过合作设计家乡风土人情的景观小品实践，关注并彰显家乡文化，增强心理归属感和社会责任感，提升人文素养和文化自信		
核心知识与关键能力	1.相关学科涉及的主要知识点 语文：社会调查、分析与撰写调查报告、阐释见解的能力 历史：从唯物史观、时空观念、家国情怀等维度探究家乡地域文化的历史文化价值 地理：从地理学科角度阐释地域文化的形成、发展与地理环境的关系 政治：参与调查、采访，形成并提升价值体认和社会参与能力 音乐：通过对家乡民间艺术的实践体验、审美感知来获得文化理解和文化自信 美术：参与对家乡景观小品和地域文化的社会调查，探究地域文化元素对景观小品启示的创意实践，提升艺术素养和审美判断力，加深对家乡地域文化的理解		

续　表

项目名称	设计家乡风土人情的景观小品	项目时长：8周	适合学段：高中
核心知识与关键能力	信息技术：充分运用现代信息技术参与家乡景观小品的社会调查，充分发挥信息技术对房山地域文化资源传承与创新的作用。 综合实践活动：学生能从团队合作、社会调查中获得实践体验，逐步形成对社会和自我之间内在联系的整体认识，增强价值体认、责任担当、问题解决、创意物化等方面的意识和能力 2.关键概念或能力 对地域文化的内涵与价值进行深入挖掘并梳理，探究地域文化元素对景观小品的启示，在继承地域文化的基础上，对其加以创新发展 主要概念：文化、设计、联系		
高阶认知策略	调研（√）：对房山各地景观小品进行调研，汇总存在的问题 系统分析（√）：明确项目主题，挖掘地域文化的构成要素，厘清地域文化与景观小品设计的关系 问题解决（√）：针对问题，紧抓项目主题定位，厘清设计思路 创见（√）：对地域文化的内涵与价值进行深入挖掘和梳理，探究地域文化元素对景观小品设计的启示，形成将地域文化融入景观小品的设计思路		
所需资源	《中小学综合实践活动课程指导纲要》、高中（语文、历史、政治等学科）课程标准、《房山文化》《房山村落文化》等书籍、当地民俗专家、信息技术设备等		
过程设计	1.入项活动 实地调研：学生通过实地调研寻找当地的景观小品，拍照并记录其名称、地点、功用，厘清其与周围环境的关系 网上搜索：学生利用网络搜集著名城市、景点或曾经游览过的地域的景观小品，记录其名称、地点、功用，厘清其与周围环境的关系 项目日志：将以上获取的信息在日志中完善 驱动性问题：细细品味游走过的大城市，给我们留下深刻记忆的并非那些现代的近乎雷同的建筑，也不是那些到处可见的大面积草坪，而是那些承载着当地人们最熟悉的屹立于城市的广场、公园、居住区、街头绿地等中的具有地域特色的景观小品，它们与建筑、植物、山水等元素相互依托，共同构筑完整的景观环境。景观小品具有很强的艺术性和实用性，在一定程度上，带有地域文化特征的景观小品承担着传播本地区文化的角色，影响着城市的形象面貌和文化发展，可以促进城市特色的形成。假如你是一位景观设计师，如何将家乡的文化元素融入景观小品的设计呢 2.任务分解 本项目通过查阅文献、网络搜索、实地调研、合作探究等方式，经过基础调研—问题探究—建立联系—形成成果四个阶段的合作学习，最终形成"设计家乡风土人情的景观小品"的说明书 第一阶段：基础调研——房山文化融入景观小品现状调研 通过阅读文献和网络搜索来了解房山的历史沿革和地理概况 通过观察走访对房山各地景观小品进行调研，汇总存在的问题 第二阶段：问题探究——针对问题探究解决策略		

续 表

项目名称	设计家乡风土人情的景观小品	项目时长：8周	适合学段：高中
过程设计	针对基础调研汇总的问题，明确解决策略，如明确项目的主题定位，厘清设计思路，做好任务分工，等等 第三阶段：建立联系——挖掘并探究房山文化的构成要素融入景观小品设计的机会与价值 各组根据任务分工确定的主题，挖掘房山地域文化资源，如历史文化古迹、民间艺术形式等，并提取房山文化的构成要素，探究其融入景观小品设计的机会与价值 第四阶段：形成成果——形成房山地域文化融入景观小品的设计说明书 3.问题解决 第一阶段：房山文化融入景观小品现状调研 （1）任务 通过书籍、网络明确地域文化、景观小品相关概念，参看国内外景观小品样例 通过阅读文献和网络搜索来了解房山的历史沿革和地理概况 通过观察走访对房山各地景观小品进行调研，汇总存在的问题 （2）目标：明确概念，了解项目背景，带入项目情境 （3）方式：文献综述、实地调研、观察走访、分析归纳 （4）成果：完善项目日志，地域文化、景观小品概念，国内外和房山现有景观小品的概况（名称、地点、功用、与周围环境的关系） 第二阶段：分析问题，探究解决策略 （1）任务：明确项目的主题定位，厘清地域文化与景观小品设计的关系，对景观小品进行分区规划，做好任务分工等 （2）目标：初步形成房山文化融入景观小品设计的思路 （3）方法：系统分析、合作探究 （4）成果：完善项目日志、小组任务单 第三阶段：挖掘并探究房山文化的构成要素融入景观小品设计的机会与价值 （1）任务：各组根据任务分工确定的主题，挖掘房山地域文化资源，如历史文化古迹、民间艺术形式等，并提取房山文化的构成要素，探究其融入景观小品设计的机会与价值 （2）目标：了解地域文化的构成要素融入景观小品设计的机会与价值 （3）方式：资料分析与归纳、实践调研、访谈 （4）成果：完善项目日志，地域文化的构成要素及历史价值表格，景观小品设计的构成要素、原则与功用表格 第四阶段：形成成果 （1）任务：设计房山文化融入景观小品的模型（手工绘制或电脑制作），撰写设计说明书 （2）目标：房山地域文化融入景观小品的设计说明书 （3）方式：跨学科研究、访谈、分析提取 （4）成果：形成房山地域文化融入景观小品的设计说明书 第五阶段：修改并完善成果 （1）任务：组际展示、交流，邀请美术教师点评，收集参与者对模型的反馈意见 （2）目标：完善房山地域文化融入景观小品的设计说明书 （3）方式：访谈法、应用文写作 （4）成果：完善房山地域文化融入景观小品的设计说明书

续表

成果与评价	个人成果：完善项目日志	评价内容与方式：及时完成、详细并准确记录，社会性实践
	团队成果：调研问卷、《房山地域文化融入景观小品的设计说明书》	评价内容与方式：调查研究、社会实践，应用文和口头表达能力
反思与迁移	撰写项目反思	
	试着为学校设计一个融入校园文化的校园景观小品	

表4-20 龙乡"源文化"遗址调研——项目式学习设计

项目名称	龙乡"源文化"遗址调研	项目时长：4周	适合学段：高中
本质性问题	探究文化的价值，梳理"源文化"的文化价值		
驱动性问题	龙乡文化遗址为何称为"源文化"？如何多维度探究龙乡"源文化"？你对龙乡"源文化"有哪些整体性认识		
项目简介	房山文化底蕴厚重，文化遗址众多，其中典型的有周口店北京人遗址、西周燕都遗址、云居寺及金陵遗址等。那么，这些文化遗址有何特殊文化价值，我们又该如何进行文化遗产的保护和文化传承呢？本项目引导我们通过历史参观考察、收集信息资料，考察龙乡"源文化"遗址的地理因素，探寻龙乡"源文化"遗址的独特内涵，评价龙乡"源文化"的历史地位及文化价值，形成对房山"源文化"遗址保护和文化传承创新的理念；本项目引导学生利用多学科知识、方法，通过调研、合作探究，实现对龙乡"源文化"遗址核心知识的再建构；在真实的情境下，学生能够针对本项目的学习目标发现问题、提出问题并解决问题，形成调研报告等成果，厚植中华文化底蕴，涵养家国情怀，发展核心素养，增强对中华优秀传统文化的理性认识，坚定文化自信		
主要关联学科	历史、地理、政治、生物等		
学习目标	1.通过遗址现场调查，了解龙乡"源文化"遗址的基本状况；收集相关历史信息资料，强化信息意识，归纳龙乡"源文化"遗址的内涵；运用史料实证方法分析历史资料，解释、评价龙乡"源文化"的历史地位及文化价值 2.通过遗址调研，应用信息技术，探究说明龙乡"源文化"遗址的地理因素，贯彻理性思维、批判质疑的思维方法，提升对龙乡"源文化"遗址文化价值的理性认识 3.运用高中相关学科的知识与方法，引导学生学会探究问题，整体认识"源文化"遗址，形成"源文化"遗址结构化知识图示及项目式学习的方法策略，并通过总结反思，写出调研报告等，使学生的自主探究能力与综合创新能力得到提高 4.通过项目学习，增强文化理解、文化认同、文化自信，提升人文素养		
	1.高中历史 核心知识：通过周口店北京人遗址的文化遗存及化石认识它们与人类起源、中华文明起源的关系，通过西周燕都遗址的青铜器及铭文知道早期国家的起源与特征，通过云居寺的石经文化认识隋唐时期思想文化领域的新成就，通过金陵的兴衰认识北方少数民族政		

续 表

项目名称	龙乡"源文化"遗址调研	项目时长：4周	适合学段：高中
核心知识与关键能力	权在统一多民族封建国家发展中的重要作用。采取实地考察调研的方法，理解博物馆资源在文化传承与传播中的作用，认识文化遗产保护对传承民族文化、维护文化多样性和创造性的重要意义。 关键能力：获取和处理历史信息的能力、叙述和解释历史事物的能力、论证和探究历史问题的能力 2.高中地理 核心知识：地域文化、区位因素、人地关系 关键能力：地理空间能力、区域认知的能力、综合思维的能力 3.高中政治 核心知识：通过周口店北京人遗址、琉璃河西周燕都遗址、金陵遗址等文化遗存探究人类社会的演进过程；研究云居寺的石经文化，挖掘石经文化背后蕴含的石经精神；认识保护文化遗产的重要性 关键能力：小组合作能力、对复杂资源的整合与分析能力、学科综合能力与分析论证能力		
高阶认知策略	调查研究（√）　系统分析（√）		
所需资源	《普通高中历史课程标准（2017年版2020年修订）》，统编高中历史必修、选择性必修教材，政府官方网站网页，历史学科课程专家人力资源，多媒体技术应用，等等		
过程设计	1.入项活动 （1）教师展示周口店北京人遗址、西周燕都遗址、云居寺及金陵遗址的图片，激发学生了解、探究龙乡"源文化"遗址的兴趣 （2）设计调查问卷、相关问题，准备需要的工具 （3）不同学科教师根据学生自身的兴趣、能力等确定小组人员名单，并初步确定调研任务及小组人员分工 2.任务分解 依据项目学习的驱动性问题，分解任务，各小组设计活动方案 活动小组1任务：龙乡"源文化"遗址现场调研，概括龙乡"源文化"遗址历史变迁，解释、评价"源文化"的历史地位及价值 活动小组2任务：运用地理学科的思维方法与遗址调研，应用信息技术，探究龙乡"源文化"遗址的地理因素 活动小组3任务：结合高中政治学科学习与遗址调研，理性思考，批判质疑，提升对龙乡"源文化"遗址文化价值的理性认识 3.问题解决 （1）确定研究对象：通过查阅网站、阅读书籍等了解龙乡"源文化"遗址的概况；结合活动小组任务，制定本组的核心问题链及调查问卷；明确小组成员任务分工 （2）进行实地调研：小组成员通过实地调研考察，开展项目式学习，完成核心问题及调查问卷；通过小组成员合作对核心问题及调查问卷进行梳理汇总，形成统一的文本资源		

续 表

项目名称	龙乡"源文化"遗址调研	项目时长：4周	适合学段：高中
过程设计	（3）完成调研任务：小组成员梳理整理文本资源，形成龙乡"源文化"遗址项目结构化知识图示及调研报告、调研小论文等，并制作龙乡"源文化"遗址学习调研项目成果展板等 （4）项目学业评价：能梳理龙乡"源文化"遗址的历史变迁；能运用历史遗迹、考古发现及文献来理解龙乡"源文化"遗址，并能够用资料作为证据来检验自己对历史问题的解答；能通过对龙乡"源文化"遗址的考察了解因生产方式的变革而引起的社会变化，形成用历史眼光看待历史问题的能力		
成果与评价	个人成果："源文化"遗址调研记录、调查报告、调研小论文等	评价内容与方式：结合"源文化"遗址调研项目学习目标、问题解决过程及成果，设计评价工具进行评价	
	团队成果：形成"源文化"遗址结构化知识图示、项目式学习的方法与策略、调研报告、龙乡"源文化"遗址调研项目成果展板等	评价内容与方式：结合"源文化"遗址调研项目学习目标、问题解决过程及成果，设计评价工具进行评价	
反思与迁移	下一步研究的思考，可以迁移的方式、方法及策略等		

表4-21 为房山历史名人立传——项目式学习设计

项目名称	为房山历史名人立传	项目时长：4周	适合学段：高中
本质性问题	个人与历史发展		
驱动性问题	房山近现代历史名人的活动，怎样体现他们对伟大祖国、中华民族、中华文化、中国共产党、中国特色社会主义的认同		
项目简介	开发与利用房山近现代历史名人乡土资源，选取中国革命、建设、改革事业中有突出贡献的房山区共产党人代表赵然、王砚香等；学生通过访问、调研、考察、合作探究，实现对房山历史名人立传核心知识的再建构；在复杂的情境下，针对项目学习的目标任务，能够发现问题、提出问题并解决问题，研究他们的突出事迹，形成房山历史名人传记等成果，发展学生核心素养，理解中国共产党人对推动中国革命、建设的重要作用，体会他们无私奉献的高尚品德、以爱国主义为核心的民族精神和改革创新为核心的时代精神，做到传承革命文化、红色文化和社会主义先进文化		
学习目标	1.通过参观平西抗日战争纪念馆，查阅资料，梳理抗日英雄赵然烈士的英雄事迹，让学生感受到革命先烈在民族危亡之际体现出的爱国主义精神 2.通过采访、查阅资料，采访原房山县周口店供销社黄山店分销店负责人王砚香，归纳"背篓商店"的历史发展，让学生感受"红色背篓精神" 3.学生综合思考，形成对房山历史名人立传核心知识的再建构；增强对伟大祖国、中华民族、中华文化、中国共产党、中国特色社会主义的认同		

续 表

项目名称	为房山历史名人立传	项目时长：4 周	适合学段：高中
核心知识与关键能力	国家文件：教育部《革命传统进中小学课程教材指南》 高中历史：《普通高中历史课程标准（2017 版 2020 年修订）》[7] 内容标准： ①中华民族的抗日战争。了解日本军国主义的侵华罪行；通过了解正面战场和敌后战场的抗战感悟中华民族英勇不屈的精神，认识中国共产党是全民族团结抗战的中流砥柱；认识中国战场是世界反法西斯战争的东方主战场，理解十四年抗战胜利在中华民族伟大复兴中的历史意义 ②社会主义建设道路的探索。了解 20 世纪 50—70 年代中国探索社会主义建设道路的曲折发展和伟大成就，认识"文化大革命"的错误及教训；理解政治、经济、外交、国防等领域所取得的成就在中国历史上所具有的开创性、奠基性意义；了解和感悟这一时期中国人民艰苦奋斗、奋发图强的精神风貌；了解毛泽东对中国革命和社会主义建设的贡献，认识毛泽东思想对近现代中国的深远影响 学科知识：《历史 必修 中外历史纲要（上）》中第 23、24、26、27、28、29 课的相关内容		
高阶认知策略	问题解决（ ） 决策（ ） 调研（ ） 系统分析（ ） 创见（ ）		
所需资源	教育部《革命传统进中小学课程教材指南》《普通高中历史课程标准（2017 版 2020 年修订）》、统编普通高中教科书历史必修教材、人民教育出版社网站、高中历史学科课程专家人力资源等		
过程设计	1.入项活动：赵然、王砚香历史名人相关图片资料，形成项目引入情境，并在资源等方面做准备 2.任务分解：依据驱动性问题，分解任务，设计小组项目活动方案 任务一：通过参观平西抗日战争纪念馆，查阅资料，梳理抗日英雄赵然的英雄事迹，让学生感受革命先烈在民族危亡之际表现出的爱国主义精神 任务二：采访原房山县周口店供销社黄山店分销店负责人王砚香，归纳"背篓商店"的历史发展，让学生感受"红色背篓精神" 任务三：形成对房山历史名人立传核心知识的再建构 3.问题解决：①学生制订问题解决方案：学生通过采访、考察收集资料，提出解决问题的思路方法，形成解决问题的方案；②学生进行实践性学习：将房山历史名人资源融入高中政治、历史等学习中，从中体会他们作为共产党员的先进性与爱国主义情怀；学生综合运用高中多学科的知识、方法解决问题，进行综合性实践；学生自己创造性解决问题，进行房山历史名人知识的再建构，进行创新性实践；③学生形成项目探究成果：房山历史名人项目结构化知识图示、项目学习的过程信息整理，如历史名人采访提纲与记录、房山历史名人小传、历史人物评价小论文等		
成果与评价	个人成果：房山近现代历史名人采访提纲与记录、房山历史人物评价小论文等	评价内容与方式：结合学习目标、问题解决过程与成果，设计评价工具进行评价	
	团队成果：房山历史名人小传，历史人物研究的方法、策略，房山历史名人项目结构化知识图示	评价内容与方式：结合学习目标、问题解决过程与成果，设计评价工具进行评价	
反思与迁移	下一步研究的思考，可以迁移的方式、方法及策略等		

表 4-22　规划房山研学旅行线路——项目式学习设计

项目名称	规划房山研学旅行的线路	项目时长：4 周	适合学段：高中
本质性问题	如何认识和欣赏自然与人文环境，提高生活品位和精神境界		
驱动性问题	研学旅行注重学生的亲身观察和体验，它的成功开展必须以精心的安排和规划为前提。但在实际中，学校开展研学旅行的研学线路一般都是由教师设计或者旅行社提供，很少有学生参与线路设计，这样的研学规划不一定符合学生的兴趣和需要。如果让你来规划研学旅行的路线，你将如何规划		
项目简介	自 2016 年《关于推进中小学生研学旅行的意见》颁布以来，研学旅行在全国范围内广泛展开。房山研学资源丰富多样，有丰富的历史文化、风俗文化、文学艺术和优美的自然景观等。立足高中课程标准和教材的要求，引导学生通过网络、书籍、实地考察、采访等搜集乡土课程资源，使学生在真实的情境中观察、思考、讨论等，学会筛选研学资源，挖掘研学内容，设计研学旅行路线。在这样的项目学习中，既能加深学生对课标和教材的理解，又能提高他们整合教材和乡土课程资源的能力；既能提升学生的综合实践能力，又能增进他们知家乡、爱家乡的情感		
主要关联学科	地理、历史、语文、生物等		
学习目标	1.通过网络、书籍、实地考察、访谈等全面了解房山区研学资源的类型、特点、分布等，并学会筛选研学资源，增进知家乡、爱家乡的情感 2.通过自主选题、小组合作的方式，融合多学科知识，与同伴合作设计研学旅行的线路，并运用地图绘制出研学线路图，配上研学线路设计的说明 3.汇报和对比讨论设计的研学旅行线路，并对设计的线路方案进行评估，形成博采众长的思维方式和"质疑"的能力 4.结合区域实际，整合研学资源，规划设计出一条或一系列有主题性、有系统性、有针对性、有特色的研学旅行线路		
核心知识与关键能力	核心知识： 地理：旅游资源成因、价值、评价及旅游线路设计原则；地质遗址 生物：生态、环境问题与实际生活联系密切 历史：红色文化等 关键能力：设计能力、批判质疑、科学探究		
高阶认知策略	系统分析：从学生自身、学校、家庭、社会等全面考虑，从研学资源典型性、研学内容科学性、研学线路可行性等系统分析、规划研学旅行的线路 创见：创造性地挖掘研学内容，设计适合学生自己的研学旅行线路		
所需资源	1.2016 年《关于推进中小学生研学旅行的意见》 2.《房山文化》地方教材、《地理 选修 3 旅游地理》 3.房山旅游网站 4.野外考察、VR 云游、旅行社		
过程设计	1.入项活动 （1）教师展示历届的研学图片，激发学生研学的兴趣和动机 （2）明确研学旅行的时间、相关规则以及需要准备的工具		

续 表

项目名称	规划房山研学旅行的线路	项目时长：4周	适合学段：高中
过程设计	（3）不同学科教师团队合作指导，指导学生根据自身的兴趣、能力等确定小组选题，拟定初步研究计划，明确小组分工 2.任务分解 项目"规划房山研学旅行的线路"分解成三个核心问题：①如何筛选研学资源；②如何挖掘研学内容；③如何设计研学线路 "规划研学旅行的线路"项目学习流程 3.问题解决 （1）如何筛选研学资源 ①通过网络、书籍、实地考察、访谈等全面了解房山区研学资源的类型、特点、分布等 ②辨析研学与旅游的异同，明确筛选原则 ③探究：依据研学资源的特点、位置、交通等，并考虑教育性、研究性、安全性等原则，甄别、整合、筛选研学资源，陈述筛选理由，并总结研学资源的筛选方法 （2）如何挖掘研学内容 ①教师引导学生，挖掘房山区十渡景区的研学内容，帮助学生建立挖掘研学内容的思维框架，设计具有科学性、教育性的研学内容 ②小组先筛选出研学资源，再通过观看VR导览视频、景观图片等进行分析、综合、比较与评估，以设计较为科学、合理的研学活动任务 ③汇总各小组挖掘某一景点或景区的研学内容；依据课程标准、教材等的相关知识，总结挖掘研学内容的方法 （3）如何设计研学线路 ①生生、师生头脑风暴，制定出设计研学旅行线路的内容标准 ②小组合作设计一条有主题、有特色的研学旅行线路，并说明设计理由 ③交流和修正。小组汇报设计的线路，其他学生边听汇报边做记录，并提出疑问。依据设计研学旅行线路的内容标准，修正设计的线路		
成果与评价	个人成果： 1.对房山区研学资源进行研究，借助思维导图、地图进行记录 2.选择自己最感兴趣的主题，设计一条房山区研学旅行线路	评价内容与方式： 1.通过多渠道、多途径对房山研学资源的信息进行全面的搜集与整理 2.生生、师生交流，提出修改、完善筛选研学资源的方法 3.结合已有知识和学习需求，能主动与他人一起合作设计具有教育性和研究性的研学任务 4.熟练使用地图和信息技术等工具	

续 表

项目名称	规划房山研学旅行的线路		项目时长：4 周	适合学段：高中
成果与评价	团队成果： 结合区域实际，整合研学资源，规划设计出一条或一系列有主题性、有针对性、有特色、有系统性的研学旅行线路	评价内容与方式：公开展示 形式：思维导图、PPT、录像、地图绘制的线路设计等多种形式 内容： 1.所设计的研学线路主题明确，目标清晰，地点明确，任务合理，线路安全、可达、可行 2.对研学线路设计的理由表述清晰，研学内容教育性、研究性强 3.从主题性、针对性、特色性、系统性比较、评价不同研学旅行的线路		
反思与迁移	1.要规划区域研学线路，就要调用区域自然环境和人文环境组成的多个要素的相关知识，并在它们之间建立关联，体现天地人的特点，同时能提炼出区域最具特色的文化元素。要实施规划的研学旅行线路，还要从学校、家庭、社会等多方面考虑。因此，学生完成项目过程就是不断提升综合思维能力的过程 2.规划设计类问题需要考虑的因素很多，需从不同的方面、角度、层次来思考和解决问题			

设计研学线路的评价标准如表 4-23 所示。

表 4-23 设计研学线路的评价指标

等　级	评价指标
水平 1	能说出研学与旅游的区别；能根据教师提示，对房山研学资源的信息进行简单查找和收集
	能够根据教师指导，说出视频中 1~2 个相关自然、人文的问题，能与小组成员合作探究设计研学任务
	所选研学地点不能突出主题特色，研学活动设计不够合理；对研学线路设计表述不清晰
水平 2	能结合给定情境，从多元角度查找和收集房山的旅游资源信息，能简单筛选适合作为研学资源的旅游资源
	能够结合给定事物，通过观察和思考，说出 3~5 个地理、历史、生物或语文等相关的问题；能够与他人合作使用信息工具，设计简单的实践活动；能表述自己想法，能主动与他人合作
	所设计的研学活动较合理，有一定的可行性；对研学线路的设计表述较清晰，能突出研学主题
水平 3	能够结合现实复杂情境，通过多元渠道筛选研学资源，从安全性、研究性、教育性等角度对研学资源进行可行性评估
	能够结合现实区域以及复杂情境，通过仔细观察和思考，说出更多相关的要素；能够根据自己的想法，结合已有知识和学习需求，与他人合作设计具有教育性和研究性的研学任务
	所设计的研学线路主题明确，目标清晰，地点、研学活动设计合理完善，具有可行性；对研学线路设计的表述清晰，体验丰富，研究性强

注释

[1]覃遵君.房山文化（初中全一册）[M].北京:首都师范大学出版社,2015.

[2]覃遵君.房山文化（高中全一册）[M].北京:首都师范大学出版社,2015.

[3]石桂梅.房山区地理[M].北京:中国地图出版社,2010.

[4]房山区教师进修学校.房山—我为你骄傲[M].北京:首都师范大学出版社,2010.

[5]王建.房山区高中地理综合实践活动设计[M]. 北京: 中国地图出版社, 2020.

[6]中华人民共和国教育部.历史 必修 中外历史纲要(上)[M].北京:人民教育出版社,2019.

[7]中华人民共和国教育部.普通高中历史课程标准（2017年版2020修订）[M]. 北京: 人民教育出版社, 2017.

参考文献

[1] 覃遵君. 地方课程概论——兼谈《房山文化》开发与实施[M]. 北京: 首都师范大学出版社, 2018.

[2] 安富海. 地方性知识与民族地区地方课程开发研究——以甘南藏族为例[M]. 北京: 中国社会科学出版社, 2016.

[3] 崔允漷. 校本课程开发: 理论与实践[M]. 北京: 教育科学出版社, 2000.

[4] 联合国教科文组织国际教育发展委员会. 学会生存——教育世界的今天和明天[M]. 北京: 教育科学出版社, 1996.

[5] 江华波, 刘洪生. 珠海历史地方课程的理论及实践[M]. 北京: 光明日报出版社, 2014.

[6] 孟凡丽. 多元文化背景中地方课程开发研究[M]. 北京: 中国社会科学出版社, 2008.

[7] 赵志毅. 试论民族地区的宗教问题与民族教育改革[J]. 西北民族学院学报, 1993(3): 59–64.

[8] 王兴亮. "爱国之道, 始于一乡"——清末民初乡土志书的编纂与乡土教育[D]. 上海: 复旦大学, 2007.

[9] 曹凤南. 小学乡土教育的理论与实际[M]. 北京: 中华书局, 1935.

[10] 李素梅. 中国乡土教材的百年嬗变及其文化功能考察[D]. 北京: 中央民族大学, 2008.

[11] 赵亚夫. 国外历史教育透视[M]. 北京: 高等教育出版社, 2003.

[12] 董华. 美国普通中学课程管理研究[D]. 广州: 华南师范大学, 2005.

[13] 吴刚平. 校本课程开发[M]. 成都: 四川教育出版社, 2006.

[14] 学实. 日本的乡土教育[J]. 国教外育研究, 1990(4):6, 67.

[15] 郝晓. 中日中学新课程设置的比较研究[D]. 重庆: 西南师范大学, 2004.

[16] 束秀东. 泰县乡土教材[M]. 南京: 中央印务局, 1947.

[17] 刘继忠. 我国中学地理教育百年反思[J]. 中学地理教学参考, 1997(9): 9–11.

[18] 赵子涵. 乡土地理课程资源开发研究[D]. 呼和浩特: 内蒙古师范大学, 2019.

[19] 刘家平. 中学乡土历史教材《六安史概要》的编写与研究[D]. 呼和浩特: 内蒙古师范大学, 2018.

[20] 叶伟良. 推进乡土课程建设 丰富学生学习经历——上海市中小学乡土课程的思考与实践[J]. 教育参考, 2016(1): 5

[21] 顾志平. 学校乡土课程建设指导手册[M]. 上海: 华东师范大学出版社, 2017.

[22] 宋林飞. 乡土课程理论与实践[M]. 上海: 上海教育出版社, 2011.

[23] 张华, 钟启泉. 课程与教学论[M]. 上海: 上海教育出版社, 2000.

[24] 汪霞. 课程开发: 含义、性质和层次[J]. 教育探索, 2003(5): 21-23.

[25] 周敦. 课程开发概述[J]. 金山, 2010(9):86-87.

[26] 李方. 课程与教学论[M]. 南京: 南京大学出版社, 2005.

[27] 施良方. 课程理论——课程的基础、原理与问题[M]. 北京: 教育科学出版社, 1996.

[28] 庄孔韶, 王媛. 评议"离农""为农"争论—— 教育人类学视角的农村教育[J]. 广西民族大学学报（哲学社会科学版）, 2011, 33(2): 79-83.

[29] 杨小微. 学校现代化水平需要什么样的尺度[J]. 教育测量与评价, 201 5(8): 1.

[30] 李政涛. 教育人类学引论[M]. 上海: 上海教育出版社, 2009.

[31] 徐湘荷. 生态区域主义视野下的乡土课程观[J]. 课程·教材·教法, 2009, 29(10):22-27.

[32] 刘刚. 乡土课程资源开发的学理分析[J]. 昌吉学院学报, 2013(2): 52-56.

[33] 郭春飞. 中小学乡土课程的价值功能及育人方式的探索[J]. 中小学班主任, 2020(8): 4-7.

[34] 王雪松. 中学历史乡土课程资源的开发与利用——以淄博地区为例[D]. 济南: 山东师范大学, 2017.

[35] 李晓波. 乡土课程资源在高中思想政治课中的应用研究——以青岛市乡土课程资源为例[D]. 济南: 山东师范大学, 2018.

[36] 闫俊丽. 山西乡土史资源在高中历史教学中的应用[D]. 漳州: 闽南师范大学, 2018.

[37] 覃遵君. 房山文化（初中全一册）[M]. 北京:首都师范大学出版社, 2015.

[38] 覃遵君. 房山文化（高中全一册）[M]. 北京:首都师范大学出版社, 2015.

[39] 中共中央国务院. 中共中央 国务院关于深化教育改革全面推进素质教育的决定[EB/OL].（1999-06-13）.https://baike.so.com/doc/7855686-8129781.html.

[40] 国务院. 国务院关于基础教育改革与发展的决定[EB/OL].（2001-05-29）.https://www.gov.cn/gongbao/content/2001/content_60920.htm.

[41] 教育部. 基础教育课程改革纲要(试行)[EB/OL].（2001-06-08）. https://baike.so.com/doc/6728196-6942477.html.

[42] 中华人民共和国教育部. 普通高中思想政治课程标准（实验）[M]. 北京: 人民教育出版社, 2017.

[43] 覃遵君. 房山文化[M]. 北京: 中国劳动社会保障出版社, 2011.

[44] 覃遵君. 地方课程自主开发与实施（一）地方课程自主开发与实施势在必行——兼谈《房山文化》地方教材开发的背景[J]. 西安: 中学政治教学参考, 2012(5):19-21.

[45] 覃遵君. 地方课程自主开发与实施（二）地方课程开发力求定位准确——兼谈《房山文化》课程的性质、理念与目标[J]. 中学政治教学参考, 2012(6)：17-19.

[46] 覃遵君. 地方课程自主开发与实施（三）地方课程设置结构与内容体系建构——兼谈《房山文化》教材的内容结构[J]. 中学政治教学参考, 2012(7): 19-21.

[47] 覃遵君. 地方课程自主开发与实施（四）地方课程务求特色鲜明——兼谈《房山文化》的主要特点[J]. 中学政治教学参考, 2012(8):3.

[48] 覃遵君. 地方课程自主开发与实施（五）地方课程开发的总体建议——兼谈《房山文化》的开发过程[J]. 中学政治教学参考, 2012(9): 24.

[49] 覃遵君. 地方课程自主开发与实施（六）地方课程实施的总体建议——兼谈《房山文化》课程的实施[J].中学政治教学参考, 2013(1): 24-25.

[50] 郭冬红, 周长凤, 覃遵君. 开发实施乡土课程 全面发展素质教育——以房山区乡土课程开发与实践研究为例[J]. 中学政治教学参考, 2020(37): 69-72.

[51] 石桂梅. 房山区地理[M]. 北京:中国地图出版社, 2010.

[52] 房山区教师进修学校. 房山——我为你骄傲[M]. 北京: 首都师范大学出版社, 2010.

[53] 王建. 房山区高中地理综合实践活动设计[M]. 北京: 中国地图出版社, 2020.

[54] 中华人民共和国教育部. 普通高中教科书 历史 必修 中外历史纲要（上）[M]. 北京: 人民教育出版社, 2019.

[55] 中华人民共和国教育部.普通高中历史课程标准（2017年版2020年修订）[M]. 北京: 人民教育出版社, 2017.

后 记

房山历史悠久，文化厚重，人文资源极为丰富。70万年的人类史，5000年的文明史，3000多年的建城史，跌宕起伏，绵延不断，形成了以"人之源""城之源""都之源"为核心的独一无二的北京源文化靓丽名片。

不仅如此，房山的堂上村有"没有共产党就没有新中国"纪念馆，黄山店村有"红色背篓精神"等革命传统教育的红色资源和教育基地。房山还是世界地质公园的主园区，这里名胜遍布，山水壮观……这些宝贵的资源如同一颗颗熠熠生辉的瑰宝，与学生的学习生活、生命成长息息相关，与弘扬中华优秀传统文化、践行社会主义核心价值观息息相关，与国家前途和民族命运息息相关。

长期以来，房山以丰厚的人文资源为依托，历经了数十年乡土课程建设的实践探索，使房山精神文化得以不断传承、发展与创新。

为更好地弘扬房山精神，传承房山文化，践行社会主义核心价值观，房山区教师进修学校在2019年成功申报立项北京教育科学规划办课题"房山区乡土课程开发与实践研究"（批准号为CDDB19271）。自此，房山区乡土课程建设步入了一个理性发展阶段，凝练了对乡土课程育人学理的新认知，勾画了较为成熟的乡土课程图谱，构建了房山人文类乡土课程的独特体系，形成了一套促进乡土课程育人功能的区域运行模式。

这本《乡土课程理论与实践研究》是我们多年来理论研究和实践探索的重要成果，是课题实验学校和课题组所有成员集体智慧的结晶。在编写过程中，得到了房山区教委、房山区教师进修学校领导的热情关心和鼎力支持。覃遵君（顾问）和苏万青教师（正高级教师）参与了本书策划，为本书设计了框架体例，亲自撰写了样章，协助主编完成了全书的统稿、修改、审稿、定稿工作，可谓是殚精竭虑、不遗余力。在本书编写过程中，各位作者同心协力，不计报酬，无私奉献。出版社的领导和责任编辑不辞辛劳地为本书的出版做了大量工作。在此，我们对以上人员表示诚挚的谢意。

本书编写的具体分工如下：

绪　论：覃遵君

第一章：郭冬红　常　鑫　周长凤　李淑丽　付娟娟

第二章：王徜祥　覃遵君　苏万青　张付文　朱秀荣　宁惠兰　周长凤

第三章：郭冬红　王徜祥　周长凤　覃遵君　苏万青　宁惠兰　朱秀荣　付娟娟

第四章：覃遵君　周长凤　苏万青　宁惠兰　李淑丽　朱秀荣　张付文

虽然我们已经竭尽全力，但是由于时间仓促、水平有限，再加上对乡土课程的研究还不够深入，本书难免存在不足之处，敬请读者多多包涵。如蒙指教，不胜感激。

编　者

2021年8月29日